mandelbaum *verlag*

Amélie Schenk

Königshuhn und Stutenmilch

Eine Reise durch die Kochtöpfe der Mongolei

Fotos von Amélie Schenk

mandelbaum *verlag*

Die Mengenangaben der Zutaten in den Rezepten wurden nur dort für eine bestimmte Personenanzahl angegeben, wo dies sinnvoll erschien. Sollten Sie mehr als reichlich gekocht haben, rufen Sie einfach zur Nachbarjurte hinüber und laden Sie deren BewohnerInnen ein. Gastfreundschaft wird schließlich nicht nur in der Mongolei groß geschrieben.

www.mandelbaum.at

ISBN 978-3-85476-336-9

1. Auflage 2011

Lektorat: Inge Fasan
Satz & Umschlaggestaltung: Michael Baiculescu
Umschlagillustration: Linda Wolfsgruber
Druck: Interpress, Budapest

INHALT

7 Meine Reise zu den Kochtöpfen der Mongolei

12 **Das Nomadenland**
15 Über die Tataren

16 **Es schmeckt eben mongolisch**
20 Wo man sich die Zutaten besorgen kann
20 Mengenangaben, dies und das
22 Trinksitten

23 **Im Reiche des Großkhans**
25 Der Silberbaum im Palast von Karakorum
38 Was den verwundeten Dschingis Khan erquickte

40 **Lob des Milchweißen**
68 Süü – Milch und Milchgetränke

76 **Die alte und die neue Küche der Mongolei**

89 **Wie Essen, Trinken und das Leben zusammengehen**
91 Der Kult ums Fleisch
115 Die schwer zu fangende gelbe Kamelstute
119 Fleisch und die festen Regeln im Umgang mit Knochen

124 **Blut – Saft des Lebens**

126 **Noch mehr Wissenswertes über die Nomadenküche**
142 Der Vielfraß

145 **Vom Kochplatz zwischen Filzwand und Herdfeuer**

160 **Feuer**
163 Opferspruch für den Feuergeist bei der Hochzeit
166 Die grünen Speisen
172 Zulchir – das Mehl aus der Wüste
179 Höz – das zum Leben Erweckte und Erweckende

184 **Tee ist mehr als nur Tee**

197 **Die Jagd in der mongolischen Steppe**
205 Sie lieben ihn, den Rausch
212 Der Jäger und der Schamane

213 **Kostbares Wasser**

219 **Von Dauerfleisch, Mundvorrat und Instantbrühe**

226 **Noch ein paar abschließende Worte**

229 Glossar
232 Stiftung
233 Autorin
234 Dank
236 Weiterführende Literatur
237 Rezeptverzeichnis

MEINE REISE ZU DEN KOCHTÖPFEN DER MONGOLEI

oder: Wie alles anfing und nicht enden will

Viel besser als ein Kluger,
der nur an einem Ort festgesessen hat,
ist ein Dummer, der viel gereist ist.
VOLKSTÜMLICHE REDENSART

Sehen wir den Tatsachen ins Auge: Wer in die Mongolei reist, kommt der großartig wilden Natur, womöglich auch der Reiterei, der Jagd, des Angelns wegen oder gar in geschäftlichen Angelegenheiten, aber sicher nicht um des Essens willen. Warum also ein Buch über die mongolische Küche? Einige, denen ich davon erzähle, wundern sich: Haben die mongolischen Nomaden überhaupt eine nennenswerte Küche, sodass es sich lohnt, darüber zu schreiben? Andere wiederum freuen sich: Es ist an der Zeit für ein derartiges Buch!

Eigen und herzhaft-urtümlich ist die mongolische Küche. Sonne und Wind, Felsgestein und Sand, Wildwasser und Salzseen, das weite Grasland schmecken immer hervor. Es schmeckt schlicht und erfrischend rau, aber nie roh oder gar flau. Manche behaupten, die Mongolen hätten keine eigenen traditionellen Speisen. Sie hätten ohne viel Aufhebens einfach das gegessen, was sie fanden, dort, wo sie sich gerade aufhielten. Und die Zubereitungsart war denkbar einfach: Fleisch wurde auf dem Schild der Krieger gebraten – das Barbecue entstand, zerstoßenes Trockenfleisch kam in heißes Wasser – die Instantbrühe entstand, getrocknete Quarkbrocken wurden im Mund eingespeichelt und gelutscht – die Kraftnahrung war erfunden, Grassamen, Wildgemüse und -früchte wurden geerntet. Die wirklichen Lebens-Mittel wuchsen gleich neben dem Lagerplatz – da war nichts Totes, alles war natürlich und ohne Frage gesund.

Marco Polo, der 17 Jahre im Dienste Kublai Khans, des Enkels von Dschingis Khan, stand, rühmt die zähe Ausdauer und Beweglichkeit der mongolischen Reitertrupps auf ihren Kriegszügen. Auf den langen Strecken führten die Reiter abgesehen von zwei Lederflaschen keine Geräte mit sich, weiters einen Kochtopf zum Fleischkochen und zum Schutz gegen Regen ein kleines Zelt. Nicht nur einmal preist er ihre Tüchtigkeit: »Sollte es nötig sein, reiten sie gut zehn Tage, ohne etwas zu essen, ohne Feuer zu machen. Sie ernähren sich vom Blut ihrer Pferde; jeder läßt seinen Gaul zur Ader und trinkt das Blut. Sie haben auch eingetrocknete Milch bei sich, die teigig fest ist; portionenweise weichen sie sie im Wasser auf, bis sie flüssig und trinkbar wird.«

Was hat sich von dieser natürlichen Einfachheit und der Anspruchslosigkeit, der alten Verwegenheit, dem durch Entbehrungen geschulten Geist und der ausgezeichneten körperlichen Verfassung bis heute gehalten? Wie leben und ernähren sich die Nachfahren von Dschingis Khan, die – wenn auch nur für kurze Zeit – auf das größte uns bekannte Weltreich der Geschichte zurückblicken können?

So frage ich – und ich bekomme Antworten. Denn in den langen Jahren, die ich in der Mongolei unterwegs bin, forsche ich, gehe dem Traditionellen nach, suche das, was auszusterben droht. Neugieriges Wandern und sorgloses Umherstreunen, gezieltes Suchen und absichtsloses Finden in den Weiten der Steppe und der Wildnis wechseln einander ab. So erkunde ich das Nomadenleben und suche nach seinem Wesenskern. Das ist meine Schule, die Schule des Lebens unter den Nomaden, die mir unerschöpflich Stoff bietet, auch wunderlichen und rätselhaften.

Welch ein Kosten also, Auskosten und Genießen, gelegentliche Unbekömmlichkeiten eingeschlossen: der Speisen, der Menschen und der Lebensart! Wenn ich im fernen Europa bin, fängt bald die unsägliche Sehnsucht nach dem freien Leben in der Mongolei an. In jüngster Zeit sehne ich mich sogar nach dem würzigen Schaffleisch der Nomaden, dem Geruch ihrer Dungfeuer. Das Leben dort hat mich längst an die Brust genommen, und ich habe oft Heimweh danach, meistens brennend, gelegentlich aber auch nur flüchtig und leise. Der Zauber wirkt, ich kann mich ihm nicht entziehen.

Ein Trost: In den Bergen des mongolischen Altai habe ich eine Hütte aus Lehm und Holz. Dorthin kehre ich auch im Winter zurück, ungeachtet der mörderischen Kälte. Auf die Frage: Wie ergeht es dir in der Mongolei, wenn die Temperaturen unter 40 Grad minus sinken?, reichen wenige Worte als Antwort: Es ist gut, ein Feuer in der Nähe zu wissen, und man braucht Fett und Fleisch, Filz und Fell. Seit Gedenken sind das die altbewährten Überlebensmittel in der kalten Jahreszeit. Und ich halte mit. Halte mich von außen warm, indem ich einen dicken Lammfellmantel, eine Fuchspelzmütze, die bis tief in die Stirn und über die Ohren reicht, und hochschaftige Filzstiefel trage. Und ich esse, was alle essen, gekochtes

Fleisch mit Fett, Teigtaschen mit gehacktem Pferdefleisch und Nudelsuppe mit Fleisch, die immer wärmt.

Mit dem Frühjahr ändert sich der Speiseplan, der Magen soll sich erholen, der Mensch isst leichter Verdauliches. So ist es zumindest auf dem Land bei den Nomaden. Dann, mit dem Sommer, kommt die herrliche Zeit, da Milch fließt und es Milchspeisen in Hülle und Fülle gibt. Wilde Früchte und Gemüse, Wurzeln und Knollen, Gräser, Samen und Kräuter werden gesammelt, getrocknet oder sonstwie haltbar gemacht. So essen die Menschen den vier Jahreszeiten und dem harten, trockenen Klima angepasst und ernähren sich von dem, was es vor Ort gibt, was angebaut und geerntet, gesammelt und erjagt werden kann.

Zugegeben, manche Vor- und Fehlurteile über die Küche der Mongolen sitzen tief. Sie beruhen, wie ich meine, auf Unkenntnis, sind aber auch in der Tatsache begründet, dass sich die Küche der Mongolen längst an den benachbarten Küchen Russlands und Chinas, an denjenigen Koreas, Europas und Amerikas »angesteckt« hat und nicht mehr wirklich ursprünglich ist. So wie auch im Alltag will man zeitgemäß und anders, sprich verfeinerter, kochen und anderes schmecken. Die nicht wirklich den Beinamen »mongolisch« verdienende Küche, die inzwischen überall in Europa aufkommt, wo auf heißem Stein Fleisch und Gemüse gebraten wird, tut das übrige. Umso begeisterter und entschlossener möchte ich hier vorstellen, was uns aus alten, ja fast altertümlichen Zeiten überliefert wurde.

Die Küche der Mongolei mit ihren Zutaten aus der Wildnis ist bedroht, vergleichbar den immateriellen Kulturgütern anderer kleiner Völker auf der Welt. In diesem Sinne möge dieses Buch hier auch verstanden sein: als Versuch, ins Blickfeld zu kehren, was bisher vernachlässigt wurde – die biologisch einwandfreie, natürliche Küche der Nomaden der Mongolei, von den endlosen Ebenen des Ostens bis zu den vergletscherten Gipfeln des Altai-Gebirges im Westen.

Möge etwas von ihrem ureigenen Geschmack durchdringen!

DAS NOMADENLAND

Solange der Vater am Leben ist, lerne viele Menschen kennen.
Solange du ein gutes Pferd hast, besuche viele Orte.
VOLKSTÜMLICHE REDENSART

Die Mongolei lebt von ihrem Nimbus: Da stürmt im Galopp ein Reiter heran, die Erde dröhnt und wogt, Hirten zu Pferd hüten ihre gemächlich dahinziehende Schafherde, und die unendlichen Weiten der Steppe mit ihren weißen Jurten ergeben ein Bild des Friedens, das die Seele erweicht und hebt. Es duftet balsamisch nach Beifuß und wildem Thymian und würzig nach Pferd und Leder. Der Wind weht Sand und Salz heran. Die Kamele ziehen über die Dünen der Gobi. Der Wolf jagt in Freiheit; der Adler malt seine Kreise in den Himmel. Dieses Land, das sich rundum über alle Horizonte ergießt und schier endlos erscheint, tagsüber meist unter blauem Himmel wie aus sich selbst heraus leuchtet und nachts von einem Lichtermeer aus Sternen beschienen wird, ist für viele Ermüdete und vom Lebensdruck Erschöpfte aus der westlichen Welt der Inbegriff der Reinheit und Ursprünglichkeit. Andres gesagt ein Traum, in dem sich Zeit und Raum in gedachten und wirklichen Weiten schnell verlieren.

Aus könnte jedoch bald der Traum sein. Denn die Mongolei sucht sich einzugliedern in die große Welt, will sich entwickeln. Hin zu mehr Bergbau ganz gewiss. Offiziell gehört das Land mit Beginn des Jahres 2010 zu den Erdöl fördernden Ländern der Welt. Ulaanbaatar, die Schaltzentrale des Riesenreiches, beherbergt 1,6 von über 2,7 Millionen Landesbewohnern. Die Stadt ist für Nomaden ein neues Konzept. Die Menschen lernen, wie es sich damit lebt. Die vom Land Hinzugezogenen, deren Schar täglich anwächst, müssen es notgedrungen lernen. Und ihre Jurte? Wird zwischen zerfallenden Wohnblocks aus sozialistischen Zeiten und jüngst errichteten Hochhäusern, Kraftwerken und Kirchen, die wie Festungen aussehen, glasverkleideten Banken und feinen Hotels die ärmlich-unbeholfen wirkende Filzjurte noch einen Platz haben?

Wie lebt es sich mit solchen Gegensätzen unter einem Himmel? Auf dem Land, als Nomade mit dieser alten, archaisch-behäbigen und womöglich überholten Art, die Dinge anzugehen? Und wie lebt es sich als Städter, der sich nomadenschlau zwar auf eben diese Wurzeln beruft und einmalig sein möchte – mit seinem Urahnen, dem blaugrauen Wolf, verbunden und mit der Himmelsprägung des blauen Mongolenflecks von Geburt an – und gleichzeitig global eingebunden sein und wichtig genommen werden möchte? Wie kommt die mehrtausendjährige Nomadenwirtschaft, durch die starken Bande der Sippe bestimmt, mit der jüngst sich aufblasenden Geld- und Glücksritterwirtschaft im städtischen Trubel zurecht? Wie groß muss der Spagat sein, damit es gelingt, das einmalige Erbe des größten Nomadenreiches inmitten der Globalisierung zu leben?

Wer kann nachvollziehen, was sich überhaupt vollzogen hat in der Zeit nach der Wende des Jahres 1990? Etwas von der Mongolei, der alten wie der neuen, zu verstehen, kann vielleicht nur demjenigen gelingen, der, tief und innig verbunden mit Land und Leuten, all diese Widersprüche lebt, sie fühlt, riecht und eben auch – schmeckt. Aber das ist im gegenwärtigen Verwirr- und Vexierspiel von Alt- und Neuzeit, von Nomadendasein und Städtischem nichts Leichtes. Das, was jede traditionelle Kultur ausmacht, in der jedes Element, jeder Gedanke, jede Gestalt, auch jeder materielle Ausdruck und jeder geistige Aspekt nicht alleine, sondern in Bezug steht zu weiteren Momenten, die erst alle gemeinsam das große Ganze ergeben, ist immer auch eine subjektive Sicht auf die Dinge – und in diesem Falle die meiner Beobachtungen und Schlussfolgerungen. Die Selbsteinschätzung der Mongolen ist unter Umständen eine andere.

Nehmen wir nur die Jurte und das Leben um sie herum, welches auf den ersten Blick für den Europäer zu wenig kultiviert erscheint. Da mutet manches schmuddelig und unordentlich an. Die Stiefel, die einfach hingeworfen liegen bleiben, die Jurtentür, die schief im Rahmen hängt und bei Wind quietscht und quäkt – das rührt vom heftig gelebten Leben her, das andere Maßstäbe setzt als die gründliche Ordnung und den Menschen nicht übermäßig mit solchem Ansinnen strapaziert, sondern das Konzept von Menschlichkeit und Seelenheil über alles stellt. Was, wenn der Besucher damit nicht zurechtkommt und sich an dem Andersartigen reibt?

Alle sitzen an einer großen Schüssel, aus der ein Fleischberg hervorragt. Es wird mit den Händen gegessen, die anschließend nach rohen Zwiebeln und Hammelfett riechen. Das Fett trieft und tropft von den Fingern. Alles schmatzt und schlürft. Und zuletzt wischen sich alle reihum mit einem einzigen, womöglich fleckig-schmuddelig aussehenden und hässlich riechenden Tuch den fettigen Mund ab. Und die Kelle, mit der das Blut aus dem geöffneten Brustkörper des soeben geschlachteten Schafes geschöpft wurde, dient kurz darauf dazu, den Milchtee im einzigen Kessel zu rühren. Man besitzt eben nur eine einzige Kelle, denn auf Umzug wären zwei Kellen zu viel an Gewicht, nur unnötiger Ballast. Das sind alltägliche Szenen aus den Jurten. All diese und noch mehr uns fremd anmutende Eigenarten können schnell Unwohlsein auslösen und eher kopfschüttelnde Abwehr erzeugen als eine Öffnung hin zu Verständnis und Annahme des anderen Ausdrucks von Leben.

Wie anders die nomadische Lebensform ist und wie sehr sie der uneingeweihten Sicht des »Fremdländers« zuwider laufen kann, möchte ich gleich zu Beginn erwähnen. Hinter jeder Andersartigkeit, jedem Ritual, jeder Essgewohnheit steht aber eine Kultur, die sich bewährt hat und ein enges und inniges Miteinander mit der Natur bedeutet. Der Kreislauf von Erde – Wasser – Pflanze – Tier – Nahrungsmittel – Mensch hat sich im Selbstverständnis der Mongolen bis auf den heutigen Tag erhalten. Und wenn etwas davon zwischen den Zeilen dieses Buches durchdringt, umso besser!

ÜBER DIE TATAREN

Den Winter verbringen sie im Flachland und in Gegenden, wo sie gute Wiesen und Weiden finden für ihr Vieh. Zur Sommerszeit halten sie sich in kühlen Gebieten auf, in den Bergen und in schattigen Tälern; da gibt es Wasser, Wälder und Weiden. Ihre Behausungen sind aus Holz; die Dächer sind aus Filz. Ihre Form ist rund. Überall, wohin die Tataren ziehen, nehmen sie diese Hütten mit sich. Sie haben nämlich die Holzruten so geschickt miteinander verbunden, daß das Ganze leicht transportiert werden kann. Sooft sie ihre Hütten wieder aufstellen, richten sie sie derart aus, daß der Eingang auf der Südseite ist. Die Tatarenwagen sind ganz dicht mit schwarzem Filz geschützt; auch bei Dauerregen wird nichts naß im Wagen drin. Die Zugtiere sind Ochsen und Kamele. Frauen und Kinder fahren im Wagen. Ihr müßt wissen, die Frauen kaufen und verkaufen, sie sorgen für alles, was ihr Gebieter und was der Haushalt braucht. Die Männer kümmern sich um nichts anderes als um die Jagd und die Kriegsführung, um die Vogel- und die Falkenjagd. Die Tataren leben von Fleisch, Milch und Wildbret, und sie essen noch Lemminge, von denen es im Flachland und überall eine Menge gibt. Sie verspeisen sogar Pferde und Hunde und trinken Stutenmilch. Jede Sorte Fleisch ist ihnen recht …

Die Tataren nennen ihren Gott Nacygai. Sie sagen, er sei ein Erdgott und behüte ihre Kinder, ihr Vieh und ihre Ernten. Er genießt höchste Verehrung, in jeder Hütte hat er seinen Platz. Die Leute basteln aus Filz und Stoff eine Puppe und stellen sie auf; in gleicher Manier formen sie die Gemahlin und die Kinder des Gottes. Die Gattin platzieren sie links des Gottes und die Kinder vor seinem Angesicht. Viel Ehre wird den Götzen erwiesen. Bei den Mahlzeiten nehmen die Tataren ein Stück fetten Fleisches und beschmieren damit den Mund des Gottes, seiner Gattin und seiner Kinder. Danach schöpfen sie von der Brühe und versprengen sie vor dem Hütteneingang. Nach dieser Handlung sind sie der Meinung, der Gott und seine Familie hätten ihren Teil gehabt. Jetzt essen und trinken sie selbst. Ihr müßt wissen: sie trinken Stutenmilch, aber ich sage euch, sie behandeln sie derart, daß sie aussieht wie Weißwein und sehr schmackhaft ist; sie nennen sie Chemis.

Aus: Marco Polo, »Die Wunder der Welt«, Il Milione

ES SCHMECKT EBEN MONGOLISCH

In der Jurte des Fressers gibt es kein Essen,
in der Jurte des Faulenzers gibt es kein Feuerholz.
VOLKSTÜMLICHE REDENSART

Immer wieder werde ich gefragt: Was isst man in der Mongolei? Ich antworte darauf fast kleinlaut, weil wissend, dass es sich heutzutage schickt, weniger oder gar kein Fleisch zu essen: Auf dem Land bei den Nomaden mit ihren Herden kommt man mit dem aus, was man vorfindet – in der kalten Jahreszeit Fleisch und nochmals Fleisch, und dazu Mehl- und getrocknete Milchspeisen; Gemüse ist selten; im Sommer und Herbst gibt es Milch und die guten Sachen daraus und zusätzlich, was gejagt, geangelt und gesammelt wird.

Das ist der grobe Speiseplan in den vier Jahreszeiten, die Feinheiten werden sich mit fortschreitender Lektüre dieses Buches erschließen.

In der Stadt ist alles anders: Die Armen haben manchmal kaum etwas zu Essen und wenn, dann essen sie notgedrungen Mehl und Fleisch wie die Leute vom Land, aber oft haben sie weniger davon. Sie können sich nichts leisten. Der Fleischpreis in der Stadt steigt unentwegt und gibt ihnen die Menge vor, die sie konsumieren können. Es gibt Supermärkte, regalvoll mit Waren. Dorthin gehen die Bessergestellten, denn sie wollen es nicht mehr ländlich. Sie können es sich sogar leisten, auswärts zu essen, sie trinken Kaffee im kubanischen Kaffeehaus und Bier, die mongolische Marke »Tschingis« vom Fass oder auch importiertes aus Tschechien oder dunkles aus Finnland, essen Hähnchenschenkel aus Amerika und Salami aus Russland, haben das koreanische Kimchi entdeckt, suchen noch mehr Fremdländisches und wünschen sich weit weg vom nach Hammelfett und Milchsäuerlichem riechenden Nomadenleben. Einfach deshalb, weil ihr Gaumen mit den wachsenden Möglichkeiten neugierig geworden ist und sie dafür auch das nötige Geld besitzen.

Im vorliegenden Buch möchte ich bewusst das Alte zelebrieren, die Jahrhunderte der traditionellen Mongolei mit ihren Speisen ein wenig wiederaufleben lassen. Einiges über die Küche der Mongolen ist in wissenschaftlichen Werken des 20. Jahrhunderts aufgezeichnet. Doch wie sich die Essgewohnheiten und die Küche der Gobi von denen im Altai-Gebirge unterscheiden und sich die Traditionen und Neuerungen im Laufe der Geschichte und durch Berührungen mit den Nachbarvölkern gestaltet haben, das wird selbst in der Mongolei erst jetzt erforscht.

Ein wenig später, wenn einem das Nomadenleben gefällt und man damit beginnt, sich einzuleben, entdeckt man womöglich mehr und mehr die Köstlichkeiten aus den Nomadenjurten. Man entdeckt die Finessen: die vergorene Stutenmilch, die herrlich auf der Zunge prickelt und göttlich berauscht, die Rentiermilch, die sahnig süß lockt, Murmeltier, auf altertümliche Art mit heißen Steinen gegart, das frisch geschlachtete und gekochte Lammfleisch, das fast salzlos mundet, die wilden Stachelbeeren, die nach dem, was sie sind, auch schmecken, den süßlich-herben Sanddorn und die mirabellenkleinen Äpfelchen aus den Oasen der steinigen Wüstensteppe, die auf dem Gaumen einen Anflug von süß-saurer Bitterkeit hinterlassen.

Ja, man ist recht bald begeistert von allem, was man isst. Alles schmeckt einfach richtig lecker. Das sind Lebens-Mittel, die leben und aufleben lassen, an denen alles dran ist, die schlichtweg nach Natur und freudig-liebevollem Umgang mit ihr schmecken. Die gesund sind und den Menschen bei Gesundheit halten.

Mit anderen Worten könnte man sagen: Die alte Küche der Mongolei entspricht hohen neuzeitlichen Anforderungen. Selbst die Neuerungen, die sich im Laufe der Geschichte durch fremde Einflüsse und Kontakte mit Ackerbau betreibenden Nachbarvölkern ergeben haben, ändern nichts Wesentliches an der Mongolenküche. Sie ist regional und den biologischen Gegebenheiten entsprechend ausgerichtet, von den ostmongolischen Steppen und Tiefebenen über die Gobi bis zum Altai-Gebirge. Sie ist naturbelassen, frei von Zusatzstoffen und Giften. Sie verarbeitet die Nahrungsmittel meist vor Ort, wo sie auch gewonnen werden. Und werden sie konserviert, dann schonend, ohne Verlust der Nährstoffe.

Das Fleisch ist natürlich. Die Nomaden kennen keine Stallhaltung, ihre Tiere weiden frei und auf Wiesen, wo würzige Kräuter, die bei uns rar geworden sind, üppig gedeihen. Vor Ort gehalten, werden sie auch vor Ort gegessen. Die Schlachtbedingungen sind einzigartig: Soeben aus der Herde ausgeschieden, kommt das Tier unters Messer und in den Kochtopf. Es gibt keine weiten Transportwege, keinen Druck auf das Tier vor der Schlachtung.

Wildgemüse, Wildfrüchte und Wildgetreidearten sind nährstoffreich, vorausgesetzt sie gedeihen auf nicht vergifteter Erde und mit nicht durch den Bergbau verseuchtem Wasser. Das ist neuerdings die Gefahr. Das Gemüse, das hie und da auf der Steppe und weitab von städtischen Strukturen wie auf Inseln der Fruchtbarkeit liebevoll angebaut wird, der Kohl, die Wurzeln und Rüben, die in die Suppe geschnetzelt werden, wachsen ohne Dünger. Die Kartoffeln haben das Aroma der mongolischen Erde. Die Wassermelonen der Westmongolei sind die besten, die ich je gekostet habe. Die Wildnis, die immer heranreicht, schmeckt aus allem heraus.

Die Einteilung der Speisen und Getränke erfolgt nach fünf Farben. Die weißen Speisen sind Milch und daraus gewonnene Speisen, die roten sind Fleischiges und Blut, die grünen sind Grünzeug, verschiedenerlei Mehl, Wurzeln, Gemüse und Früchte, die gelben sind Rahm, Butterfett und Öl, die schwarzen sind Wasser und Milchbranntwein. Diese Fünfgliederung findet in jüngster Zeit viel Beachtung. Die Zahl Fünf – vielleicht wie bei vielen Völkern von der uralten und einfachsten Rechnungsweise mit den fünf Fingern einer Hand herrührend – stellt in der mongolischen Kultur etwas Festes, Grundlegendes dar und geht in einem durchgängig und grundlegenden Farb- und Zahlenbild auf, das die Kultur prägt. Doch ob diese Einteilung etwas taugt und ein einheitliches sinnvolles Ganzes ergibt, wohingegen ich eher ein ungezähmtes, aber dennoch gesundes Mit- und Durcheinander der Lebens-Mittel und Zubereitungsarten auszumachen glaube, ist die Frage. Und die Vielzahl der regionalen Speisen und die Feinheiten und Abweichungen in der Zubereitung, die obendrein von Jurte zu Jurte und von Familie zu Familie unterschiedlich sein können, stellten für mich erst recht eine Herausforderung in der Untersuchung dar. Unsicherheiten bleiben, auch wenn das Buch jetzt erst einmal geschrieben ist. Den Anspruch auf Vollständigkeit stelle ich erst gar nicht. Fehler und Missverständnisse bleiben nicht aus.

So ist dieses Buch notgedrungen ein vorläufiges. Dennoch ist es mehr als überfällig. Es ist vorrangig der Versuch, die Küche der Mongolei aufzuwerten und dem Vorurteil, da sei ja nichts Schmackhaftes dabei, etwas entgegenzusetzen.

In der Mongolei selbst ändern sich die Lebensgewohnheiten, damit auch die Essgewohnheiten, und der Import von Nahrungsmitteln tut das Übrige. Es gibt inzwischen sogar eingefleischte Vegetarier – angeblich über 30.000 Menschen, was etwa 1 Prozent der Bevölkerung entspricht. Sie essen Weißes – *Zaagan Hool*, so nennt man das fleischlose Essen, im Anklang an die »Milchweißen Speisen« – *Zaagan Idee*. Die Vegetarier-Bewegung in einem Nomadenland, in dem auf einen Bewohner 14 Tiere kommen, ist auch als Gegenbewegung zur Fleisch-Ideologie und zum üppigen ganzjährigen Fleischkonsum zu sehen, ist eine bewusste Entscheidung für die Gesundheit. Und bestimmte Meditationspraktiken bilden die Grundlage dafür.

So ändert sich vieles in diesem ehemaligen Nomadenreich und keiner scheint dem folgen zu können. Rezepte gehen verloren, wandeln sich, neue Rezepte werden ausgedacht, wobei immer etwas typisch Mongolisches zu bleiben scheint. Speisen sind wie auch bei uns Moden unterworfen. Ferti-

ges, das man kaufen kann, tiefgefrorene Teigtaschen und Milchtee in portionierten Beuteln etwa, ersetzt mühsames, zeitaufwendiges Sammeln und Ernten im Familienverbund. Wildgenüsse gehen verloren. Vielleicht wären sie noch wiederzuentdecken. Aber ist die Zeit dafür vorhanden?

Einige typische Rezepte habe ich bei Großvätern und Großmüttern eingeholt. Sie gaben mir bereitwillig Auskunft. Andere sind neueren Datums. Und das Ergebnis: Hier steht typisch Nomadisches, zu erkennen an der Farbe und am Geruch, neben Spielarten der Zubereitung, die sich auch außerhalb der Mongolei nachkochen lassen. Vorausgesetzt es finden sich die entsprechenden Zutaten oder ein Ersatz, wie ich ihn hin und wieder vorschlage. Natürlichkeit und Frische sind dabei oberstes Gebot.

Durchgängig wichtig ist: Lassen Sie sich nicht abschrecken und entmutigen! Es braucht etwas Courage und Improvisationslust beim Kochen, eigentlich den gleichen Geist, der erst eine Mongoleireise zum Erlebnis werden lässt. Gehen wir mit Neugierde und Appetit zu Werk. Die mongolische Lust am Essen und Trinken wird auch uns anstecken. Schmatzen und Schlürfen sollen uns nicht stören, im Gegenteil – man denke nur an Luthers Ausspruch: Warum rülpset und furzet ihr nicht, hat es euch nicht geschmacket?

Hören Sie! Draußen pfeifen schon die Winde, die Nacht könnte bitterkalt werden – also bitte, lassen Sie sich von der Suppe nachschöpfen, langen Sie beherzt zu. Es schmeckt nach Leben, nach Mongolei!

WO MAN SICH DIE ZUTATEN BESORGEN KANN, WENN MAN MONGOLISCH KOCHEN WILL

Bereitgestellte und liegengelassene Sachen
fressen sich selbst auf.
VOLKSTÜMLICHE REDENSART

Die meisten Zutaten sind überall dort erhältlich, wo es biologisch einwandfreie Lebensmittel gibt. Milch für die Milchspeisen sollte, wenn irgend möglich, direkt beim Erzeuger eingekauft werden. Auch beim Einkaufen von Fleisch ist auf gute Qualität zu achten, es sollte möglichst von einem Metzger stammen, der selbst schlachtet, vom Bauern, der selbst Rinder hält, oder vom Schäfer, der seine eigenen Schafe züchtet und verkauft. Tiefgefrorenes Lammfleisch aus Neuseeland oder jenes aus dem türkischen Laden eignet sich auch. Ausgefallene Zutaten wie beispielsweise Lilien, aber meines Wissens nur als Blüten und nicht als Knollen, finden sich in orientalischen Lebensmittelhandlungen. Anderes ist eventuell auch über das Internet zu beziehen, wie beispielsweise Zedernnüsse. Geröstetes Gerstenmehl – *Dsambaa* – ist in gut sortierten Bio-Läden erhältlich. Seltene Zutaten wie *Zulchir* und *Suli* sind zwar im Rezeptteil beschrieben, in unseren Breiten aber wohl kaum erhältlich. Das gilt auch für *Gojo* aus der Wüste Gobi.

Wer seine Wildkräuter selbst suchen, seine Wildfrüchte sammeln möchte – umso besser. Aber Vorsicht vor Verwechslungen! Lieber vorab einen Sachkundigen konsultieren oder ein gutes Wildgemüse- und Wildkräuterbuch mit auf die Suche nehmen. Und bitte sammeln Sie nur so viel, wie unbedingt notwendig. An dieses Maß hielten sich auch die altmongolischen Jäger und Sammler.

MENGENANGABEN, DIES UND DAS

Meistens schaute ich mir die Rezepte direkt vor Ort ab oder sie wurden mir mündlich weitergegeben. Mengenangaben und Garzeiten konnten selten genau angegeben werden. Es hieß oft: Darüber habe ich nie nachgedacht, ich gehe nach dem Geruch und oder ich merke es am Aussehen. An diese Ungenauigkeiten bereits gewöhnt, kam ich beim Ausprobieren und Nachkochen immer irgendwie zurecht.

Die Mengen für die Rezepte der Wildnisküche sind entsprechend der zu erwartenden Esser variabel. Die Milchspeisen lassen sich ohne Weiteres in

größeren Mengen zubereiten, besonders wenn sie haltbar sind. Grundsätzlich sind alle Speisen nach Geschmack zu würzen, besonders zu salzen, wobei die meisten mongolischen Speisen eher mild und salzarm ausfallen.

Unsere europäische Küche empfinden Mongolen oftmals als zu stark gewürzt, wenn nicht gar als versalzen. Und unseren geliebten Käse, den, wenn er obendrein stinkig und schmierig daherkommt, mag der mongolische Gaumen überhaupt nicht. Es schmecke nach Leiche und Verwesung, bekam ich einmal zu hören. Dass ich diese Äußerung hier überhaupt wiedergebe, mag dafür hinhalten, wie gegensätzlich und unverträglich nicht nur Meinungen, sondern auch Geschmäcker sein können.

Die Transkription der mongolischen Begriffe richtet sich nach der Aussprache. Die Worte werden so geschrieben, wie sie für einen Deutschsprachigen am einfachsten aussprechbar sind. Landestypische Speisen haben ihren Eigennamen beibehalten, der aber frei übersetzt ist. Ein Beispiel sind gedämpfte Teigtaschen: *Buuds.* Andere Speisen, die gänzlich neu oder an unsere Essgewohnheiten angepasst sind, haben Namen bekommen, die ich meine, in der Mongolei gehört zu haben, oder aber sie sind von mir erdacht worden.

TRINKSITTEN

Wenn der Hausherr den Becher in der Hand hält und trinken will, spendet er zuerst, bevor er trinkt, der Erde ihren Anteil. Trinkt er, wenn er zu Pferde sitzt, so sprengt er, bevor er trinkt, etwas auf den Hals oder auf die Mähne des Pferdes. Wenn sie zum Zechen zusammengekommen sind, so sprengen sie von dem Trank zuerst etwas auf das über dem Kopf des Hausherrn angebrachte Idol, sodann der Reihe nach auf die anderen Idole. Darauf geht ein Knecht mit einem vollen Becher aus der Jurte und spritzt dreimal nach Süden, wobei er jedes Mal das Knie beugt, und zwar zu Ehren des Feuers, sodann nach Osten zu Ehren der Luft, danach nach Westen zu Ehren des Wassers; nach Norden richten sie die Libation für die Toten. Nachdem nun der Knecht so nach allen vier Himmelsgegenden die Libation dargebracht hat, kehrt er in die Jurte zurück. Dort stehen zwei Diener bereit mit zwei Bechern und ebensoviel Unterschalen, um den Trank dem Herrn und seiner neben ihm oben auf dem Ruhebett sitzenden Gemahlin zu bringen. Hat er mehrere Gattinnen, so sitzt die, bei der er in der Nacht schläft, bei Tag neben ihm, und alle die anderen müssen an diesem Tage in ihre Jurte zum Trinken kommen.

Aus: Wilhelm von Rubruk,
Reise zu den Mongolen 1253 bis 1255

IM REICHE DES GROSSKHANS

Angesichts der Nachrichten, die uns der Venezianer Marco Polo vom herrlich-wundersamen Mongolenreich und dem mächtigsten Herrn aller Herren, dem edlen Großkhan Kublai und seiner Hofhaltung überbringt, will das Staunen gar nicht enden. Wiederholt vorgetragenes Lob ergeht an den Großkhan: Er sei ein weiser, weitsichtiger Herrscher, der allergeschickteste im Herrschen über Völker und Reiche. Etwas Prächtigeres als den Kaiserpalast könne man sich nicht vorstellen, versichert er; im Hauptsaal hätten ohne Weiteres mehr als 6.000 Menschen Platz. Bei einem Festgelage sitze der Khan auf einem Podium im Norden und überschaue alle und alles Richtung Süden hin, überblicke jene, die, an Rang und Würde gemessen, tiefer sitzen. Außerhalb des Palastes würden über 40.000 Menschen bewirtet. Mitten im Festsaal stehe ein riesiges goldenes Gefäß mit Wein, zu beiden Seiten davon befinde sich je ein kleineres. Vom großen werde das Getränk in die kleineren gefüllt und daraus weiter in immer noch recht große goldene Schalen, die zwischen je zwei Gäste gestellt würden. Daraus schöpfe sich ein jeder nach Belieben. Wenn der Großkhan selbst sich anschicke zu trinken, ertöne laut Musik von vielen Instrumenten und die Untergebenen und Geladenen fielen vor ihm auf die Knie. Der Pomp wiederhole sich mit jedem Mal, da der Khan trinke.

So hielt der Großkhan Hof. Leider spart Marco Polo die Speisen aus, die überbordend aufgetragen wurden. Nach dem Festessen kommt die Unterhaltung: »… herein kommen Spielleute und Zauberkünstler und viele andere dieser Gilde, die die unwahrscheinlichsten Vorstellungen geben. Der Großkhan hat an ihnen das größte Vergnügen, alle Gäste ergötzen sich, lautes frohes Lachen tönt durch den Saal.« Und schließlich beschreibt er die Zaubermeister am Hofe: »Stellt euch vor: der Großkhan sitzt im Hauptsaal an seinem Tisch, welcher auf einem acht Ellen hohen Podest steht. Die Trinkgefäße befinden sich auf dem Boden des Saales, etwa zehn Schritte vom Tisch entfernt; sie sind gefüllt mit Wein, Milch oder sonstigen guten Getränken. Die Zauberer, Bacsi geheißen, bewirken mit ihrem Hexeneinmaleins, daß sich die vollen Gefäße von Erdboden abheben und ohne jemanden zu berühren zum Khan hinschweben. Solches geschieht vor den Augen von zehntausend Menschen. Es ist die reine Wahrheit, nicht eine Spur von Erfindung. Jeder, der etwas von der Schwarzen Kunst versteht, muß zugeben, daß derartiges möglich ist.« Regenmacher, besser Regenvertreiber, zeigen auch ihre Kunst des Wolken- und Schlechtwettervertreibens, damit das Unwetter nicht den Palast der Khans treffe, sondern weiter ziehe.

Der lange vor Marco Polo, und zwar nach der schlesischen Niederlage des böhmisch-mährischen Ritterheers gegen die Mongolen im Jahr 1241 in die Mongolei reisende Franziskaner Johannes de Plano Carpini sagt den Mongolen große Ausdauer und Genügsamkeit nach, und dass sie lange ohne Nahrung auskommen. Statt zu jammern würden sie singen und spielen, als hätten sie gerade die beste aller Mahlzeiten genossen. Lebensfreude und Lebenslust sind oft überbordend. Auch ausschweifend? Oder nur unverständlich, da andersartig? Wie sonst kommt es zu der Einschätzung bei Marco Polo: »Vieles, das bei uns eine Sünde ist, ist bei ihnen [den Bewohnern der Hauptstadt des Tangutenreiches] erlaubt; sie leben eben noch wie Tiere.«

Marco Polo berichtet aber auch von gegenläufigen Sitten und Eigenarten im Tangutenreich, das 1227 von Dschingis Khan und seinen Leuten erobert wurde und das der reisende Kaufmann auf seinem Weg zu den Tartaren, wie er die Mongolen nannte, durchquerte: »Die Heiden haben einen Mondkalender, entsprechend unsern Monaten. Während bestimmter Mondphasen töten sie keine Tiere und keine Vögel, und während fünf Tagen essen sie kein Fleisch, das von Tieren stammt, die innerhalb dieser Zeitspanne geschlachtet oder gejagt worden sind. Während der fünf Tage pflegen sie allgemeine Enthaltsamkeit. Unter den Mönchen gibt es welche, die aus Überzeugung kein Fleisch essen.« Später beschreibt er neben den großen Klosteranlagen eine asketische Mönchsgemeinde, die Sensi, die strengen Verzichtsregeln und Enthaltsamkeit folgten. Sie äßen nur Kleie, besser Getreidekörnerhüllen, die beim Mahlen des Korns übrig blieben. Diese würden in heißem Wasser eingeweicht und dann gequollen verspeist. Die Hülsen seien geschmacklos, schreibt Marco Polo, und äßen sie diese nicht, so würden sie fasten. So beschränkten sie sich dauerhaft. Kein Mensch führe freiwillig ein so hartes Leben.

Die Sitten waren und sind auch heute noch zumeist deftig. Das Leben, so hart, bringt oft Raubeiniges. Gerade deshalb vielleicht lassen sich die Menschen schnell hinreißen, brennen hitzig für den einen Augenblick, der Verantwortung und alles Regelwerk plötzlich zunichtemacht. Denn der Tod steht immer unmittelbar daneben; früher waren es die Kriege und Scharmützel, heute sind es immer noch Menschenferne und Weglosigkeit, und seit eh und je Unwetter, tödliche Kälte, Wüstenhitze, Feuer und Überschwemmungen, Unwägbarkeiten und Unvorhersehbares, die tagtäglich das Nomadenleben aufs Neue zur Weisheit des Jetzt verdichten. Es will und muss gelebt werden. So scheint es gewesen zu sein, und so erlebe ich es mancherorts noch bis auf den heutigen Tag.

DER SILBERBAUM IM PALAST VON KARAKORUM

Weil es am Eingang des Palastes keinen guten Eindruck macht, wenn man da die Schläuche mit Milch und anderen Getränken hereinträgt, errichtete Meister Wilhelm aus Paris einen großen Baum aus Silber, zu dessen Wurzel vier Löwen aus Silber liegen. In ihrem Innern befindet sich eine Röhre, durch die weiße Stutenmilch geleitet wird. Im Baum selbst sind vier Röhren nach oben geführt. Ihre äußersten Enden sind von oben wieder nach unten gebogen. Um jedes Ende dieser Röhren windet sich in gleicher Weise eine goldene Schlange, deren Schwanz um den Stamm des Baumes geschlungen ist. Aus einer dieser Röhren fließt Wein, aus der anderen vergorene Stutenmilch ohne Hefe, aus der dritten Bal, jenes Honiggetränk, und aus der vierten ein aus Reis gewonnener Wein. Für jedes Getränk steht am Fuße des Baumes ein silbernes Gerät zur Aufnahme bereit. Oben in der Spitze des Baumes hat der Künstler eine Engelstatue angebracht, die eine Trompete hält. Unter dem Baum machte er eine Höhlung, in der sich ein Mann aufhalten kann und von wo aus eine Röhre bis oben zu dem Engel führt. Zunächst hatte der Meister Blasebälge verwendet, doch erzeugten sie nicht genug Wind. Außerhalb des Palastes befindet sich ein Vorratsbaum, wo die Getränke aufbewahrt werden. Dort stehen Diener bereit, um die Getränke einzugießen, sobald sie den Engel blasen hören. Zweige, Blätter und Früchte des Baumes bestehen aus Silber …

Der Palast ist wie eine Kirche gebaut. Er besitzt ein Mittelschiff und hinter zwei Säulenreihen zwei Seitenschiffe, ferner an der Südseite drei Türme. Vor dem mittleren Eingang steht dieser Baum. Am Nordende sitzt auf einem erhöhten Platz der Khan, so daß er von allen gesehen werden kann. Zu ihm führen zwei Treppen herauf. Über die eine steigt der Becherträger empor, während er über die andere wieder heruntergeht. Der Raum in der Mitte zwischen dem Baum und den Treppenstufen ist leer. Denn dort stehen der Mundschenk und auch Gesandte, die Geschenke überreichen. Der Khan sitzt oben gleich einem Gott. Zu seiner Rechten, also nach Westen hin, sitzen die Männer, zu seiner Linken die Frauen. Denn der Palast ist von Norden nach Süden gerichtet. Längs der Säulenreihe auf der rechten Seite sind nach Art einer Terrasse erhöhte Plätze, die von seinen Söhnen und Brüdern eingenommen werden. Gleichermaßen ist es auf der linken Seite, wo sich seine Frauen und Töchter aufhalten. Nur eine Frau sitzt oben bei ihm selbst, jedoch nicht so hoch wie er.

Aus: Wilhelm von Rubruk,
Reisen zum Grosskhan der Mongolen, 1253–1255

VERGORENE STUTENMILCH
GUUNII AIRAG

Die Stutenmilch ist Legende. Der frühe griechische Reisende und Berichterstatter Herodot berichtet vom Gebrauch der Stutenmilch bei den Skythen: Es werde daraus etwas Wertvolles, schreibt er, indem sie diese in ein Holzgefäß schütteten. Hippokrates greift diese Nachricht auf und lobt auf seine Art das Lebensmittel, das Heilmittel sein möge, und das Heilmittel, welches als Lebensmittel dienen möge. Bei den Mongolen gilt Stutenmilch als heilig-heilsam, Kuren mit Stutenmilch wirken Wunder, und gleichzeitig wohnt dem Genuss mehr inne: Denn Stutenmilch bedeutet auch Geselligkeit, ist hochstehendes Kulturgut, seit es Reiter und ihre Pferde gibt. *Kumiss*, worunter die eingesäuerte Stutenmilch weltweit bekannt ist, verdient es, als ein Beitrag der zentralasiatischen Nomaden zur Weltkultur angesehen zu werden. Alles daran ist das Ergebnis fleißiger Handarbeit und Ausdruck lebendig-freudvoller Tierzucht.

Die Stuten werden alle zwei Stunden gemolken. Die Fohlen, die immer in der Nähe der Stuten gehalten werden, werden erst zum Ansaugen an das Muttertier herangeführt und sorgen so für einen besseren Milchfluss beim Melken. Dabei singen die Hirten ein leises, eingängiges *Gurrriii – Gurrriii – Gurrriii*. Das macht die Stute zusätzlich weich.

Nicht nur ist Stutenmilch in der Mongolei ein hoch verehrtes und allseits beliebtes durstlöschendes Sommergetränk. Kenner wissen um die Güte und Genießer trinken sie schalen-, sogar kanisterweise. Sie berauscht und beglückt, sie reinigt und erneuert, sie belebt und erfrischt. Es ist die Sommerlaune in der *Airag*, die gegen den harten, erbarmungslosen Winter in den Weiten der Steppen antritt und obsiegt. Derart kräftigt *Airag* den Menschen, vertreibt die Nöte des Winters, die ihm durch die Fleischesserei im Gedärm sitzen. Sie belebt den Geist und putzt den Körper durch, auch dort, wo sonst nichts so ausgiebig hinreichen würde.

Jetzt verstehen wir auch Marco Polo, der uns von der Hofhaltung des Kublai Khan und seinen sommerlichen Unternehmungen berichtet: »Jedes Jahr am gleichen Tag, am 28. August, verläßt der Khan die Stadt und den Palast. Ihr werdet gleich erfahren, warum. Der Großkhan besitzt ein Gestüt mit Schimmelhengsten und -stuten ohne den geringsten Farbfleck, sie sind weiß wie Schnee. Die Anzahl der Stuten ist riesig, mehr als zehntausend. Die Schimmelstutenmilch darf von niemand anderem als von Angehörigen der kaiserlichen Familie, also ausschließlich von der Khan-Familie, getrunken werden. Mit einer einzigen Ausnahme: Angehörige eines anderen Stammes namens Horiat haben auch das Recht, sie zu trinken. Dschingis

Khan gewährte ihnen diese Gunst, weil sie einst mit ihm zusammen einen wichtigen Sieg errungen haben. Stellt euch vor: wenn die weißen Pferde vorbeiziehen, wird ihnen große Ehre erwiesen; kein noch so edler Herr würde sich zwischendurchdrängen, sondern würde warten, bis die Herde weitergegangen wäre, oder er selbst würde sich entfernen, um die Tiere nicht zu stören. Die Astrologen und die Heiden haben dem Großkhan gesagt, er müsse jedes Jahr am 28. August die Milch der weißen Stuten in die Luft und die Felder sprengen, damit die Geister zu trinken hätten. Die Heiden glauben, dank dem Trankopfer wachen die Geister über all seinen Besitz, über Männer und Frauen, über Tiere, Vögel, über die Ernte und alles übrige.«

Stutenmilch ist ein empfindliches Getränk und verdirbt leicht. So wird auch verständlich, weshalb sich die Herrscherfamilie in die Nähe der frei lebenden Herden begab, um sich vor Ort am »göttlichen Nektar« zu laben.

Von weißen Stuten trinkt man vor allem zu Heilzwecken die rohe, noch lauwarme Milch. Sie schmeckt wie das Grasland selbst, ist mager und leicht bekömmlich. Das Weiß der Schimmelstuten nimmt kein Sonnenlicht auf und verleiht der Milch eine außergewöhnliche Güte.

Mit *Airag* bezeichnet man generell auf künstliche Art vergorene Milch. Die von Pferden heißt *Guunii Airag,* und die von Kamelen *Ingenii Airag* oder *Hoormog,* die von Kühen (vornehmlich in der Westmongolei getrunken) heißt *Uneenii Airag* oder bei den Tuwa im Altai-Gebirge *Hoipag.*

Traditionell wird Stutenmilch im offenen Lärchenholzgefäß oder im offenen großen Lederschlauch, der aus einem unversehrten Stierfell gefertigt wurde und 50 bis 300 Liter fassen kann, zum Säuern gebracht. Neuerdings finden große blaue Plastiktonnen Verwendung, wobei es fraglich ist, ob dies nicht Güte und Gehalt der *Airag* abmindert. Der *Airag*-Behälter steht im Südwesten der Jurte, also auf der männlichen Seite in gewissem Abstand zur Tür. Jeder, der die Jurte betritt, hat das Recht, von der *Airag* zu trinken, aber im Gegenzug auch die Pflicht, die *Airag* zu stampfen, damit sie schön aufschäumt und zuletzt anfängt zu prickeln und zu rauschen. Dann erst ist sie reif. Das kann zwischen 3 und 5 Tage dauern, je nachdem wie fett und dickflüssig die Milch ist und wie oft sie gestampft wird. Die fertige *Airag* wird in ein eigenes Gefäß geschöpft und getrunken.

Wichtig ist der Säurewecker, der die rohe Stutenmilch in *Airag* umwandelt und auf verschiedene Art und Weise erzeugt wird. Am einfachsten ist es, wenn man den alten Lederschlauch vom Vorjahr wieder aufhängt und die frische Stutenmilch durch ein Sieb oder feines Tuch hineingießt. Dazu darf es nicht zu kalt sein und die Milch muss kräftig mit einem hölzernen Stampfer schaumig geschlagen werden, und zwar etwa 2.000 bis 4.000 Mal. So wird Sauerstoff eingebracht. Jedes Mal, wenn nach dem Melken der Stuten frische Milch hinzukommt, wird der Inhalt neu aufgeschlagen, damit er säuert.

Eine andere Methode, zu einer Starterkultur zu kommen, ist folgende: In die letzte *Airag* im Herbst wird ein Baumwollsäckchen gehängt, in das 1 kg Rosinen und Hirse eingenäht wurde, es bleibt dort mindestens 10 Tage lang. Dann wird das Säckchen herausgenommen und im Schatten gut getrocknet. Möglichst luftdicht verpackt überwintert es bis zum nächsten Sommer. Dann wird der Sack in die rohe, noch warme Stutenmilch gelegt und durch mehrmaliges Rühren und Schlagen setzt die Gärung ein.

Milch von einer Stute, die ein Jahr kein Fohlen zur Welt gebracht hat, kann auch Säurewecker sein. Dazu wird die rohe Stutenmilch in einen alten, 5 bis 10 Liter fassenden Lederschlauch, der schon zuvor zum Transport von *Airag* oder Joghurt diente, gegossen und mit einem Lederriemen gut verschnürt. An einen Sattel gehängt führt ein Reiter den baumelnden Sack einen Tag lang mit sich, und bald beginnt die Milch durch das Schaukeln und die Sonneneinwirkung zu gären. Heute kann dazu eine Plastikflasche dienen, die von Hand so lange hin- und herbewegt wird, bis die Säuerung einsetzt.

Eine noch urtümlichere Methode ist die mit Filz. Dazu wird ein gut gewaschenes, etwa 20 auf 40 cm großes Filzstück, das aus der im Herbst geschorenen Schafwolle gefilzt wurde, in die letzte *Airag* im Jahr eingelegt und dort für 15 bis 20 Tage lang belassen. Anschließend wird es im Schatten getrocknet, luftdicht verpackt und so über den Winter gebracht. Dieses Stück Filz kommt in die erste frische Stutenmilch im folgenden Jahr und löst unter Schaumigschlagen der Milch die erwünschte Gärung aus.

Ziegendickmilch kann auch Säurewecker sein. Sie wird dazu in die Sonne gestellt, bis sie zu gären beginnt, und dann der Stutenmilch beigegeben. Zum Ansetzen von *Airag* braucht man 1 Liter Ziegendickmilch auf 4 Liter frische Stutenmilch. Dann muss das Ganze gut und gleichmäßig schaumig geschlagen werden. Und es darf jeden Tag nur behutsam frisch gemolkene Stutenmilch nachgegossen werden.

Auch frischer Ziegen- und Schafmilchjoghurt kann die Säuerung in Gang setzen, wobei 100 bis 150 Gramm Joghurt auf 1 Liter Stutenmilch kommen. Wieder gut schaumig schlagen. Mit dieser Methode dauert es 2 bis 3 Tage, bis die *Airag* trinkfertig ist. Nach und nach wird neue Stutenmilch gesiebt, hinzugegeben und kräftig geschlagen.

Ist erst einmal ein Vorrat an Stutenmilch da, wird frisch gemolkene Milch im Verhältnis 1:1 nachgegossen und dann sofort gut geschlagen. So wird bis zum Ende der Saison im Herbst *Airag* gewonnen.

Wie auch bei anderen Zubereitungsarten ein- und derselben Speise ergeben sich auch bei der *Airag* je nach Familie, aber auch je nach lokalen Gepflogenheiten besondere Geschmacksunterschiede. Da kann es schon vorkommen, dass die *Airag* einer ganz bestimmten Gegend diese für ihre Stutenmilch mongoleiweit berühmt macht. So lobt man besonders die *Airag* aus dem Kreis Saichan im Bezirk Bulgan, die aufgrund der Güte der dort wachsenden Gräser außergewöhnlich sein soll.

Tiefgefroren kann *Airag* für *Zagaan Sar* – das mongolische Fest des Weißen Mondes zu Neujahr – aufbewahrt werden. *Airag* ist immer feierlich, wird wie Milch als Sinnbild des Weißen, des Glücks und als Überbringerin von Glückseligkeit angesehen. Wird sie getrunken, setzt eine andere, eine heilige Zeit ein, die das Lebensgefühl und die damit einhergehende Heilwirkung erhöht. So wie das Trennen der Fohlen von den Stuten eine feierliche Handlung ist, wurde auch der erste Tag, an dem die *Airag* trinkbereit ist, in alten Zeiten als Feiertag am Höhepunkt des Sommers begangen. Wie auch immer, der hohe Stellenwert der *Airag* hat sich bis auf den heutigen Tag mehr oder weniger erhalten.

Die Heilwirkung von *Airag* ist unbestritten und beruht auf ihrer Beschaffenheit. Die fettarme Stutenmilch enthält hoch konzentrierte Antikörper, die denen des Menschen gleichen, und darüber hinaus einen überaus hohen Gehalt von Glykoproteinen und Vitamin C, welche die Abwehrkräfte auf natürliche Art fördern. Die Stutenmilch lindert Herz- und Gefäßerkrankungen, wirkt bei Magen und Darmbeschwerden, bei Stoffwechsel- und Kreislaufstörungen, Allergien und Hauterkrankungen, entwässert und entgiftet den Körper.

Einzig nach Operationen und Knochenbrüchen sollte man *Airag* nicht trinken. Badekuren in *Airag* über mehrere Tage lang öffnen die Poren der Haut und ziehen die Schmerzen aus dem Körper.

Besonders nach den langen Wintermonaten stärkt *Airag*, nach dem ersten Melken der Stuten gewonnen, den entkräfteten Körper. Dies gilt gleichermaßen für alte wie auch für jüngere Leute und Kinder.

SCHAUM VON VERGORENER STUTENMILCH **AIRAGNII HÖÖS**

Vergorene *Airag* bildet an der Oberfläche Schaum. Diesen Schaum abschöpfen und sofort trinken. Er wirkt verdauungsfördernd, darmreinigend und entgiftet den Körper.

Zagaanii Höös – Schaum von gekochtem Joghurt, der sich beim Aufkochen von *Islegen Tarag* (vergorener Joghurt) bildet, wird ebenfalls abgeschöpft und getrunken. *Zagaanii Höös* wirkt schweißtreibend und verdauungsfördernd.

VERGORENE STUTENMILCH MIT SANDDORN
TSCHAZARGANATAI AIRAG

Diese köstliche Zubereitung von *Airag* wird dort getrunken, wo reichlich Sanddorn wächst. Diese Sanddorn-*Airag* ist gut bei chronischen Lungenkrankheiten und Lungenentzündung und sollte am besten zwei Wochen lang als Kur getrunken werden.

Frische Sanddorn-Beeren in einem verschlossenen Baumwollbeutel für einige Tage in das Gefäß mit der gärenden *Airag* hängen. Mit der Zeit verfärbt sich die *Airag* leicht gelb und bekommt den fruchtigen Sanddorngeschmack. Vor dem Trinken eventuell ganze, leicht andrückte Sanddornbeeren zusetzen.

VERGORENER MILCHCOCKTAIL
TSCHIGEE

Diese Art von *Airag* wird traditionellerweise aus einem Gemisch von Stuten- und Kuhmilch zubereitet. Auf drei Teile frische Stutenmilch kommt ein Teil frische Kuhmilch. Beides zusammen in einen alten Ledersack – *Höhüür* – füllen. Die Gärung setzt durch die Rückstände vom Vorjahr von selbst ein. Täglich frische Milch von Stuten und Kühen hinzuschütten, gut rühren und schlagen.

Ein Startermittel ist unbedingt nötig. Man kann sich dazu *Tschigee* von einer Nachbarfamilie besorgen oder man legt ein reines Stück Silber in das Milchgemisch. Wie bei der Herstellung von *Airag* bereits beschrieben, lässt sich auch ein Stück im Vorjahr in *Tschigee* getränktes und getrocknetes Stück Filz als Säurewecker verwenden.

Als Säurewecker eignet sich auch Erstmilch, die sich im Magen eines verstorbenen Lammes angesammelt hat. Dazu wird der Magen herausgenommen und in die Milchmischung entleert.

VERGORENE KAMELSTUTENMILCH MIT FRISCHMILCH
INGENII BOZ

Gut vergorene Kamelstutenmilch mit noch warmer Kamelstutenrohmilch vermischen. Auf 1 Teil vergorene Milch kommen 4 Teile Rohmilch.

Boz ist sehr nahrhaft, stärkt die Widerstandskräfte und wirkt gegen Müdigkeit.

VERGORENE STUTENMILCH MIT QUELLWASSER
ZIIDEM

Diese Zubereitung von *Airag* ist ein Getränk für den heißen Sommer und ein herrlicher Durstlöscher: In die fertige *Airag* die gleiche Menge frisches kühles Quellwasser geben, umrühren und die *Ziidem* ist fertig.

Ziidem kann man mit jeder kalten entrahmten Milch zubereiten. Menschen, die lange Durst erleiden mussten, oder Kinder, die an einem heißen Tag lange auf der Steppe Vieh hüteten und in die Jurte zurückkehren, sollten möglichst nicht ausschließlich Wasser, sondern *Ziidem* trinken, da sie bekömmlicher ist.

VERGORENE KAMELSTUTENMILCH
INGENII AIRAG

Kamelstutenmilch ist eine Delikatesse. Aus ihr lässt sich kein Joghurt machen, dafür aber *Airag*.

Kamelstutenmilch wird in einem Holzgefäß oder Lederschlauch gesammelt und unter Zugabe eines Säureweckers vergoren, der sich in einer kleinen Menge Kamelmilch an einem warmen Ort von alleine bildet oder durch die Innenseite des Lederschlauchs hervorgerufen wird, der bereits im Vorjahr verwendet wurde. Die Kamelstutenmilch muss dazu mindestens einen Tag und eine Nacht lang zugedeckt an einem warmen Ort stehen. Sie wird nicht geschlagen wie die Stutenmilch, nur nach jeder Zugabe von frischer Kamelmilch gut umgerührt. Das geht über einen Zeitraum von 3 bis 4 Tagen so, dann hat sich die Anfangsmenge verfünf- bis versechsfacht und die Kamelstutenmilch-*Airag* (auch *Hoormog* genannt) ist trinkfertig.

Hoormog ist sehr weiß, dickflüssiger und auch fetthaltiger als die Stutenmilch-*Airag* und kann einige Zeit lang ohne Qualitätsverlust aufbewahrt werden. Eigentlich ist jede *Airag*-Sorte heilsam, die Gobi-Bewohner rühmen jedoch ihre *Hoormog* über alles, sprechen ihr große Wirkung bei Tuberkulose, aber auch bei Gastritis und Darmerkrankungen zu.

MILCHBRANNTWEIN
NERMEL ARCHI

Archi kann alles verändern außer das Gefäß,
in dem er sich befindet.
VOLKSTÜMLICHE REDENSART

Nermel – Destillat – nennen die Mongolen kurz ihren »Selbstgebrannten«. Für die Zubereitung eignet sich jegliche Art von Milch, vorzugsweise aber Kuhmilch, denkbar sind aber auch Milchmischungen oder Beigaben von Ziegen- oder Kamel-, sogar Stutenmilch. Aus 100 Liter sauer gewordenem Kuhmilch-Joghurt lassen sich 13 bis 14 Liter 10- bis 14-prozentiger Milchbranntwein herstellen.

Nicht verbrauchter Joghurt von der Kuhmilch sammelt sich in der warmen Jahreszeit über viele Tage lang in einem Fass an. Er wird schließlich in einen großen Kessel geschüttet und auf mittlerem Feuer erhitzt. In den Kessel wird ein konisch nach oben zulaufender Holzzylinder gesetzt. In diesen Zylinder wird ein Topf gehängt und zuletzt eine Schüssel mit kaltem Wasser oben auf den Zylinder gestellt. An den Rändern zusätzlich mit Tüchern (früher ausschließlich mit Filz) abgedichtet, damit möglichst wenig Dampf entweicht. Bald beginnt der Milchgeist aufzusteigen und sich an dem kühlen Schüsselboden niederzuschlagen, um in den Topf darunter zu fallen. Das ist der sehr einfache Vorgang der Destillation.

Das Wasser in der Schüssel erwärmt sich. Hat das Wasser oben in der Schüssel 40 bis 45 °C erreicht, wird es durch frisches kaltes Wasser ersetzt; dies geschieht zwei- bis viermal. Das warme Wasser wird inzwischen zum Wäschewaschen benutzt.

Der erste Niederschlag des Destillats ergibt den hochwertigen Kopfbrand, *Ochi* genannt, der darauf folgende *Suws* hat, je länger die gesäuerte Milch köchelt, zusehends weniger bis fast gar keinen Alkoholgehalt. Der Milchbranntwein schmeckt von Jurte zu Jurte unterschiedlich: leicht verbrannt, sauer-käsig, süßlich-rahmig oder fast wässrig und geschmacklos.

Die Russen nennen ihn »schlaues Wasser«, weil man erst einmal denkt, er sei so harmlos wie Wasser, und ordentlich davon trinkt. Ganz plötzlich kommt seine Wirkung zur Geltung: Man ist stockbesoffen und fällt um.

Liebhaber und Kenner meinen, den besten Milchwein an einem grünlichen Schimmer zu erkennen, und suchen ihn darüber hinaus mit Gaumen und Nase zu erschmecken, wobei er nicht beißen und stechen darf. Schlechtes über den Milchbranntwein zu sagen, wäre ein Verstoß gegen den guten Ton: Er ist eine milchweiße Gabe, eine Herzensgabe für den Gast. Und so wird er auch liebevoll als »köstlicher Schnaps«, *Schimiin Archi*, bezeichnet

Die Masse, die nach dem Destillieren übrig bleibt, wird zu *Aaruul* (Trockenquark) weiterverarbeitet. Und der weiße Rückstand, der sich unten am Holzzylinder und am Topfrand durch die aufsteigenden Sauerjoghurtdämpfe bildet, heißt *Eerem*. Der wird abgekratzt und unmittelbar gegessen. Kinder lieben den säuerlichen *Eerem* gezuckert, möglichst mit *Öröm* (Rahmhaut) vermischt. Oder er wird in einem Gefäß gesammelt, um daraus später, vermengt mit weißem Schaum, mit *Zagaan Höös*, der sich bei der Destillation durch das Aufkochen des Joghurts an der Oberfläche bildet, Trockenquark zuzubereiten.

Nermel wird Heilwirkung zu gesprochen, besonders aber dem Kopfbrand *Ochi* aus Kuh- und Ziegenmilch, der, vor dem Schlaf leicht erwärmt und mit gelbem Kuhmilchfett angereichert getrunken, gegen Schlaflosigkeit wirksam ist.

Anchiluun Ochi – aromatisierter Kopfbrand – ist ein seltenes, sehr kostbares Festtagsgetränk. Vor der Destillation werden beispielsweise entweder Rosinen, Blaubeeren, Sanddorn, rote oder schwarze Johannisbeeren, Stachelbeeren oder klein gehackte Brennnesseln, aber auch kleine Scheibchen *Gojo* (–> Glossar), und zwar meistens eingenäht in einen Baumwollsack, in den Joghurt gegeben. Der fertige Brand schmeckt entsprechend den Beigaben und hat sich auch dementsprechend leicht verfärbt.

Der *Nermel Archi* wird nochmals destilliert und ergibt *Ards* mit höherem Alkoholgehalt. Der ist hoch geschätzt, wie sonst würde der Gast, der beim Brennen von *Nermel Archi* eine Jurte betritt, folgenden Segenswunsch äußern: Möge Ihr *Archi* zu *Ards* werden, mögen Sie, gute Frau, eine Glücksfee sein! *Ards*, so heißt es, wird heute kaum mehr gebrannt. Früher wurde er für Feierlichkeiten in einem großen Kessel, der 40 Liter und mehr fasste, destilliert. Auch war er den Hochedlen und Ehrengästen vorbehalten. *Ards* kann noch einmal gebrannt werden, dann wird daraus *Hords*, der wiederum weiter zu *Schards* und der wiederum zuletzt zu *Bords* gebrannt wird, aber das ist nur vom Hörensagen bekannt. Auf die Frage, was es genau damit auf sich habe, höre ich: Ach, das gibt es vielleicht nur im Märchen, Genaueres wissen wir nicht. Nur: Mit jedem Brand wird der Milchwein stärker und giftiger, bis er reines Gift ist. Der hatte dann auch seinen Zweck zu erfüllen: Auf diese Weise vergiftete man unliebsame Gegner.

SALPETERSTRAUCHBEEREN-MILCHBRAND
HARMAGIIN SARHAD

Der Salpeterstrauch, auch Charmykstrauch genannt, wächst auf salzhaltigen Böden in den Salzwüsten der Mongolei, und die reifen Beeren, schwarzen Johannisbeeren ähnlich, werden frisch, aber auch getrocknet verwendet.

Einige Schalen der reifen, frisch geernteten Salpeterstrauchbeeren gut waschen und mit dem sauren Joghurt in ein Gefäß geben, das bei Gärung nicht reagiert, also vorzugsweise in ein Stahlgefäß, das mit einem Schafpansen abgedeckt und mit Schafsehnen zugebunden wird. Nach 5 bis 9 Tagen, je nach Außentemperatur, ist die Mischung bereit für den Brand. Wenn man unmittelbar vor der Destillation noch einige Schalen Zucker dazugibt, ergibt dies einen rötlichen Milchbranntwein, der erstaunlich fruchtig schmeckt.

EDLER BRAUNER WEIN
JAMBANII BOR DARS

Das Rezept kenne ich vom Hörensagen und habe es überdies einem alten Buch entnommen. Es klingt märchenhaft.

10 Schalen *Ochi* aus 10 verschiedenen Familien
1 kg Rosinen
1 kg weißer, vorzugsweise aber brauner Rohzucker
Fleisch eines ganzen dreijährigen Schafs
15–18 l saurer Joghurt

Die in einen Sack eingenähten Rosinen und den Zucker in den sauren Joghurt geben. Dann den *Ochi*, der bei den einzelnen Familien eingesammelt wurde, hinzufügen. Die kleinen Fleischstücke in den Joghurt legen, die großen in den Holzzylinder hängen und über Dampf garen, vergleichbar dem Hammelrücken – *Uuz* genannt – der für das mongolische Neujahr auf eben diese Art zubereitet wird.

Dieser edle braune Wein wird in kleinen Schalen zur Kräftigung des Körpers bei Ermüdung und großer Erschöpfung getrunken. Der gekochte Joghurt wird anschließend getrunken, das Schaffleisch wird gegessen.

Variante

Brauner Kopfbrand – *Bor Ochi* wird mit abgenagten Knochen vom dreijährigen Schaf, die im Holzzylinder aufgehängt werden, destilliert. Das ergibt einen Heiltrunk, der blutreinigend wirkt, entwurmt, bei Wunden und Hautkrankheiten angewandt wird und ganz allgemein die Befindlichkeit verbessert.

Vor der Destillation ein bis zwei Schalen *Ochi* in den sauren Joghurt geben, der dann zum Kochen gebracht wird. Gewürze hinzufügen, beispielsweise Muskatnuss oder die Blüten eines Lippenblütengewächses, vergleichbar unserer Weißen Taubnessel, die entzündungshemmend, verdauungsfördernd, blutstillend und harntreibend wirkt und schon Hildegard von Bingen als »Bienensaug« bekannt war.

Der braune Kopfbrand wird aufbewahrt und vor allem im Winter verabreicht, aber nur in kleinen Mengen. Der *Zagaa*-Rückstand (weißer Rückstand) nach der Destillation wird ebenfalls aufbewahrt. Im Winter vor dem Schlafengehen sollte man davon, schon im Bett sitzend, eine Schale trinken. Das, heißt es, kräftige, verjünge und mache gesund.

GERSTENMILCHBRAND
ARWAITAI ARCHI

Ein locker gefülltes Säckchen mit Gerstenkörnern in den gesäuerten Joghurt hängen und destillieren. Wenn der Joghurt zu kochen beginnt, quellen auch die Körner auf und könnten das Säckchen sprengen, wenn es nicht ausreichend groß bemessen wurde. Der Gerstenmilchbrand ist eine von vielen möglichen Destillationsarten.

BRAND VOM VORJAHR
HUR BUJUUN DARMAL ARCHI

Milchbranntwein vom Vorjahr, der mit der Zeit wie abgelagerter Wein an Güte gewinnt, ist selten, nicht zuletzt auch wegen seiner aufwendigen Herstellung.

Nermel in ein Keramik- oder Holzgefäß gießen, mit einem Schafpansen abdecken und mit Schafsehnen gut zubinden. Dann ein metertiefes Loch im Winterlager im Tierstall oder in der Schafhürde graben, jedenfalls dort, wo es im Winter nicht ganz so kalt wird, und das Gefäß hineinstellen. Mit Erde und zuletzt mit Schaf- und Ziegenmist abdecken. So ruht der Brand ein bis mehrere Jahre und verbessert sich im Geschmack.

WAS DEN VERWUNDETEN DSCHINGIS KHAN ERQUICKTE

Dschingis Khan war im Kampf an seiner Halsader verwundet worden, und es gelang ihm nicht, das Blut zu stillen. So mußte er, von Schmerzen gequält, eben dort bis zum Sonnenuntergange dem Feinde gegenüber aushalten. Dann saß er ab, und Dschelme sog ihm das gestockte Blut und sog, daß ihm sein Mund von Blut besudelt wurde, und blieb bei ihm sitzen und schützte ihn, da er sich nicht auf einen anderen Mann verlassen wollte. Bis Mitternacht dauerte es, daß er den Mund voll Blut herunterschluckte oder ausspie. Danach, die Mitternacht war vorüber, kam Dschingis Khan wieder zu sich und sagte: »Das Blut ist endlich geronnen. Ich dürste.« Darauf legte Dschelme seine Mütze, Stiefel, Rock und Kleid, alles ab und lief, nur mit der Hose gekleidet und mit nacktem Körper, hinüber zu den gegenüberstehenden Feinden hinein. Er stieg auf die Karren des drüben verschanzten Volkes und suchte nach den Milchvorräten, aber erfolglos. Denn sie hatten bei dem eiligen Marsch ihre Stuten freigelassen, ohne sie zu melken. Als er also keine Pferdemilch finden konnte, nahm er eine gedeckte Schüssel mit Quark von einem Karren herab und brachte sie angetragen. Unterwegs, beim Gehen wie beim Kommen, wurde er von niemand gesehen. Er wurde eben vom Himmel geschützt! Nachdem er die Schüssel mit Quark geholt, ging der Dschelme gleich auch selbst Wasser suchen, weichte den Quark darin auf und gab ihn dem Herrscher zu trinken. Dreimal absetzend trank er, dann sprach der Herrscher: »Innen sind mir meine Augen wieder hell geworden.« Nach diesen Worten streckte er sich und saß hoch. Während dessen dämmerte der Tag, und da sah er, daß um den Platz, wo er gegessen hatte, dort, wo Dschelme das gestockte Blut ausgesogen und hingespieen hatte, ringsum eine Pfütze entstanden war. Als Dschingis Khan das sah, sagte er: »Was ist das hier? Wie wäre es, wenn du etwas weiter gespieen hättest?« Darauf sagte Dschelme: »Als du in Unruhe warst, fürchtete ich, wenn ich weiter fortginge, von dir getrennt zu werden. So habe ich in der Eile, was ich schlucken konnte, heruntergeschluckt, und was ich ausspeien konnte, ausgespieen, und dabei ist mir in der Aufregung auch manches in den Bauch gekommen.« Dschingis Khan sprach weiter: »Warum bist du denn, während ich in solchem Zustande dalag, nackend zu den Feinden hineingelaufen? Wenn du ergriffen worden wärest, hättest du nicht weiter gesagt, wie es mir ging?« Dschelme sagte: »Mein Gedanke war: wäre ich, als ich nackt dorthin ging, gefangen worden, dann hätte ich gesagt: ›Ich hatte die Absicht, zu euch überzulaufen. Man hat es aber gemerkt und mich töten wollen und mir dabei meine Kleider alle ausgezogen. Nur die Hose hatte man mir noch nicht ausgezogen, da gelang es mir, mich loszureißen und ihnen zu entkommen, und so bin ich zu euch hergelaufen.‹ Das hätte ich gesagt, und sie hätten mir sicher geglaubt, mir Kleider gegeben und für mich gesorgt. Ich aber, hätte ich nicht ein Pferd bestiegen und wäre vor ihren Augen zurückgekehrt? So hatte ich es mir gedacht, als ich mich aufmachte, um für den verschmachtenden Sinn des Herrschers noch zurechtzukommen, den ich wie meinen Augapfel halte.« Dschingis Khan sprach: »Was soll ich jetzt sagen? Vormals, als die drei Merkit kamen und den Burhan dreimal umkreisten, hast du mein Leben schon einmal gerettet. Und jetzt hast du mir wieder mein Leben neu erweckt, indem du das Blut, das am Vertrocknen war, mit dem Munde aussogest. Dann bist du weiter, als ich an den Qualen des Verdurstens litt, unter Einsatz deines Lebens vorsichtig, als ob es sich um den Augapfel handelte, zu den Feinden eingedrungen, hast mich satt trinken lassen und damit wieder zum Leben erweckt. Diese deine drei Dienste sollen in meinem Gedenken bleiben!« So sprach er.

Aus: Die Geheime Geschichte der Mongolen,
übers. von Erich Haenisch

LOB DES MILCHWEISSEN

Statt von Milchreichtum zu reden,
halte die Gefäße dafür bereit.
VOLKSTÜMLICHE REDENSART

Trittst du auf der Steppe in eine Jurte ein, wird dir, noch ehe einer nach deinem Woher und Wohin fragt, Milchtee oder vergorene Stutenmilch und dazu etwas Weißes aus Milch – Rahm oder getrockneter Quark – gereicht. Du darfst nicht gehen, ohne etwas vom Weißen gekostet zu haben. Das hat immer auch eine symbolische Bedeutung. Wer dir etwas Weißes zu trinken und essen anbietet, heißt dich gastfrei willkommen und will dir Gutes.

Milch ist weiß. Und weiß ist rein, etwas Hochstehendes, Segensreiches, wirkt dem Schwarzen, Dunklen, den Widrigkeiten entgegen. Deshalb kann Milch als Opfer dienen und versprengt werden. Das bringt Segen.

Wie oft habe ich beim Abschied gehört: Habt einen milchweißen Weg! Das bedeutet: Reist hindernisfrei und leichten Mutes. Und kurz darauf steht die Jurtenherrin mit einer tropfenden Kelle voll Milch draußen vor der Jurte und wartet, bis die Reiter aufbrechen oder das Fahrzeug fortrollt und spritzt zuletzt unter Segenssprüchen etwas Milch hinterher. Das ist alter Brauch. Ich erinnere mich: Es war rührend mit anzusehen, wie vor vielen Jahren der Dalai Lama auf dem Flughafen in Ulaanbaatar verabschiedet wurde: Zwei alte Frauen eilten mit überschwappenden hölzernen Melkeimern übers Rollfeld herbei, segneten die Flugzeugräder und besprengten sie mit Milch.

Milch kann auf magische Art schützen und Böses abmildern, wenn nicht gar auslöschen. Milch ist Heilmittel, wirkt als Abwehr gegen bösen Zauber. Milch kommt von den weiblichen Wesen, von den Müttern, wirkt lebensförderlich. Sie wird in großen Augenblicken als Ausdruck der Verehrung gereicht. So werden die ersten fünf Pferde, die das Pferderennen gewinnen, *Airgiin Taw* – die Fünf der *Airag* – genannt, denn sie werden mit Weißem, also vergorener Stutenmilch, an Kopf und Flanken begossen. Das Entgegenkommen mit einer Schale Milch ist Ausdruck von Ehrerbietung, kann aber auch eine Geste der Versöhnung sein.

Die angerufenen Geister eines Schamanen bekommen sowohl Spritzopfer von Milch als auch von Milchbranntwein oder von im Laden gekauftem Wodka dargeboten, also nacheinander Weißes und Schwarzes. Weiß und Schwarz zusammen genommen bewirken Hohes, begründen die eigentliche Macht der Magie, und Milch und Milchschnaps werden nun unter Beschwörungen zum Beförderungsmittel in eine andere Welt. Der mongolische Geser Khan isst im Heldenepos die »Vergessensspeise«, die alles auslöscht, was war. Sie wird unter Beimischen von Milchigem zu etwas Schwarz-Giftigem, denn es heißt: »Zweifach gebrannten Milchbranntwein tat sie (seine Gemahlin) in eine goldene Schale, und in die Brühe, die entstanden, weil sie hochkochen hatte lassen oberste Milch neun Jahre alt und Milch aus tausend Jahren, mischte sie die schwarze Speise *Bag* …« Hier kommt Weißes zu Schwarzem, und nichts ist, wie es war. So findet sich Milch als Bestandteil einer magischen Rezeptur in Epos und Märchen.

Und so wie die Milch hochgehalten und seit Gedenken mit der Nomadentradition verbunden ist, werden auch die »weißen Speisen« – *Zagaan Idee* – wertgeschätzt. Schon eine sehr alte Textquelle der Chinesen, das über 2.000 Jahre alte Buch »Huangdi Neijing« der chinesischen Medizin, das womöglich erstes Zeugnis gibt von der traditionellen mongolischen Medizin, nennt einen weit entfernten Ort nördlich von China, wo in einem weitflächigen Hochland in großer Kälte Menschen sich meistens im Freien aufhalten, in Filzjurten hausen und sich von Milcherzeugnissen ernähren. Und wer weiß schon zu sagen, ob Mensch und Milch nicht schon immer eine wundersame Verbindung hatten, die in der Aussage gipfelt: Die Menschen sind Pflanzen der weißen Milch, wie es uns der mongolische Dichter Lchagwasüren in einer seiner Gedichtzeilen hinterlassen hat.

Milch hatte in alten Zeiten höheren Wert als Fleisch. Milch steigere die menschliche Energie, sagen die Nomaden, und verstehen darunter den hohen Nährwert. Und wie oft wird abends in der Jurte insbesondere den Gästen von der frisch abgekochten Milch angeboten. Was der Körper an Bestandteilen und Nährstoffen und zur Blutbildung braucht, ist in der Milch. So ist es auch mit den weißen Speisen, dem Rahm, den getrockneten Quarkstückchen, dem Milchfett oder der Butter, die als Abschiedsgeschenk oft mit beiden Händen strahlend unter Segenswünschen unverpackt überreicht werden.

Aus der in der warmen Jahreszeit tagtäglich frisch gewonnenen Milch werden unzählige weiße Speisen zubereitet, Auch die »neun Weißen« genannt: Rahmhaut – *Öröm*, getrockneter Quark – *Aaruul*, gekochter Krümelkäse – *Eedsgii*, Joghurt – *Tarag*, vergorene Stutenmilch – *Airag*, Milchbranntwein – *Schimiin Archi*, Quark – *Aarz* und Milchfett – *Tos*. Sie sind heute neben Fleisch Hauptnahrungsmittel, und man ernährt sich besonders in der milchreichen Zeit davon, also im Sommer und Herbst, und bevorratet die Milchspeisen auf verschiedene Art für die kalte Jahreszeit. Die

Yak-Milch gilt als beste Milch, weil sie bis zu 12 Prozent Fett enthält und das meiste Milchfett ergibt. Kuh- und Ziegenmilch werden landesweit im Wesentlichen zur Milchspeisenherstellung verwendet, da sie lange haltbare Speisen ergeben, aber auch solche, die zum sofortigen Verzehr geeignet sind. Milch von Schafen und Kamelen wird eher im Tee getrunken und die von Stuten für *Airag* verwendet. Sollte allerdings eine Tierart zu wenig Milch geben, wird alle vorhandene Milch zusammengeschüttet, ehe sie weiterverarbeitet wird.

Ob die Mongolen, abgesehen von soeben gemolkener Milch von weißen Stuten, Frischmilch getrunken haben, ist nicht eindeutig überliefert. Unter Laktaseverlust, der bei den meisten Menschen dazu führt, dass sie keine Rohmilch verdauen können, sondern nur Sauermilcherzeugnisse vertragen, leiden die Nomaden, die seit Jahrhunderten Milchtiere halten, wohl kaum. Rohmilch wird vorzugsweise in rituellen Augenblicken benutzt, wie noch heute bei der Begrüßung der einziehenden Braut, beim alltäglichen Milchverspritzen unter Segens- und Dankessprüchen für die Geister in und außerhalb der Jurte, beim Kastrationsfest, bei der rituellen Bestattung des Mutterkuchens nach der Niederkunft, beim Haarschneidefest, bei Bestattungsritualen, bei der Einweihung einer neuen Jurte, beim Trennen der Fohlen von den Stuten und beim Beginn des Melkens der Stuten zu Beginn des Sommers.

Das Abkochen der Milch hat auch einen praktischen Grund: Frischmilch wird in der warmen Jahreszeit rasch sauer. Und es ist schon seit Gedenken nomadische Tradition, die Milchsäuerung künstlich hervorzurufen und nicht sauer gewordene Milch zu verwenden.

Abgekocht wird die Milch zu verschiedenen Milcherzeugnissen verarbeitet. Milchspeisen werden haltbar gemacht und als Vorrat für die langen Wintermonate angesammelt, wie ausgelassenes gelbes Butterfett (*Schar Tos*), das im Pansen luftdicht aufbewahrt, oder getrockneter Quark, der in Stoffsäcken eingebracht und gelagert wird. Die winterliche Konservierungsmethode unterscheidet sich dadurch, dass die Milch im Herbst in einen Pansen oder Dickdarm gegossen und sofort eingefroren wird. Im Winter können dann je nach Bedarf Stücke davon abgeschlagen und in Tee oder Wasser aufgelöst werden. Auf diese Art kann *Airag* vom Herbst bis zum Frühjahr, wenn der Jahreswechsel feierlich begangen wird, aufbewahrt werden.

Fermentieren und Verdampfen durch Einkochen sind die gängigen Verarbeitungsweisen von Milch. Käse gibt es, aber er wird nicht wie in westlichen Ländern mit tierischem oder pflanzlichem Lab hergestellt.

Milch wird in der warmen Jahreszeit verarbeitet, wenn die Herdentiere Milch geben und wenn Mangel an frischem Fleisch herrscht, obwohl

Schafe und Ziegen auf dem Land ganzjährig geschlachtet werden können. Das Melken geschieht immer im Freien, Stallhaltung kennen die traditionellen Nomaden nicht. Statt Stahlgeruch, der die frische Milch trotz Sauberkeit verunreinigen könnte, weht der Wind den Duft der Steppenkräuter herbei. Und die Jungtiere werden vor dem Melken zum Ansaugen herangeführt, was das Melken erleichtert und gleichzeitig den Zitzenkanal von möglicherweise eingedrungenen Bakterien reinigt.

Die Rezepturen der mongolischen Milchküche sind so überaus vielfältig und auch regional unterschiedlich, dass selbst ein Landsmann kaum einen Überblick hat. Ich stelle hier deshalb nur die landesweit üblichsten Speisen vor, wobei ich mögliche Varianten hie und da erwähne. Bei der Milchverarbeitung entstehen Speisen, die – weiterverarbeitet – eine neue, und die – wiederum weiterverarbeitet – eine weiter veränderte Speise ergeben. Und dann noch eine – so lange, bis alle denkbaren Verarbeitungsschritte vollbracht sind und obendrein alles sinnvoll seine Verwendung findet. Wenn das keine Kochkunst ist? Und zwar eine, welche die Sparsamkeit der Mittel mit der natürlichen Umwelt und den gesunden menschlichen Bedürfnissen in Einklang zu bringen sucht.

Für unsere Rezepte braucht es Rohmilch oder Milch, die nicht über 60 °C erhitzt wurde. Die Auswahl an nun folgenden Rezepten stellt eine Mischung dar von exotisch-repräsentativen Gerichten für die Nomadenküche, in Europa aber wohl schwierig nachzukochen, und andererseits von solchen Speisen, die, obgleich vergleichsweise einfach zuzubereiten, dennoch eine Ahnung vom nomadisch-mongolischen Geschmack geben können.

AUFGESCHÄUMTE RAHMHAUT
ÖRÖM

Aufgeschäumte Rahmhaut gilt in der Mongolei als milde Delikatesse und wird in der Milchperiode meistens einfach so gegessen, zum Morgentee aber auch über den Tag verteilt. Zur Anreicherung kommt sie auch in den Tee.

1–2 l Rohmilch von Kuh, Schaf oder Ziege

Einen ausreichend großen, vorzugsweise gusseisernen Topf mit Butter einfetten, ein wenig Wasser hineingießen, dann die Milch und diese erhitzen, sodass sie gerade aufkocht. Aufpassen, dass sie nicht überkocht. Dabei die Milch mit einer Kelle immer wieder herausschöpfen und plätschernd in einem breiten Strahl zurück in den Topf fließen lassen, bis eine dicke Schicht Schaum entstanden ist. Dann den Topf vom Feuer nehmen und abkühlen lassen. Sobald der Schaum fleckig und fest wird, den Topf wieder auf ein schwaches Feuer stellen, damit der Rahm dick wird. Das wiederholt man zwei- bis viermal. Anschließend den Topf über Nacht (6 bis 8 Stunden) kühl und ruhig stehen lassen. Am Morgen hat sich an der Oberfläche eine feste aufgeschäumte dicke Rahmschicht gebildet. Diese behutsam abheben und möglichst unverletzt auf einen flachen Teller legen.

Öröm kann auch zu Sauerteigbrot, das die Burjaten kennen, oder zu *Gambir* (–> S. 83) oder *Boorzog* (–> S. 82) gereicht werden. Wer es süß mag, streut Zucker darüber.

Die entrahmte Milch wird beispielsweise zu *Bjaslag* (–> S. 62), Joghurt, saurem Joghurt oder Milchgetränken weiterverarbeitet, kommt in den Tee oder kann mit Reis und Rosinen zu Milchreissuppe gekocht werden.

AUFGESCHÄUMTE ANGEDICKTE RAHMHAUT
GURILTAI ÖRÖM

1–2 l Rohmilch, möglichst fett, von Kuh, Schaf oder Ziege
2–4 EL Weizenmehl, geröstetes Gerstenmehl, *Suli-* oder *Zulchir*-Mehl (–> S. 172 f.)

Zubereitung wie bei *Öröm* beschrieben. Ehe man den Topf abstellt und die abgekochte Milch ruhen lässt, das Mehl mit Wasser anrühren, sodass ein dünnflüssiges Gemisch entsteht. Dieses gleichmäßig in die noch heiße Milch einrühren.

Anschließend den Topf über Nacht kühl und ruhig stehen lassen. Am Morgen wie bei *Öröm* beschrieben weiterverarbeiten.

Beide *Öröm*-Zubereitungen sind in der Mongolei sehr beliebt, gelten als sehr nahrhaft und reich an Vitaminen.

GESCHMÜCKTE AUFGESCHÄUMTE RAHMHAUT
TSCHIMEGT ÖRÖM

1–2 l Rohmilch von Kuh, Schaf oder Ziege
¼ Schale gekochte Hirse
¼ Schale Rosinen
2 kleine geraspelte (wilde) Möhren

Zubereitung wie im Grundrezept für *Öröm* beschrieben. Die Hirse, die Rosinen und die geraspelten Möhren in die aufkochende Milch geben, ehe man sie aufschäumt.

Dann den Topf über Nacht kühl und ruhig stehen lassen. Am Morgen so wie im Rezept für *Öröm* beschrieben weiterverarbeiten, den Rahm allerdings mit der trockenen Seite nach unten auf den Teller legen. Milch durch ein feines Sieb gießen, Hirse, Rosinen und geraspelte Möhren auf die feuchte Seite des Rahms streuen. Zuletzt die eine Hälfte des Rahmfladen auf die andere legen. Nun wird der Rahm geschnitten oder gerissen und zu Sauerteigbrot oder Knäckebrot serviert.

Die von der »geschmückten Rahmhaut« übrig gebliebene entrahmte Milch wird mit Tee aufgekocht zu Milchtee.

VARIANTE

Beim Abkochen und Aufschäumen der Milch können der rohen Milch auch jeweils folgende Zutaten beigefügt werden, die in den unterschiedlichen Landesteilen der Mongolei vorkommen: fein geschnittene Knöterichwurzeln oder Zwiebelknollen der Feuerlilie aus der Zentralmongolei (–> Rezept S. 49), geschälte Zedernnüsse aus den Waldgebieten, geröstete *Suli-* oder *Zulchir*-Samen (–> S. 172 f.) aus den Trocken- und Wüstengebieten, klein geschnittene Scheibchen von *Gojo (*–> Glossar) aus dem Wüstensand. Diese Zutaten jeweils mitkochen. Am nächsten Morgen wird die möglichst unverletzte Rahmhaut abgenommen und dann wie oben beschrieben weiterverarbeitet.

Andere Zutaten, wie zerbröselter *Aaruul* (–> S. 59), zerstoßener *Eedsgii* (–> S. 64) oder getrocknete *Zöröm* (–> S. 61), werden nicht mitgekocht, sondern auf die feuchte Seite der abgehobenen Rahmschicht gestreut.

ANGERÜHRTE AUFGESCHÄUMTE RAHMHAUT
ÖRÖMNII NUHASCH

Alle Arten von geröstetem Mehl, beispielsweise Gerstenmehl, Knöterichwurzelmehl, Brennnesselsamenmehl, *Suli*-oder *Zulchir*-Mehl (–> S. 172 f.), können mit frischer *Öröm* (–> S. 46) angerührt werden. Beigaben von Zucker nach Geschmack sind möglich.

Zerstoßener *Aaruul* (–> S. 59) und *Eedsgii* (–> S. 64), eingeweichte feingehackte Pflaumen oder Rosinen, auch Sanddorn und andere Arten von Wildfrüchten können jeweils einzeln oder zusammen in einer Mischung je nach Belieben eingerührt werden.

BUTTER
ZÖZGIIN TOS

Butter wird verhältnismäßig selten zubereitet. Bei den Burjaten, die einiges aus der russischen Küche übernommen haben, habe ich öfter Butter gegessen, die zur besseren Haltbarkeit gelegentlich leicht gesalzen war.

Von der über viele Tage angesammelten *Öröm* (–> S. 46) etwas abnehmen und von Hand so lange kneten, bis sich die Flüssigkeit von der Buttermasse abgetrennt hat. Die derart gewonnene Butter fest in ein Holzgefäß einstampfen (es sollen sich keine Hohlräume bilden) und kühl stellen.

RAHM MIT FEUERLILIENZWIEBELN
ZAGAAN TÖMSTEI ÖRÖM

Von rot blühenden Lilien werden die Zwiebelknollen ausgegraben und zu verschiedenen Speisen verarbeitet. Lilienzwiebeln nennt man auch »weiße Kartoffeln«. Sie werden frisch, wenn sie am besten schmecken, gegebenenfalls auch getrocknet verwendet. Bis auf den Stamm sind alle Teile der meisten Lilienarten essbar. In China werden die Zwiebeln verschiedener Lilienarten in der Küche genutzt und auch eigens für diesen Zweck angebaut. Von Kamtschatka kennen wir Lilienzwiebeln als wohlschmeckendes und nahrhaftes Gemüse. Bei nordamerikanischen Indianern wurden sie als Lebensmittel genutzt und wie in der Mongolei gelegentlich roh, aber auch gekocht, gedämpft oder gebacken verzehrt. Auch in Europa wurden bestimmte Lilienzwiebelarten, wozu auch die Feuerlilie zählt, als Lebensmittel angesehen.

1–2 l Rohmilch
2 Handvoll frische Feuerlilienknollen, ersatzweise getrocknet

Die gesammelten Feuerlilienzwiebeln gut waschen und in dünne Scheibchen schneiden. Wenn getrocknete Zwiebeln verwendet werden, mindestens einen halben Tag lang in Wasser einweichen und vor der Verwendung gut ausdrücken. Die Milch wird auf kleiner Flamme gekocht und dabei mit der Kelle, die immer wieder hochgezogen wird, aufgeschäumt. Die Zwiebelscheibchen hineingeben und kurz mitkochen. Sobald die Milch vom Feuer genommen wird und erkaltet, setzen sie sich oben in der aufgeschäumten Rahmhaut ab.

Über Nacht stehen lassen. Am Morgen die dicke Rahmschaumschicht vorsichtig als Ganzes abheben und zusammengeklappt auf einen Teller legen. In Streifen oder quadratische Stücke schneiden. Kann für sich allein oder auf Brot gegessen werden.

GESCHABTER MILCHANSATZ
HUSAM

Beim Milchabkochen bildet sich rund um den Topfrand und auf dem Topfboden ein Ansatz, den jedes Kind liebt. Nachdem die Rahmhaut abgenommen und die Milch aus dem Kessel gegossen wurde, wird der weiße Ansatz ausgekratzt. Er ist Kinderfrühstück, wird einfach so gegessen oder mit *Eedsgii* (–> S. 64), zerbröseltem *Aaruul* (–> S. 59) oder Sahne, die auch gezuckert sein kann, verrührt.

SAHNE
ZÖZGII

Lässt man die Milch, außer Stutenmilch, eine Weile stehen, dann setzt sich oben eine Schicht Sahne ab. Wenn man *Öröm* (–> S. 46) zubereitet, dann bildet sich unter der Haut auch eine Fettschicht. Das ist ebenfalls Sahne. Traditionellerweise wird die Sahne gleichzeitig mit der *Öröm*-Schicht von der Milch abgehoben. In der letzten Zeit gibt es besonders bei den Burjaten Milchschleudern, um die Sahne von der Milch zu trennen.

Mancherorts wird *Öröm* auch *Zözgii* genannt, und zwar wenn sich eine dicke Schicht davon auf der Milch gebildet hat.

Fast alle Speisen, die aus *Öröm,* aufgeschäumter Rahmhaut, und *Dsööchii* (–> nächstes Rezept) zubereitet werden, lassen sich auch mit Sahne kochen. Beispielsweise zerdrückte Preiselbeeren, mit Sahne angerührt, auch rote Johannisbeeren, Walderdbeeren, Sanddorn oder Gewöhnliche Traubenkirsche sind üblich. Sahne mit *Eedsgii* (–> S. 64) und zerbröseltem *Aaruul* (–> S. 59) schmeckt ebenfalls gut.

Sahne lässt sich gut verbuttern oder aber sie wird zu gelbem Milchfett gesotten.

SAUERRAHM
DSÖÖCHII

Den über viele Tage angesammeltn aufgeschäumten Rahm *(Öröm)* nennt man *Dsööchii.* Im Frühsommer gesammelt, schmeckt er noch leicht säuerlich und bitter, enthält aber viel gelbes Milchfett (*Schar Tos*), das beim Auslassen von *Öröm* gewonnen werden kann. Der im Spätherbst gesammelte Sauerrahm schmeckt mild und enthält viel weißes Butterfett (–> S. 52).

Diese beiden *Dsööchii*-Arten werden mit Zucker oder Wildfrüchten verrührt und verspeist, aber auch zu anderen weißen Speisen verarbeitet. *Dsööchii* kann zur Verfeinerung auch in die Nudelsuppe gegeben werden.

Es gibt auch noch eine andere, eine ungekochte *Dsööchii*-Art: Dazu die Milch (jede außer Stutenmilch) einen halben Tag lang an einem warmen Ort stellen. Oben setzt sich der Rahm ab, der leicht einsäuert. Er wird auch *Dsööchii* genannt, stammt aber von der Rohmilch.

Dsööchii wird im Pansen, neuerdings allerdings auch in einem Eimer, aufbewahrt, den Sommer über möglichst dicht gepresst, damit es keine Schimmelbildung gibt, und im Herbst, wenn die Melkperiode zu Ende geht, erst zu gelbem und dann zu weißem Milchfett weiterverarbeitet.

SÜSSE EINBRENNE
HAILMAG

Besonders wenn unerwartet Gäste gekommen sind, ist dieses Gericht mit *Öröm* oder *Dsööchii* schnell und einfach zubereitet. *Hailmag* ist sehr nahrhaft und bei Alt und Jung in der warmen Jahreszeit beliebt.

Für 12–15 Personen
1 l *Öröm* (–> S. 46) oder *Dsööchii* (–> voriges Rezept)
500 g Weizenmehl oder *Dsambaa* (geröstetes Gerstenmehl, –> S. 181)
¼ Tasse Milch oder Milchtee
½ Tasse eingeweichte Rosinen
½ Tasse Zucker

Öröm, wenn sie frisch ist, oder *Dsööchii*, der schon angesäuert ist, eignen sich gleichermaßen für diese Speise. Auf mittlerem Feuer erhitzt, schmilzt die Rahmhaut und sondert bald gelbes Butterfett (–> S. 53) ab. Jetzt das Mehl dazugeben. Gut und gleichmäßig verrühren, die Milch oder Milchtee hinzugießen und warten, bis die Masse eindickt und goldgelb wird. Dabei in Abständen das gelbe Milchfett, das sich oben absetzt, abschöpfen und beiseitestellen. Zuletzt eine halbe Tasse Zucker und ebenso viel zuvor eingeweichte Rosinen hinzufügen, weiter gut rühren, bis der Brei eingedickt ist.

Hailmag wird am liebsten heiß oder warm gelöffelt. Kann aber auch als Brotaufstrich oder zu *Boorzog* (–> S. 82) oder *Gambir* (–> S. 83) gegessen werden.

Varianten

Statt Weizenmehl oder *Dsambaa* lassen sich auch *Zulchir-* (–> S. 172 f.), *Suli-*, Knöterichmehl oder andere Mehlarten oder Mischungen davon verwenden. In der Gobi wird auch *Gojo*-Mehl verwendet. Zusätzlich kann man auch pulverisierten *Aaruul* (–> S. 59) oder *Eedsgii* (–> S. 64) untermengen, was den Geschmack verfeinert. Denkbar sind statt Rosinen auch getrocknete klein geschnittene Feigen oder Datteln als Beigabe.

Das gelbe Butterfett *(Schar Tos)*, in Indien Ghee genannt, findet in der mongolischen Küche vielfältige Verwendung und wird oft zum Frittieren von Gebäck verwendet.

WEISSES BUTTERFETT
ZÖW

Beim Erhitzen von *Airag*-Fett (Fett vergorener Stutenmilch), frischer oder gesäuerter *Öröm* (–> S. 46) trennen sich gelbes Butterfett und eine weiße dickflüssige Masse, die sich unten absetzt und *Zöw* heißt.

Warmes *Zöw* isst man statt *Hailmag* (–> S. 51) mit Brot oder *Boorzog* (–> S. 82). *Zöw* von frischer *Öröm* schmeckt süßlich mild und von gesäuertem leicht sauer. *Zöw* ist sehr nahrhaft und findet in der Volksmedizin Verwendung.

Eine Behandlung mit *Zöw* gegen Übermüdung ist folgende: 1 Schale gesäuerte *Öröm* erhitzen. Die Hälfte davon löst sich in gelbes Butterfett auf und der Rückstand – eben das *Zöw* – wird noch heiß getrunken. Der darauffolgende Schweißausbruch leitet die Krankheit aus.

GELBES BUTTERFETT
SCHAR TOS

Durch Auslassen von *Öröm* (–> S. 46) und *Dsööchii* (–> S. 51) stellt man gelbe Butter her. Diese ist äußert nahrhaft und duftet besonders gut. Gelbe Butter benutzt man zum Kochen, Ausbacken, Braten und Verfeinern von allerlei Speisen, beliebt ist sie im Milchtee, der dann seinerseits recht fett wird und nahrhaft wie eine Suppe.

Schar Tos von Schafen, Ziegen und Kamelen ist hellgelb, die von Kühen und Yak-Kühen ist sattgelb.

Traditionell wird gelbes Butterfett noch heiß in einen gereinigten und getrockneten Pansen oder Darm gegossen und dann unter dem Bettgestell oder an sonst einem kühlen Ort gelagert. Gelbe Butter hat eine lange Haltbarkeit und bildet den Grundstock an Fett für den Wintervorrat. Im Freien aufbewahrt, gefriert sie im Pansen oder Darm. Davon werden je nach Bedarf Stücke abgeschnitten oder abgeschlagen.

FRISCHER JOGHURT
ELGEN TARAG

Die beste aller Speisen ist der Leber-Joghurt,
die beste aller Gaben ist das blaue Ehrentuch (Hadag).
VOLKSTÜMLICHE REDENSART

Frisch zubereiteter Joghurt heißt immer »Leber-Joghurt«, nach seinem Aussehen und seiner Beschaffenheit benannt, im Gegensatz zum vergorenen Joghurt, der *Isgelen Tarag* heißt. Das nun folgende Rezept verwendet Rohmilch oder selbst abgekochte und entrahmte Milch und ist somit den westlichen Verhältnissen angepasst.

1 l Milch (möglichst fett) von Kuh, Schaf und/oder Ziege oder
Magermilch (selbst abgekochte und entrahmte Milch)
3–4 EL Joghurt

Die Rohmilch aufkochen und auf 50 bis 60 °C abkühlen. Verwendet man bereits abgekochte Milch, dann wird sie noch einmal aufgekocht und entsprechend abgekühlt. Möglichst in ein Holzgefäß schütten, mit dem Joghurt vermischen und gut umrühren. Dann das Ganze abgedeckt auf gleicher Temperatur halten. Nach 2 bis 5 Stunden ist der Joghurt fertig.

Hinweis: Je mehr die Milch durchs Kochen eindickt, umso dicker wird der Joghurt.

Joghurt-Starterkultur: Für die Gewinnung von Joghurt-Starterkultur vom letztjährigen Joghurt, der im Spätherbst gewonnen wurde, vier Tassen voll in einen Baumwollsack geben und abtropfen lassen, bis der Joghurt ganz entwässert ist. Ein etwa mittelgroßes Stück Filz aus Schafwolle, die im Herbst geschoren wurde, oder auch ein frisches ungefärbtes Baumwolltuch in diesem Restjoghurt einige Zeit lang einweichen. Dann herausnehmen, im Schatten trocknen und luftdicht aufbewahren. Die Haltbarkeit dieses joghurtgetränkten Filzes oder Stoffstückes beträgt bis zu einem Jahr.

Statt Filz oder Baumwollstoff kann man auch eine Handvoll *Aaruul* (–> S. 59) oder *Eedsgii* (–> S. 64) verwenden und diese in dem abgetropften Restjoghurt ziehen lassen. Dann herausnehmen und im Schatten trocknen lassen. Diese joghurtangereicherten *Aaruul*- oder *Eedsgii*-Stücke im Sommer in lauwarme Milch legen und so die Starterkultur für Joghurt zubereiten.

SAURER JOGHURT
ISGELEN TARAG

Isgelen Tarag ist die Grundlage für Milchbranntwein. *Isgelen Tarag* ist Joghurt, der durchs Stehenlassen von selbst zu säuern beginnt. Er schmeckt leicht bitter, und je länger er steht, desto schärfer wird er im Geschmack. Zuletzt prickelt er, und sein Alkoholgehalt ist unverkennbar. Man nennt ihn auch *Issen Airag*, also »fertig Gereifter«.

Nicht verbrauchter Joghurt in einem Holzgefäß so lange sammeln, bis sich die Menge lohnt, um daraus Milchbranntwein zu destillieren. Regelmäßig aufschlagen und umrühren.

Isgelen Tarag ist ein guter Durstlöscher im Hochsommer und wird mit frisch abgekochter Milch vermischt, um die Bitterkeit abzuschwächen. Er wirkt vorbeugend gegen Vitaminmangel, entwässert den Körper und beugt Entzündungen vor.

FETT VON VERGORENER MILCH
AIRAGNII TOS

Airag-Fett ist das sich kugelförmig absondernde Fett von der *Airag* (–> S. 26), das sich durch Stampfen und vielmaliges Aufrühren bildet. Es wird zum Teekochen verwendet. Um Verwechslungen vorzubeugen: Mit *Airag* wird umgangssprachlich zweierlei bezeichnet, sowohl die vergorene Stuten- und Kamelstutenmilch als auch der sauer gewordene Joghurt aller Milcharten.

Aus 70 Liter *Airag* vom Kleinvieh kann man ungefähr 5 Liter Fett gewinnen, indem man die *Airag* viele tausend Mal schlägt und rührt. Das ausgeschiedene, an der Oberfläche schwimmende Fett wird abgenommen, in Quellwasser ausgewaschen, ausgepresst und von allen Rückständen befreit. Das so gewonnene *Airag*-Fett wird in einen vorbereiteten Pansen oder Rinderdickdarm hineingepresst und mit einer Sehne gut zugebunden. So bekommt man einen lange haltbaren Vorrat an *Airag*-Fett.

Das in der vergorenen Stuten- und Kamelstutenmilch sich an der Oberfläche bildende Fett wird auf ebensolche Art verwendet und heißt auch *Airag*-Fett.

GEKOCHTER JOGHURT
ZAGAA

Eine der bekanntesten Milchspeisen ist *Zagaa*, gekochter Joghurt. Man isst ihn pur, aber auch mit Zucker und frisch gesammelten Früchten, oder er wird mit Rohmilch vermischt getrunken.

Der Joghurt, der täglich übrig bleibt, wird gesammelt, und wenn es etliche Liter sind, kurz aufgekocht. Abhängig von der jeweiligen Milchart unterscheidet man den gekochten *Zagaa* aus Kuh- oder Kamelmilch-*Airag*, aus Joghurt, aus gesäuerter Milch, aus mit Milch verlängertem Joghurt.

Airagnii Zagaa: Airag aus Kuh-, Ziegen- oder Schafmilch mit Rohmilch verdünnt und aufgekocht.

Taragnii Zagaa: *Zagaa* aus Joghurt. Alle Arten von Joghurt werden mit Milch verdünnt und aufgekocht.

Zörömnii Zagaa: *Zagaa* aus gesäuerter Milch. Gesäuerte Milch von Schaf und Ziege wird mit Milch anderer Tiere (außer Stuten) verdünnt und gekocht.

Besreg Zagaa: Gemisch aus vergorener Stutenmilch, die mit anderer Milch und Joghurt vermengt aufgekocht wird.

Zagaa ist gut bei Vitamin C-Mangel und vertreibt die Müdigkeit. *Zagaa* wird meistens zu *Aarz* (–> nächstes Rezept) und schließlich zu *Aaruul* (–> S. 59) weiterverarbeitet.

MONGOLISCHER QUARK
AARZ

Aarz entsteht aus *Zagaa* (–> voriges Rezept). Dazu *Zagaa* zum Entwässern in einen Baumwollsack geben, die abfließende Molke auffangen und weiterverarbeiten. Die entwässerte Masse heißt *Aarz*.

Die breiige, feinkörnige *Aarz*-Masse wird frisch gegessen oder zu verschiedenen Speisen verarbeitet, wie beispielsweise zu *Aarz* mit gehacktem Wildlauch oder zu Nudelsuppe mit *Aarz* und auch zu *Aarz*, der mit *Eedsgii* (–> S. 64) und *Öröm* (–> S. 46) vermengt wird. *Aarz* kann auch mit zerdrückten Früchten wie Sanddorn, Blaubeeren, Johannisbeeren und vielen anderen gegessen werden.

Tiefgefroren wird *Aarz* in einem Pansen oder Dickdarm vom Schaf den Winter über aufbewahrt, dann gekocht oder aufgetaut unmittelbar gegessen. Zur längeren Vorratshaltung wird *Aarz* getrocknet, und so zu dem beliebten *Aaruul* (–> S. 59) und zu *Huruud* (–> S. 60) weiterverarbeitet.

GEWÜRZTER RAHMQUARKAUFSTRICH
AMTALSAN AARZTAI ÖRÖMNII NUHASCH

Diese Zubereitung stammt von mir selbst, ich habe sie meinen Gästen aus Europa auf der Steppe als Brotaufstrich serviert.

Für 8–10 Personen
100 g frische *Öröm* (–> S. 46)
300 g *Aarz* (–> voriges Rezept)
1 Handvoll Wildzwiebeln
1 Handvoll Wildlauch oder Schnittlauch
2 Knoblauchzehen
getrocknete Petersilie
2 EL Olivenöl (wenn vorhanden)
Pfeffer
Salz

Zwiebeln, Knoblauch und Lauch fein hacken, unter die *Öröm* mischen und zuletzt den *Aarz* beimengen. Alles gut verrühren und mit Petersilie, Pfeffer und Salz abschmecken. Zuletzt das Olivenöl einrühren.

Variante
Gehackte Tomaten, wie sie ab Spätsommer in der Westmongolei reichlich geerntet werden, oder Tomatenpüree aus dem Glas beimengen.

Serviervorschlag
Dieser Aufstrich eignet sich für Brot, *Gambir* (–> S. 83) und salzige *Boorzog* (–> S. 82).

MONGOLISCHER GETROCKNETER QUARK
AARUUL

Aaruul ist ein Hauptnahrungsmittel der Nomaden und außergewöhnlich lange, sogar bis zu vielen Jahren haltbar. Je länger er lagert, umso härter wird er. Die frühen Eroberer führten getrockneten Quark als Proviant mit sich, den sie als Brocken in Tee oder Wasser aufweichten oder lange im Mund einspeichelten und lutschten. So waren sie unabhängig von anderen Nahrungsquellen.

Aaruul ist die Kraftnahrung der alten Zeit. Er beugt Skorbut vor und wird als Quelle von Phosphor und Eisen gewertet, hilft bei Blutarmut und wirkt vorbeugend bei chronischen Erkrankungen. Wer viel davon kaut, der soll sich ein kräftiges Gebiss bewahren. Für den Tagesbedarf steckt sich ein Hirtenkind einige Stücke davon ein. Bei Bedarf lutscht es beim Viehhüten daran und vertreibt so den Hunger.

Aaruul steht am Ende einer langen Kette von Milchverarbeitung und man gewinnt ihn, wie schon gesagt, aus *Aarz* (Quark) beziehungsweise aus *Zagaa* (gekochter Joghurt) von bereits zuvor herstellten Milchspeisen, also aus saurem Joghurt, vergorener Milch oder gekochter Quarkmasse nach der Destillation von Milchbranntwein.

Zagaa zum Entwässern in einen Baumwollsack aufhängen, die Molke auffangen. Zuletzt die Ausbeute im Sack noch gründlich von Hand auspressen, anschließend ins Freie bringen und zwischen zwei Steine legen, die obenauf beschwert werden, damit auch noch die Restmolke austreten kann.

Nach etlichen Stunden hat sich ein fester, rundlicher Quarklaib gebildet, der aus dem Sack genommen und zum Trocken vorbereitet wird. Dazu mit einem starken Faden nach und nach längliche Scheiben vom Laib abtrennen oder aber von Hand mundgerechte Stücke herunterbrechen. Die *Aaruul*-Stücke auf einem Holzbrett gleichmäßig ausbreiten und zum Trocknen entweder auf dem Jurtendach oder auf einem Holzgestell vor der Jurte trocknen. Das ist die einfache, überall im Land bekannte Herstellungsweise von *Aaruul*.

Es gibt aber noch viele andere Arten, *Aaruul* zuzubereiten:

Statt die entwässerte und ausgepresste Quarkmasse zu schneiden, kann man die *Aarz*-Ausbeute auch in geschnitzte Holzmodel drücken, um »Quarkplätzchen« mit traditionell mongolischem Muster zu erhalten. Diese *Aaruul*-Kostbarkeiten, meist für Feierlichkeiten vorgesehen, werden vorsichtig aufgefädelt und an einem schattigen Ort, meist unter dem Dachkranz der Jurte, zum Trocknen aufgehängt. Manchmal werden, nachdem der Masse Zucker zugesetzt wurde, von Hand Plätzchen geformt, die aufgrund der darin verbleibenden Fingerabdrücke das Aussehen eines Frosches haben und »froschförmig« – *Melchii Aaruul* – genannt werden. Wurmartig geformter *Aaruul* ist auch beliebt, allerdings eignet er sich weniger für unterwegs. Dazu wird die Quarkmasse durch ein groblöcheriges Sieb oder durch den Boden einer durchlöcherten Konservendose gedrückt, sodass die Quarkmasse unten in langen »Würmern« herausfällt.

Einige wenige Familien vermischen den Quark mit Fruchtsaft, rollen ihn zu Kugeln oder anderen Formen. Dies scheint aber eine neuzeitliche Erfindung zu sein.

Aaruul, in welcher Form auch immer, unterscheidet sich von Gegend zu Gegend und je nach Milchart und der Art von *Zagaa*, aus der er hergestellt wurde. Yakmilch-*Aaruul* ist eher süßlich-mild und fetthaltiger als Schaf- oder Ziegenmilch-*Aaruul*. Stutenmilch-*Aaruul* ist leicht bräunlich, von einer austretenden Fettschicht umhüllt und schmeckt leicht säuerlich-bitter. Kamelmilch-*Aaruul* schmeckt reichhaltig und voll.

MONGOLISCHER GETROCKNETER RAHMQUARK
HURUUD

Diese Art von Quark unterscheidet sich von *Aaruul* dadurch, dass der gepresste *Aarz* (–> S. 56) noch einmal mit Milch vermengt, aufgekocht und dann zuletzt nochmals ausgedrückt wird. *Huruud* wird aus Milch von Stuten, Kamelstuten, Kühen, Yak-Kühen und Kleinvieh und zuletzt aus *Airag* zubereitet und kann auch verschieden abgeschmeckt und verfeinert werden. Die Art und Weise der Verarbeitung ist sehr unterschiedlich: Es gibt *Huruud* mit und ohne Fett, harten und weichen, langen, runden, dicken und dünnen.

Aarz, der in einem feinmaschigen Tuch oder Baumwollsack entwässert wurde, zurück in den Kessel geben, noch einmal mit frisch abgekochter und entrahmter Milch vermengen und aufkochen. Dabei kommen auf 5 Liter *Aarz* 2½ Liter Milch. Alles gut rühren, zuletzt wieder in einen Baumwollsack geben und gut entwässern. Dann wird so verfahren, wie auch bei der Gewinnung von *Aaruul* (–> S. 59).

Luftgetrockneter *Huruud*, der alles Fett verloren hat, bleibt über Jahre hinweg haltbar. Der Geschmack variiert je nach verwendeter Milch. Kamelmilch-*Huruud* hat etwas Cremig-Weiches, wohin gegen Kuhmilch-*Huruud* säuerlich-herb schmecken kann.

Wer der *Aarz*-Masse Zucker zusetzt, sollte die Stücke schnell trocknen und kühl aufbewahren.

FRISCHER RAHMQUARK
SÜÜN HURUUD

2 l Rohmilch von Kuh, Schaf oder Ziege

Die Milch stehen- und sauer werden lassen, vorsichtig erwärmen. Dabei bricht sie noch mehr. Den Milchbruch durch ein feinmaschiges Baumwolltuch gut abtropfen lassen, herausnehmen und erneut auf kleinem gleichmäßigen Feuer erhitzen. Dabei sorgfältig umrühren, damit sich nichts anlegt. Nach spätestens 1 Stunde wird die Masse weich, zuletzt krümelig. Nun gut kneten und in einen kleinen Model pressen oder auf einem Brett einen bis zwei Finger dick ausstreichen. Wenn die Käsemasse härter geworden ist, mit dem Messer in kleine Stücke schneiden.

Diesen frischen Quark kühl stellen und bald essen. Wer es süß mag, kann der Masse nach dem Eindicken auch Zucker untermischen.

DICKETE
ZÖRÖM

Im Spätherbst, wenn es schon kühl ist, bereitet man *Zöröm* aus Ziegen- oder Schafmilch zu. *Zöröm* ist fetthaltiger als *Aarz* (Quark) und wird nicht aus Joghurt gewonnen, sondern durch Gerinnung nicht entrahmter Rohmilch.

Dieses nun folgende Rezept ist sehr alt: Zwischen Juli und August wird die Schafmilch in einem gut gereinigten Pansen so lange gesammelt, bis dieser voll ist. Das kann bis zu 20 Liter ausmachen. Die Öffnung gut mit einer Sehne oder einem Stück Dünndarm verschließen.

Ein 2 Ellen tiefes Loch in die Erde graben, daneben ein Kuhdungfeuer entfachen und, wenn es niedergebrannt ist, einen Teil der Glut in die Grube schaufeln. Den milchgefüllten Pansen darauflegen und mit der restlichen Glutasche bedecken. Allmählich wird die Flüssigkeit durch die Pansenhaut nach außen ausgeschieden. Nach einem Monat nimmt man den Pansen heraus und die *Zöröm* ist fertig.

Zöröm isst man einfach so, friert sie ein oder presst sie in Formen, die dann an der Luft wie *Aaruul* und *Huruud* getrocknet und für den Winter aufbewahrt werden.

Eine andere Art Zubereitung von *Zöröm* hat sich in der Neuzeit entwickelt: Die frisch gemolkene Milch auf dem Feuer erhitzen und durch Zugabe von gesäuertem Joghurt zum Gerinnen bringen. Die Masse so lange auf mittlerem Feuer weiterkochen lassen, bis ein Fünftel der Molke verdunstet ist. Vom Feuer nehmen, die Masse in einen Baumwollsack füllen und abtropfen lassen. Sack und Inhalt von Hand auspressen, fest zusammenwickeln und zwischen zwei Steine legen. *Zöröm* 2 bis 5 Stunden ruhen lassen, dann aus dem Baumwollsack nehmen. Die frische Masse in ein reichlich großes Holzgefäß geben, in das immer wieder frischer *Zöröm* hinzukommt. Ist das Gefäß voll, versiegelt man die Oberfläche mit heißem, soeben ausgelassenem gelben Milchfett oder geschmolzenem Fett, das von der Suppe abgeschöpft oder durch Fettgewebe gewonnen wurde.

Mit der einziehenden Kälte wird diese *Zöröm* gerne wie *Aarz* (–> S. 56) gekocht und ist ein überaus nahrhaftes, sahnig-mild und weich schmeckendes Getränk, das den Körper wärmt.

Variante

Die in dem Baumwollsack ausgepresste Quarkmasse wird nun mit einem gespannten Faden wie *Aaruul* (–> S. 59) in Scheiben geschnitten und kommt auf ein Holztablett zum Trocken an der Sonne. Getrocknete *Zöröm* wird wie *Aaruul* und *Huruud* für die Wintermonate aufbewahrt.

MONGOLISCHER KÄSE
BJASLAG

3–4 l selbst abgekochte und entrahmte Milch von Kuh, Schaf oder Ziege oder alle miteinander vermischt

½–1 l vergorene Stuten- oder Kuhmilch oder Joghurt bzw. Buttermilch als Säurewecker

Die Zubereitung beginnt wie bei *Eedem* (–> nächstes Rezept): In die erhitzte Milch die vergorene Milch oder den Joghurt einrühren. Den Bruch sofort durch ein feinmaschiges Tuch pressen oder in einem Baumwollsack abtropfen lassen und zuletzt noch ausdrücken. Die Masse im Sack zwischen zwei mit Steinen beschwerte Bretter legen und einen Tag lang so pressen. Wird *Bjaslag* zu kurz gelagert, bekommt er nicht die gewünschte Konsistenz.

Dieser Käse lässt sich nicht lange aufbewahren, sollte deshalb bald verzehrt werden. Wird er nicht luftig gelagert oder aber in Plastik eingewickelt transportiert, schwitzt er schnell und beginnt zu schimmeln. Der Länge nach in Scheiben aufgeschnitten kann er aufgefädelt und getrocknet werden. So ist er längere Zeit haltbar. Vor dem Essen muss er dann allerdings in Tee eingeweicht werden.

Auch hier gibt es wie bei *Eedsgii* (–> S. 64) eine zweite Variante, die nicht so trocken, sondern süßlich-rahmig schmeckt und viel weichere Konsistenz hat: Statt der abgekochten und entrahmten Milch wird bei dieser Variante Rohmilch verwendet. Dieser getrocknete Bjaslag wird in heißem Wasser oder Milchtee auch schneller weich als der aus entrahmter Milch.

Obwohl wir den *Bjaslag* »Käse« nennen, entspricht er nicht dem bei uns üblichen kräftig-würzigen oder pikant-ausgereift und auch oft sehr aromatischen Käse. Der mongolische Käse wird ohne Lab zubereitet, schmeckt mild und milchig-süß, ist also eher mit Mozarella vergleichbar. Er gilt als Hausmittel bei Durchfall und heilt ganz allgemein Magen- und Darmkrankheiten.

UNGEPRESSTER MONGOLISCHER KÄSE
EEDEM

Kinder essen diesen weichen süßen Käse besonders gerne. *Eedem* ist die Grundlage für *Bjaslag* (–> voriges Rezept) und *Eedsgii* (–> nächstes Rezept).

1–2 l selbst abgekochte und entrahmte Milch von Kuh, Schaf oder Ziege oder alle miteinander vermischt

½–1 l vergorene Stuten- oder Kuhmilch oder Joghurt bzw. Buttermilch als Säurewecker

Die vergorene Stuten- oder Kuhmilch oder den Joghurt in die Milch schütten. Die Flüssigkeit erhitzen. Die Molke trennt sich. Den Bruch, der entsteht, behutsam umrühren und sofort essen.

VARIANTEN

Eedem in eine Schale geben und heiße, abgekochte Milch darübergießen, mit Zucker abgeschmeckt trinken. Eventuell zuvor eingeweichte Rosinen beigeben.

Eedem mit gekochtem Reis vermengen, *Öröm* (–> S. 46) und zuvor eingeweichte Rosinen beigeben. Nach Belieben zuckern.

Eedem mit Erdbeeren, Stachelbeeren, schwarzen und roten Johannisbeeren, Blaubeeren, Sanddorn und anderen Wildfrüchten anrichten.

SÜSSER KRÜMELKÄSE
EEDSGII

Zubereitung wie bei *Eedem* (–> voriges Rezept), wobei auch wieder abgekochte und entrahmte Milch Verwendung finden kann.

Nachdem sich die Molke abgesetzt hat, die Masse auf kleinem Feuer unter Rühren so lange weiterkochen, bis die gesamte Molke verdunstet ist. Dann noch weiter auf kleinem Feuer rühren, bis der Bruch körnig-trocken wird und eine gelblich-braune Farbe annimmt.

Der Krümelkäse schmeckt süßlich und hat zunächst eine gummiartige Konsistenz. In der Mongolei wird er zum Milchtee gegessen und zwischendurch geknabbert. Er eignet sich, getrocknet, kühl und luftig aufbewahrt, zur Vorratshaltung und als Reiseproviant. Feuchter *Eedsgii* beginnt rasch zu schimmeln. Für besser und süßlicher schmeckenden Krümelkäse statt der abgekochten Milch Rohmilch verwenden.

Variante

Es gibt zahlreiche Zubereitungsarten mit getrocknetem *Eedsgii.*

Getrockneten *Eedsgii* im Mörser zerstoßen, mit geröstetem *Suli-* oder *Zulchir-*Mehl (–> S. 172 f.), auch mit Knöterichwurzelmehl, mit Zucker und frischer *Öröm* (–> S. 46) anrühren. Diese Speise nennt man *Nuhasch. Nuhasch* lässt sich zusätzlich mit zuvor aufgeweichten Rosinen verfeinern.

Für ein anderes Rezept von *Nuhasch* getrockneten zerstoßenen *Eedsgii* mit trocken geröstetem *Zulchir-*Mehl vermengen und frisch in Scheibchen geschnittenen roten *Gojo* (–> Glossar) aus der Wüste Gobi dazugeben.

Eine noch andere Zubereitungsart ist *Eedsgiitei Bordson*: Getrockneten, zerstampften *Eedsgii* mit geschmolzenem gelben Milchfett anrühren, flüssig in eine Form gießen und erkalten lassen. Später umstülpen und servieren.

Kasachische Variante: Dschent

Für die Variante der Kasachen aus der Westmongolei getrockneten *Eedsgii* durch den Fleischwolf drehen und zuletzt pulverisieren. Dann zermahlene Reste von harten *Boorzog* (–> S. 82), *Boow* (–> S. 81) oder Brot, geröstetem gemahlenen Gerstenmehl (*Dsambaa*, –> S. 181), und Zucker hinzugeben und alles unter Zugabe von öligem Pferdefett gut miteinander vermengen. Das dafür benötigte Fett wird beim Kochen von Pferdefleisch nach dem Erkalten der Brühe abgeschöpft.

Dschent ist für Kasachen eine besondere Delikatesse und gilt als Kraftnahrung, die löffelweise verspeist wird.

GEMISCHTES BUTTERFETT ALS WINTERVORRAT
HÖLISON TOS

Mit Winterbeginn wird die über die Sommer- und Herbstmonate angesammelte *Öröm* (–> S. 46) aus dem Pansen herausgelöst und in einem Kessel erhitzt. Dabei trennen sich gelbes und weißes Milchfett. Das gelbe Milchfett, das oben schwimmt, wird nach und nach abgeschöpft, bis kein Fett mehr austritt.

Der dickflüssige Rückstand – *Zöw* (–> S. 52) – wird im Verhältnis 1:5 mit *Eedsgii* (–> voriges Rezept), Zucker und Rosinen vermischt und weiter gekocht. Diese *Zöw*-Masse muss lange kochen und dabei gleichmäßig gerührt werden, damit sie nicht anbrennt. Zuletzt die Masse in einen vorbereiteten Pansen oder Blättermagen füllen, neuerdings auch in einen Plastiksack, und im Freien als Wintervorrat einfrieren. Je nach Bedarf kann von dem tiefgefrorenen Pansen ein Stück abgeschlagen und aufgetaut werden. Man gibt *Hölison Tos* in den Milchtee und trinkt davon, ehe man im Winter zum Schafehüten hinaus auf die Steppe geht.

PUDDING AUS FEURIGER ERSTMILCH
BÖGSCHSÖN UURAG

Kolostrum, die erste Milch eines Muttertiers, gilt in der Mongolei als wohlschmeckende und nahrhafte Milchspeise mit gleichsam ausgezeichneter Heilwirkung.

Erstmilch von allen Tieren außer von Stuten in ein eigens dafür geeignetes Silbergefäß geben und dieses in einen Topf mit kochendem Wasser stellen. So wird die Erstmilch gedämpft. Sie wird fest wie Pudding und lässt sich gut aufschneiden.

Kolostrum hilft bei Abwehrschwäche und chronischen Magen- und Darmerkrankungen, festigt die Knochen und verbessert den Hormonhaushalt.

MOLKE-GELEE
SCHAR SÜÜNII HAND

Bei der Herstellung von *Bjaslag* (–> S. 62) oder *Eedem* (–> S. 63) aus Rohmilch bleibt als Rückstand eine milde süßliche Molke. Die kann auf denkbar einfache Art zu einer leckeren Milchspeise weiterverarbeitet werden.

1 l Molke
½ Tasse brauner Zucker

Die Molke mit dem Zucker langsam so lange kochen, bis die Flüssigkeit eindickt. In eine Schüssel gießen, die zuvor kalt ausgespült wurde, und erkalten lassen. Es entsteht eine Art Gelee.

Variante

Möglich sind Beigaben von Früchten, wenn die Molke schon eingedickt ist – 2 Tassen von zerdrückten Blaubeeren, Steinbeeren, Preiselbeeren oder Johannisbeeren –, dann noch einmal aufkochen, bis die Molke erneut eindickt. Dann wie oben angegeben vorgehen.

Gibt man 1 bis 2 Handvoll fein geschnittene Feuerlilienzwiebelknollen in die Molke und lässt alles lange genug kochen, gibt es ohne Zucker ein Gelee, das erkaltet aufgeschnitten gegessen werden kann.

KARTOFFELKLÖSSCHEN IN MILCH
TÖMSNII BÖÖNTEI SÜÜ

Für 4–6 Personen
1½ l Milch
½ l Wasser
600 g rohe Kartoffeln
300 g gekochte Kartoffeln
Salz nach Geschmack
Öröm (–> S. 46) oder *Zözgii* (–> S. 50),
ersatzweise leicht geschlagene Sahne

Die Kartoffelklößchen werden fast wie Thüringer Klöße zubereitet: Die rohen Kartoffeln schälen, fein in kaltes Wasser reiben, zuletzt darin auswaschen und mit Hilfe eines Tuches kräftig ausdrücken. Die frisch gekochten Kartoffeln zerstampfen, mit einer Tasse heißer Milch zu einem festen Kartoffelbrei verrühren und zuletzt die geriebenen Kartoffeln untermengen. Salzen und noch einmal gut durcharbeiten, dann zu kleinen Klößen formen.

Milch und Wasser miteinander aufkochen, salzen, die Klöße vorsichtig hineinlegen und gar ziehen lassen. Sobald sie oben schwimmen, sind sie fertig. Den Rahm unterrühren und auftragen.

SÜÜ – MILCH UND MILCHGETRÄNKE

Die Mütter in der Mongolei, so lautet die Empfehlung, sollten ihre Säuglinge mindestens drei Jahre lang stillen, denn so lange braucht es, bis sich der Körper mit Hilfe der Muttermilch ausbildet und verfestigt. Die Milch von Tieren, die später im Leben getrunken wird, ist Muttermilchersatz, stärkt den Körper und macht ihn unversehrbar, glauben die Mongolen.

Abends nach dem Melken wird die Milch aufgekocht und aufgeschäumt; von der heißen Milch trinkt jedes Familienmitglied gerne eine Schale.

SAHNIGE MILCH
ÖRÖMTEI SÜÜ

¼ l Milch
3 EL Sahne
15–20 g Rohzucker

Sahne und Zucker in die kochende Milch geben und gut verrühren. Wird heiß und kalt getrunken.

MILCHIGER JOGHURTTRUNK
HOORMOG

Abgekochte und entrahmte Milch mit Joghurt zu gleichen Teilen vermischen und trinken. Dieser Sommertrunk labt und erfrischt. Denkbar sind Beigaben von zerdrückten bzw. pürierten Wildfrüchten, etwa ölige Sanddornbeeren, die in ihrer Heilwirkung seit Jahrtausenden bekannt sind, aber auch die mehligen Weißdornfrüchte, die säuerlich-süßlich, roh oder mit Zucker zu Saft oder Sirup verarbeitet, dem Trunk beigegeben werden können. Auch Preisel- oder Blaubeeren, wilde Stachelbeeren oder Erdbeeren, fein gepresster weißer oder roter *Gojo* (–> Glossar), wie er in der Nähe von Saxaul-Bäumen in der Wüste wächst, eignen sich zum Untermischen.

AUFGEKOCHTES MILCHWASSER
HJARAM

Hjaram ist ein mageres Getränk, das sowohl heiß als auch – an heißen Tagen – kalt getrunken werden kann und ein ausgezeichneter Durstlöscher ist. Meistens trinken Kinder, Jugendliche und alte Menschen statt Milchtee *Hjaram*.

Wasser kochen und leicht salzen, dann mit der gleichen Menge entrahmter Milch vermengen, nochmals aufkochen und aufschäumen.

DICKMILCH
SCHINGE

Rohmilch einen Tag lang stehen lassen. Je wärmer es ist, umso rascher beginnt sie zu säuern. Sie wird gleich oder auch entrahmt getrunken. Der *Schinge*-Rahm wird beispielsweise im *Boorzog*-Teig (–> S. 82) verarbeitet.

GEKOCHTER QUARK
BUZALGASAN AARZ

2 l Wasser
400 g tiefgefrorener oder frischer *Aarz* (–> S. 56)
1 Tasse Weizenmehl
3 EL Zucker
1 TL Salz
2 EL *Öröm* (–> S. 46) oder *Schar Tos* (–> S. 53)

Aarz und Mehl in kaltem Wasser miteinander verrühren, dann allmählich erhitzen und unter ständigem Rühren 10 Minuten kochen. Zuletzt Zucker, Salz und *Öröm* oder gelbes Butterfett hinzugeben, noch einmal kurz aufkochen und gut umrühren.

Statt Weizenmehl sind auch Grieß, *Zulchir-* (–> S. 172 f.), *Suli* oder Knöterichwurzelmehl denkbar. Um den Trunk nahrhafter zu machen, lässt sich auch eine Handvoll Reis oder Hirse mitkochen. In diesem Fall verlängert sich die Kochzeit um die Garzeit von Reis oder Hirse.

MOLKE
SCHAR UUS

Auf Mongolisch heißt Molke »gelbes Wasser« oder »gelbe Milch«. So unterschiedlich die Arten der Gewinnung, so unterschiedlich schmeckt sie und so unterschiedlich ist auch ihre Verwendung. Sie ist die Restflüssigkeit, die nach der künstlich erzeugten Gerinnung von Milch und bei der Herstellung von *Aaruul* (–> S. 59) und *Huruud* (–> S. 60), *Eedem* (–> S. 63) und *Bjaslag* (–> S. 62) durch Entwässern des Quark- und Käsestoffes anfällt. Früher wurde Molke, die bei der Milchspeisenherstellung immer reichlich anfällt, grundsätzlich weiterverarbeitet oder benutzt, was heute immer weniger der Fall ist.

Die bei der Herstellung von Rohmilch-*Bjaslag* und -*Eedem* gewonnene Molke ist gelblich, schmeckt süß und gilt als überaus wertvoll. Reich an Aminosäuren, Mineralien und Eiweiß kann sie unter ärztlicher Aufsicht als Kur zur Reinigung der inneren Organe verabreicht werden. Sie wirkt gegen Blutarmut und bei Verdauungsstörungen, steigert die Leber- und Gallenfunktion. Aber aufgepasst, denn falsch angewendet, kann sie beispielsweise bei Gallensteinen fatale Folgen haben.

Kleinkinder können sie trinken und Säuglinge werden darin gebadet, man kann sie zum Waschen für Gesicht und Hände und die Haare benutzen.

Auch kann diese süße Molke je nach Geschmack mit unterschiedlichen Wildpflanzen und -früchten verfeinert und statt Wasser in den Teig für *Boorzog* (–> S. 82) und Sauerteigbrot gegeben werden.

Die Molke, die von *Zagaa* (–> S. 56) gewonnen wird, eignet sich weniger zum Trinken, dafür aber zum Kuren und Baden und wirkt gegen Gelenkschmerzen und Entzündungen. Sie wird auch zum Gerben von Fellen benötigt.

ZEDERNNUSSMILCH
SAMARTAI SÜÜ

¼ l abgekochte entrahmte Milch
20–25 g pulverisierte Zedernnüsse, ersatzweise zerstoßene Pinienkerne

Pulverisierte Zedernnüsse in die warme Kuhmilch geben. 10 Minuten zugedeckt stehen lassen, umrühren, dann ist die Milch trinkbereit.

FEUERLILIENKNOLLENMILCH
ZAGAAN TÖMSTEI SÜÜ

¼ l abgekochte entrahmte Milch
10–20 g mongolische Feuerlilienknollen (–> Glossar), fein geraspelt; ersatzweise getrocknete Lilien (eingeweicht und klein geschnitten)

Die fein geraspelten Knollen in die kochend heiße Milch geben, 10 Minuten stehen lasssen, umrühren und die Milch warm trinken.

WEISSDORNMILCH
DOLOOGONOTOI SÜÜ

¼ l gekochte Milch
25–30 g Weißdornfrüchtesirup oder -mus
1 Prise Salz
brauner Zucker nach Geschmack
1 Prise Zimt

Weißdornfrüchtesirup oder -mus in die Milch geben, Salz und Zucker nach Geschmack hinzufügen, eventuell auch eine Prise Zimt. Gut umrühren und schon ist die Milch trinkfertig.

SENFMILCH
GITSCHGENETEI SÜÜ

¼ l Milch
20–30 g frische braune Senfsamen

Frische Senfsamen gut waschen, leicht zerdrücken oder im Mörser stampfen, in die kochende Milch geben und 15 bis 20 Minuten zugedeckt ziehen lassen. Dann ist die Milch trinkfertig.

PREISELBEERMILCH
ALIRASTAI SÜÜ

¼ l Milch
20–30 g Preiselbeersirup oder -mus, mit Zucker gekocht
Zucker nach Geschmack

Preiselbeeren und Zucker in die kochende Milch geben. Gut umrühren, und schon ist das Getränk trinkfertig.

JOHANNISBEERMILCH
ÜCHRIIN NUDTEI SÜÜ

¼ l Milch
25–30 g roter oder schwarzer Johannisbeerensirup oder -mus
Zucker nach Geschmack

Den Johannisbeersirup und den Zucker in die Milch geben, alles gut vermengen. Schon ist die Milch trinkfertig.

STEINBEERENMILCH
BÖÖRÖLDSGÖNÖTEI SÜÜ

¼ l gekochte Milch
25–30 g Steinbeerensirup oder -mus
brauner Zucker nach Geschmack

Steinbeerensirup oder -mus in die Milch geben, Zucker nach Geschmack hinzufügen. Gut umrühren und schon ist die Milch trinkfertig.

TROCKENFRUCHTMILCH
HATAASAN DSCHIMSTEI SÜÜ

Trockenfrüchte, einschließlich Rosinen, in Wasser mindestens einen halben Tag lang einweichen. Dann ausdrücken, mit der heißen Milch vermengen und 10 bis 15 Minuten ziehen lassen. Anschließend mit dem Mixer pürieren. Zucker nach Geschmack hinzugeben.

71 52
93 07
планета 5

DIE ALTE UND DIE NEUE KÜCHE DER MONGOLEI

Wer seine Hände bewegt,
kann auch seinen Mund bewegen.
VOLKSTÜMLICHE REDENSART

Was ist gutes Essen? Wie sieht richtige Ernährung aus? Diese Frage stellen sich auch Mongolen heutzutage zusehends öfter, denn die unentwegte und lebenslange gesunde körperliche Betätigung und Bewegung in frischer Luft, wie sie mit dem Nomadenleben einhergeht, schwindet mit der Sesshaftigkeit und dem Stadtleben. Fettleibigkeit, selbst bei Kindern, und neue, nie gekannte sogenannte Zivilisationskrankheiten wie Zuckerkrankheit sind Folgen der Abkehr von der nomadischen Lebensart.

Früher seien die Menschen mit eindeutig weniger Kalorien am Tag ausgekommen als heute und hätten höchstens einmal am Tag etwas Warmes gegessen, wollen einige Leute wissen. Und trotzdem: Um zur Nahrung zu gelangen, mussten sie tagtäglich ringen und Glück bei der Jagd haben, weit laufen und suchen und sammeln. Aber die Menschen, so will man wissen, waren früher derart stark, dass sie nicht allein auf materielle Nahrung angewiesen waren, sondern andere Kraftquellen, solche seelischer Natur, kannten und sich daran labten. Die heutigen Menschen hingegen seien vergleichsweise arm und schwach und äßen nur die Form, die mit einer schönen grell-bunten Verpackung lockt und etwas zu sein vorgibt, was nicht ist. Also müssen sie viel essen, sich vollstopfen im guten Glauben, sie würden Nahrung zu sich nehmen, und werden doch nie wirklich satt.

Das Leben in der Millionenstadt Ulaanbaatar ist so verschieden von dem auf dem Land in den Jurten. Vegetarier geben sich städtisch lautstark: Wir verzichten auf Fleisch. Der Dalai Lama, hoch geehrt und geachtet in der Mongolei, hat bei seinen Besuchen die Mongolen wiederholt aufgefordert, weniger Fleisch zu essen. Er berief sich dabei auf die friedliebende Haltung der Buddhisten und das Mitgefühl für alle Wesen, auch für die Tiere, die nicht bedenkenlos abgeschlachtet und bejagt werden sollten.

»Für einen, der aus einem warmen Land kommt, mag das gelten«, höre ich Oktjabr, einen Fürsprecher authentischen Essens sagen, der in der Mongolei gleichzeitig ein wichtiger »Fernsehkoch« ist und es sich zum Ziel gesetzt hat, eine Enzyklopädie der traditionellen mongolischen Ernährung zu verfassen. »Aber im Winter ohne Fleisch, wie will man die große Kälte durchstehen? Umso verwunderlicher ist es, wenn man vernimmt: Die Vietnamesen haben Angst vor unserem mongolischen Fleisch.«

Die Lebensverhältnisse haben sich in den vergangenen zwei Jahrzehnten also gewandelt. 70 von 100 Menschen leben inzwischen in Siedlungen und der Großstadt. Dazu kommen eine halbe Million Touristen pro Jahr. »Auch bei uns entwickelt sich die Lebensmittelverarbeitung«, höre ich. »Wir importieren viele Nahrungsmittel, aber wir exportieren auch, vor allem Fleisch. In Konserven, darunter auch Tierfutterkonserven, aber auch *Borz,* das auf traditionelle Art und Weise hergestellte getrocknete Fleisch, interessiert besonders die Araber.« Ein Kilogramm Frischfleisch reduziert sich auf nur 200 Gramm Trockenfleisch, wobei 80 Prozent der Mineralien im Fleisch bleiben. Das ist wahrhaftige Kraftnahrung.

»Neue Küche heißt bei uns«, höre ich Oktjabr weiter zu, »Altes mit Neuem in Harmonie zu verbinden. Wir experimentieren, aber immer im Hinblick auf die Traditionen. Kalmücken, Burjaten, Innere Mongolen, wir Mongolen, Tuwa und die Altaier besitzen Tausende von verschiedenen Zubereitungsarten. Gongordschaw hat das aufgezeichnet. Was fehlt, sind die Feinheiten, die Erinnerungen an das fast Verlorene, Rezepte und ihre Varianten. Mongolische Köche gewinnen trotz allem Preise bei Kochwettbewerben, wie erst kürzlich in Istanbul geschehen, und das gelang mit einem innovativen Fischgericht.«

Oktjabr betont: »Vielfach missachtet, aber unabdingbar sind die Essgebote und -verbote. Die bestimmen, was man nicht zusammenstellen darf, weil es gesundheitsschädlich ist. Nehmen wir Wilden Knoblauch, *Schuzai*, und Rindfleisch, die passen nicht zusammen in den Magen. Zwiebel zu Rindfleisch aber schon. Wir müssten eigentlich wissen, dass weißes Mehl nicht gut ist, trotzdem essen es alle in der Stadt. Unser *Suli* und unser *Zulchir,* eiweiß- und nährstoffreich, alleine oder dem Mehl beigemengt, verbessert die Verdauung, reinigt die inneren Organe, verbessert die Nierentätigkeit und entwässert den Körper. Wir wussten, was die Ernährungsweise in der alten Zeit bewirkte. In den letzten 10 bis 20 Jahren vor der Wende von 1990 untersuchten unsere Wissenschaftler Essgewohnheiten, aber warum dieses gegessen und jenes nicht gegessen wurde, erfasste man nicht. Die Sinnfrage stellte keiner. Es ging allein um eine Bestandsaufnahme.«

Das mag mit der bewussten Abkehr von den Traditionen in der Lebenshaltung, der Medizin und anderen Praktiken zusammenhängen, da es Programm war, die Mongolei in diesen Dingen zu »entmongolisieren«. Man beachtete aber, was eine Schwangere nicht essen dürfe, Kamelfleisch beispielsweise, und was eine Niedergekommene nicht zu sich nehmen dürfe: keine aufgekochte Milch und bis zu einem Monat nach der Geburt kein Fett, keine kalten Speisen, keine harten Dinge, kein Salz und kein Soda.

Eine russische Untersuchung vom Anfang des 20. Jahrhunderts besagt für nomadische Familien: pro Kopf wurden 108 Kilogramm Fleisch und 750 Liter Milch verbraucht. Milchspeisen waren also Hauptnahrungsmittel, und zusätzlich zu Fleisch wurden Hirse und Mehl, *Suli* und *Zulchir* eingeschlossen, sowie Reis und Zucker in jeweils einem ganz geringen Anteil konsumiert. Tee dagegen wurde pro Kopf reichlich gebraucht, über 50 Gramm am Tag. Aber der hat wohl auch, anstelle getrunken zu werden, als Tauschmittel hergehalten. Der Alkoholverbrauch war mit unter 5 Gramm am Tag gering, wohingegen der Wodka heute hundertgrammweise ausgeschenkt wird.

Ein halbes Jahrhundert später hatte sich das schon merklich zuungunsten der Milcherzeugnisse verschoben. Die revolutionäre Bewegung im Land, die zur Ausrufung der mongolischen Volksrepublik im Jahr 1924 führte, hatte eine Bewegung in Gang gesetzt, welche die Abkehr von den Traditionen auf breiter Linie bewirkte. Siedlungen entstanden, die Hauptstadt Ulaanbaatar bekam Gewicht, und überall fern vom Land- und Jurtenleben war die Versorgung mit Milch zunächst schwierig, Milch war knapp. Milch als traditioneller Wert der Nomadenwelt stand der neuen revolutionären Zeit und ihrem Fortschrittsgedanken entgegen. Die Zunahme des Fleischverzehrs lässt sich auch als Ausdruck des Sieges neuer Ideen werten. Milch steht also in Konkurrenz zu Fleisch, wobei Milch für die alte und vorrevolutionäre Mongolei steht und Fleisch, Zeichen von Wohlstand und eher von Höhergestellten verzehrt, wird nun als wertvoller und dem neuen Leben angemessener erachtet.

Ist in der traditionellen Nomadengesellschaft der Verbrauch von Milcherzeugnissen noch sehr hoch, ändert sich das rasch mit den neuen städtischen Lebensgewohnheiten und dem Zuzug in Siedlungen. Die weit verbreitete Ansicht: »Menschen essen Fleisch und Ziegen fressen Gras«, dient als laut gepriesene Rechtfertigung für den ganzjährigen Fleischkonsum. Dazu kommt das ungebrochene Ideal: Nur Fleisch ist wirkliches Essen, nur Fleisch macht stark und ist gesund.

Wichtig bei diesem Ernährungswandel ist auch, dass Mehl und Mehlerzeugnisse und die Gerichte, die eine Verbindung von Mehl und Fleisch zulassen, in der traditionellen Ernährungsweise der Mongolen eine Neuerung darstellen, die im späten Mittelalter infolge von Kontakten mit den benachbarten Völkern im Süden und Norden des mongolischen Siedlungsgebietes erfolgt sein muss. Milchzucker und wilde Gräser, Wildfrüchte und -gemüse, alles sehr nahrhaft und sehr lebendig, wurden mehr und mehr durch Nahrungsmittel verdrängt, die durch Ackerbau und Tauschhandel gewonnen wurden. Und diese Entwicklung erfuhr gegen Ende des 20. Jahrhunderts noch eine Beschleunigung.

Erst in jüngster Zeit hat sie sich auf dem Land aufgrund gewisser Bequemlichkeiten und wegen der Fertigprodukte, die es im Laden oder auf dem Markt, ist er auch noch so weit entfernt, zu kaufen gibt und die eine ungeahnte Begehrlichkeit erzeugen, vereinfacht und von den Wurzeln entfernt. Dass man Fertiges will und sich selbst beispielsweise nicht die Mühe des Sammelns von Sanddorn und Rhabarber macht, führt dazu, dass bestimmte Lebensmittel, die aus der Natur stammen, als Nahrungsmittel wegfallen.

Mit der Filzerei war es ähnlich. Filz herzustellen ist harte Handarbeit, die obendrein dem Handwerker einiges an Geschicklichkeit abverlangt. In den langen Jahren des Sozialismus wurden die Jurtenfilze nicht mehr in Jurten bei den Familien, sondern in Manufakturen hergestellt, sodass die Menschen schlichtweg vergaßen, wie man filzt. Damit gingen auch die damit einhergehenden Rituale und Segenssprüche verloren. Nach der Wende von 1990 lebte die Jurtenfilzherstellung in den einzelnen Familien wieder auf, das Pferd oder das Kamel zog die durchtränkte schwere Filzrolle über die Steppe, um den vorbereiteten Filz zu walken. Der Zusammenbruch des Wirtschaftssystems und die Nachfrage der Jurtenbewohner nach Filzen für ihre eigenen Jurten bewirkten, dass die Familien, wenn sie Wolle von ihren eigenen Schafen hatten, wieder begannen, die Jurtenfilze selbst herzustellen.

Mit den Lebensmitteln verhält es sich sichtlich gegenläufig: Seit der Wende und der einsetzenden Demokratisierung von 1990 gingen viele Zubereitungsarten verloren. Das Sammlerdasein, das immer auch Teil des Nomadenlebens war, gehörte plötzlich einer anderen, einer vor-kapitalistischen Zeit an. So verlor sich das Sammeln von wildem Rhabarber und Knöterichsamen und -wurzeln, und die Bedeutung von *Zulchir* (–> S. 172 f.) und *Suli*, den heilsamen und nahrhaften Getreideersatz-Pflanzen aus der Wüste, ging dermaßen zurück, dass sie heute fast gänzlich in Vergessenheit geraten sind. Fragt man unter der Stadtbevölkerung nach, erfährt man nicht viel: »Ja, wir haben davon gehört, aber was es genau damit auf sich hat, wie es verarbeitet wird, wie es schmeckt, wissen wir nicht.« Selbst Ernährungswissenschaftler an der Technischen Universität haben ihre Mühe, die wirkliche Bedeutung von *Zulchir* und *Suli* für die Volksgesundheit und das Ökosys-

tem zu begreifen. Die Neuzeit, die das Wüstenleben und die Wasservorräte gegen Bodenschätze und Bergbau setzt, tut das Übrige.

Das Grundlegende der altmongolischen Küche aber ist das Essen entsprechend den vier Jahreszeiten und den sechs Geschmacksrichtungen von scharf, sauer, bitter, trocken, salzig und süß. Auf dem Land, im Gegensatz zur Stadt, hat sich daran kaum etwas geändert. Da sind die Zutaten durchwegs biologisch rein, hochwertig und alles, was aus der Wildnis kommt, ist lebendig. So ist auch das Wasser nicht tot. Die Konservierung ist schonend, und das Garen auch. Kochen geht vor Braten, Dämpfen oder Dampfgaren vor Schmoren. Rohes wird kaum gegessen. Die Kost ist salz- und gewürzarm. Die drei weißen Gifte Salz, Zucker, Fett gilt es zu meiden. Gegessen wird meistens warm, und getrunken wird viel – vor allem Tee. Etwas Kaltes, wie ein Brot mit Wurst oder Ölsardinen aus der Konserve, gilt nicht als Essen. Und der Grundsatz, der seit alters herrscht und zur Disziplin mahnt, lautet: Zwei Viertel sei Essen, ein Viertel Trinken und zu einem Viertel bleibe der Magen am besten leer.

TEIG FÜR GEBÄCK
BOOWNII DSUURMAG

Das nun folgende Grundrezept für Teig findet fast täglich Verwendung. Es eignet sich für die verschiedenen Gebäckarten, wie sie in der einen oder anderen Form in jeder Jurte auf dem Teller liegen. *Boow* ist Grundnahrungsmittel. Es handelt sich um ein in Fett vom Schafschwanz, auch in Suppenfett, das sich nach dem Erkalten der Suppe oben absetzt, in Murmeltierfett, gelbem Milchfett, Sonnenblumenöl oder auch Zedernnussöl frittiertes Gebäck, das regionale Unterschiede aufweist.

1 kg Mehl
3–3½ Tassen lauwarmes Wasser
100–250 g *Schar Tos* (–> S. 53), ersatzweise frische Butter oder Rahm
1 TL Salz
100–200 g Zucker nach Geschmack, kann man aber auch weglassen

Salz und Zucker im Wasser auflösen und allmählich zusammen mit dem gelben Milchfett oder der Butter, die weich sein sollte, dem Mehl zugeben und zu einem festen Teig kneten. Bis zu einer Stunde ruhen lassen und noch einmal ausgiebig durchkneten, bis ein gleichmäßig dichter Teig entstanden ist.

Varianten für einfache Boorzog, Plinse, Gambir und Wurmgebäck

In den Gobi-Regionen ist auch eine Beimengung von etwa 10 Prozent *Zulchir-* (–> S. 172 f.) oder *Suli*-Mehl möglich, was den Teig nahrhafter und kräftiger im Geschmack macht, gelblich verfärbt und leicht aufgehen lässt. Im Wald- und Wiesenland, wo Knöterich und Rhabarber gedeihen, kann man aus diesen Wurzeln Mehl gewinnen und dem Teig beimengen.

Statt Wasser kann man auch Molke verwenden. Damit geht der Teig schön auf und wird leicht und locker. Die Molke verleiht den *Boorzog* (–> S. 82) besonderen Geschmack, und zwar je nachdem, ob sie aus frischem süßlichem Käse oder saurem Joghurt gewonnen wurde.

Sauer gewordene Milch lässt sich statt Wasser auch für den Teig verwenden. Die mit Sauermilch zubereiteten *Boow* trocknen kaum aus und zerbröckeln nicht, selbst wenn sie länger aufbewahrt werden.

FETTGEBACKENES
BOORZOG

In keiner Jurte fehlen *Boorzog*. Zum Tee werden sie ganztägig gegessen. Auf Reisen sind sie unersetzlicher, lange haltbarer Proviant, der in einem Stoffsack, notfalls auch einer Plastiktüte mitgeführt wird. Hütejungen stecken sich ein paar Stück davon in den Brustlatz, ehe sie nach den Schafen und Ziegen gehen.

Boorzog gibt es in den unterschiedlichsten Formen, als rechteckiges rhombenartiges, verknotetes oder kugelförmiges Gebäck, als Kringel und in vielen anderen von Jurte zu Jurte verschiedenen Formen. Einmal in der Woche oder aber wenn der Vorrat aufgebraucht ist, werden *Boorzog* schwimmend im Fett gebacken. Dämpfe von brodelnd heißem Fett erfüllen aufdringlich beißend den Raum, und wenn sie aufsteigen, sucht man lieber das Weite. Dennoch langt ein jeder gerne in die Schüssel, in der die frisch aus dem Fett gezogenen *Boorzog*-Berge abkühlen.

Der Teig wird wie im Grundrezept (–> S. 81) beschrieben zubereitet, wobei sich die Menge an Butter und Zucker nach Geschmack richtet. Für die klassischen *Boorzog* wird der Teig etwa 1 cm dick ausgerollt und in 2 x 5 cm lange Streifen oder in 3 x 3 cm große Rechtecke oder andere Formen geschnitten und gedreht. Eine beliebte Form – gekämmte *Boow* oder *Samnaa Boow* genannt – ist die längliche mit drei längs verlaufenden Einschnitten in der Mitte, welche nach dem Ausbacken als getrennte Teigstreifen deutlich hervortreten. Die vorbereiteten Stücke lässt man behutsam vom Kesselrand her ins heiße Fett oder Öl gleiten. Schwimmend werden sie goldgelb gebacken, dann abgeschöpft und abgetropft. Noch warm schmecken sie herrlich, am allerbesten jedoch, wenn sie in gelbem Butterfett frittiert wurden.

Für Wurmkringel – *Horhoi Boow* – wird der Teig zwischen den beiden Handflächen so lange gerollt, bis eine lange dünne Teigschlange entstanden ist, die in die gewünschte Form gedreht und so ins Fett gebracht wird. Diese Variante ist ein Schmuckgebäck für Festlichkeiten.

FLADEN
GAMBIR

Diese Fladen lassen sich rasch zubereiten, man backt sie aus Teigresten, die von Teigtaschen oder Nudeln übrig geblieben sind. Früher wurden die Fladen oft im Topf über dem Feuer trocken gebacken oder mit der Einführung des blechernen Jurtenofens unmittelbar auf der Ofenplatte, indem man den Fladen nach der Hälfte der Zeit wendete. Das ist auch heute noch mancherorts üblich. Wenn sonst nichts zu essen in der Jurte ist, backt man *Gambir* ohne viel Aufwand aus Mehl. Zugaben von einheimischen Mehlsorten aus *Zulchir* (–> S. 172 f.) oder *Suli*, auch Rhabarberwurzel- oder Knöterichwurzelmehl sind denkbar. *Gambir* isst man tagsüber zum Tee oder als Beilage zur Suppe.

Den Teig wie im Rezept für Nudelteig (–> S. 130) zubereiten, allerdings sollte er nicht so hart wie für Nudeln sein, also mehr Wasser enthalten. Eine Prise Soda verbessert die Güte des Teigs und macht ihn leichter und luftiger. Teig in kleine Portionen aufteilen und zu einem 2 bis 3 mm dicken runden Fladen ausrollen, der gewöhnlich eine Handspanne im Durchmesser beträgt. Den Teigfladen zwei- oder dreimal einritzen, damit sich beim Backen keine Blase bildet. Den Fladen in einen leicht eingefetteten gusseisernen Topf geben und so lange auf mittlerem Feuer backen, bis er goldbraun ist. Nach und nach alle *Gambir* backen.

Wie zum Ausbacken von *Boow* (–> S. 81) eignet sich für *Gambir* auch jegliche Art von Fett. Am besten jedoch schmeckt wiederum gelbes Butterfett.

Serviervorschlag

Gambir sind Brotersatz. Sie werden von Hand zerrissen und zum Tee oder zur Suppe gegessen. *Öröm* (–> S. 46), *Hailmag* (–> S. 51) und Marmelade schmecken gut dazu, aber auch alles, was sonst gemeinsam mit Brot gegessen wird.

SIEBZIGSCHICHTIGE PLINSE
DALAN DAWCHAR BIN

Früher aßen die Mongolen dieses Gebäck ausschließlich bei Trauerfeiern. Es heißt auch Blättermagengebäck – *Sarchinagan Boow.* Heute wird es häufig gegessen und unterschiedlich angereichert: ohne Füllung, lediglich mit gelber Butter, oder mal süß mit Marmelade oder Streuzucker, mal salzig mit Brennnesseln, Bärlauch, Kimchi oder Käse, je nach Geschmack und Erfindungsreichtum.

Den Teig wie im Rezept für *Boow* (–> S. 81) zubereiten. Je nachdem, wozu und wie man die fertigen *Bin* essen möchte, sind wie gesagt die verschiedensten Zutaten denkbar.

Kleine Teigportionen einzeln dünn ausrollen, gelbes Butterfett oder Öl darauf verstreichen. Den Teig von allen Seiten her zur Mitte hin einklappen und etwas aufeinander hin und her bewegen, sodass sich das Fett gleichmäßig verteilt. Dann entweder Zucker für süße *Bin* oder für salzige Varianten beispielsweise klein gehackte gewürzte Brennnesseln oder Wilden Lauch daraufstreuen und aufrollen. Die fertige Rolle spiralförmig drehen und mit beiden Handflächen zu einem Stück zusammenpressen. Jetzt müssten sich die Beigaben gleichmäßig im Teig verteilt habe, und er kann erneut ausgerollt werden. Bei bis zu 3 bis 5 mm Dicke sollten die *Bin* nicht größer sein, als die Pfanne, in der man sie ausbackt. Über mäßigem Feuer in einer Pfanne in Öl oder ausgelassenem Schafschwanzfett braten. Aufpassen, dass der Fladen außen nicht schwarz wird, während er innen noch nicht durch ist.

Serviervorschlag

Von Hand zerreißen oder wie einen Kuchen achteln und auf einem Teller servieren. Süße *Bin* werden zum Frühstück gegessen, salzige und mit Kräutern oder Käse zubereitete sind eine willkommene Beilage zu Suppen und Salaten.

SOHLENGEBÄCK
UL BOOW

Sohlengebäck wird zu feierlichen Anlässen auf einem großen Teller zu einem Turm aufgeschichtet, zu einer Hochzeit, zu *Zagaan Sar*, dem Fest des Weißen Mondes zum mongolischen Neujahr im späten Winter, zum Haarschneidefest, bei Trauerfeiern. Auf eine kreisrunde Schicht kommt immer eine ungerade Zahl, also 5 oder 7 oder 9 *Boow*, und die Schichten selbst müssen auch ungerade sein. Der Name »Sohlengebäck« kommt von der Form, die an eine Fuß- oder Schuhsohle erinnert.

Die ganze Familie hilft beim Zubereiten, denn es ist ein Gebäck, das viel Umsicht und Aufmerksamkeit verlangt, zumal ein Misslingen die Stimmung vor den Feierlichkeiten schnell verderben kann. Manchmal kommen Menschen aus der Nachbarjurte und helfen. Und im Gegenzug wird ihnen später ebenfalls geholfen.

3 kg Mehl
1–1¼ l Wasser
300 g gelbes Butterfett (–> S. 53) oder ersatzweise frische Butter oder Rahm (die Menge richtet sich nach Vorhandensein; weniger ist jedoch empfehlenswerter, weil zu viel Fett die »Teigsohlen« beim Ausbacken zum Zerbrechen bringen kann)
2–3 TL Salz
300–400 g Zucker je nach Geschmack, kann aber auch weglassen werden
gelbes Butterfett oder ausgelassenes Fettgewebe (ersatzweise auch Öl) zum Ausbacken

Das Mehl in eine große Schüssel geben. Das geschmolzene Butterfett in die Vertiefung in der Mitte gießen. Allmählich vom Rand her mit dem Mehl vermengen und gut durchmischen, bis ein fester Teig entsteht. Nochmals eine Vertiefung in die Mitte der Masse drücken, das lauwarme, zuvor abgekochte, leicht gesalzene und womöglich auch gezuckerte Wasser zugießen und so lange einarbeiten, bis eine gleichmäßige feste Teigmasse entstanden ist.

Den Teig zugedeckt eine Stunde an einem warmen Ort ruhen lassen.

Wichtig: Wenn das Sohlengebäck im Winter für die Neujahrsfeier zubereitet wird, darf das Mehl nicht sofort verarbeitet werden, sondern muss erst auf Raumtemperatur gebracht werden.

Der Teig kommt nun portionenweise in Trinkschalen, die als Maßeinheit dienen. So werden gleich große Teigteile abgemessen, um später auch gleich große *Ul Boow* zu bekommen. Dann wird jede einzelne Portion noch einmal gründlich von Hand durchgeknetet, und zwar etwa 30 Minuten lang. Dabei sitzen die Familienmitglieder in einer Reihe, und jede/r ist in den nun folgenden Ablauf eingebunden. Die Kinder sitzen weiter unten und fangen an, den Teig zu kneten, den sie dann an den Nächstälteren weitergeben und so weiter, bis alle im aufsteigenden Alter an einer Portion mitgewirkt haben und sie bei dem Vorletzten ankommt. Der rollt den Teig zu einer Kugel, die anschließend zu einer 5 bis 6 cm dicken und etwa 20 cm langen Teigrolle geformt wird. Der Letzte, also der Älteste oder das Familienoberhaupt, bringt den Stempel an und ist für die endgültige längliche, an den Ecken abgerundete Form verantwortlich. Dazu wird ein Holzmodel mit dem Muster nach oben hingelegt, und die Teigrolle wird von oben auf das Model gedrückt und gleichmäßig mit den Fingern eingearbeitet, damit keine Hohlräume entstehen. Das verlangt Fingergeschicklichkeit und Sorgfalt. Der wulstige Rand rundum entsteht mit dem Aufdrücken der Teigrolle auf die Holzform. Zuletzt wird die Unterseite des Gebäcks mehrmals längs und quer eingeritzt und der Wulstrand rundum auch.

Die *Boow* werden des besseren Geschmacks wegen vorzugsweise in gelbem Butterfett ausgebacken. Dazu die gelbe Butter in einen bauchigen Kessel legen und auf mittlerem Feuer schmelzen. In das heiße Fett ein Blech stellen, auf dem die *Ul Boow*, damit sie sich nicht verbiegen, gelegt werden. In einem großen Kessel haben, ohne dass sie einander berühren, 5 bis 7 Stück auf einmal Platz. Bei mittlerer Hitze etwa 10 Minuten ausbacken, bis sie goldgelb aussehen. Vorsichtig aus dem Fett heben und auf zwei Holzstäbchen, die über den Kesselrand gelegt werden, abtropfen lassen. Dann an einem nicht zu kalten Ort – besonders im Winter ist darauf zu achten – auskühlen lassen.

BURJATISCHES BROT
BURIAD TALCH

Dieses Brot ist eine Spezialität in der nördlichen Mongolei und wird mit Vorliebe mit (–> S. 53), durch eine von Hand betriebene Milchschleuder gewonnene Sahne (–> S. 50), bei den Burjaten im Sommer reichlich gegessen. Es wird mit selbst angesetztem Sauerteig unter einfachsten Bedingungen ohne Ofen in der Jurte oder über offenem Feuer gebacken.

Der Sauerteig – *Talchnii Chöröngö* – wird auf folgende Weise angesetzt:

250 g Mehl
¼ l Wasser
2 TL Salz

Mehl und Salz miteinander vermengen und mit lauwarmem Wasser anrühren. Diese Mischung in die Sonne oder in die Nähe des Ofens stellen und dort 2 bis 3 Tage stehen lassen, bis die Masse aufzugehen beginnt. Zwischendurch umrühren. Schlägt sie Blasen und schäumt auf, ist der Teig fertig. Um den Gärvorgang zu beschleunigen, kann man dem Wasser auch etwas Joghurt beimengen, wobei das Verhältnis Mehl zu Flüssigkeit 1:1 bleiben sollte.

Brot vorbereiten

Ist die Masse ausreichend sauer geworden, wird damit der Brotteig vorbereitet, wobei auf etwa 1 kg Weizenmehl etwas weniger als 1 l Wasser kommt. Das Wasser in den Sauerteig geben und nach und nach das Mehl. Gut durchrühren, bis ein sämig weicher Teig entsteht.

Nun den Teig 2 bis 3 Stunden an einem warmen Ort zugedeckt ruhen lassen. Stimmen die Bedingungen, geht er dabei um das Doppelte auf.

Backen des Brotes

Auf dem Land kann man das Brot in einem gusseisernen Topf mit Deckel auf drei Steinen backen. Den Topf innen gut einfetten bzw. mit Öl ausstreichen. Feuer entfachen, und wenn sich ausreichend Glut gebildet hat, den gusseisernen Topf mit dem Brot auf die drei Steine setzen. Gleichzeitig etwas von der Glut rund um den Topf anhäufen und oben auf den Deckel legen. So wird das Brot in etwa 40 Minuten durchgebacken.

Im anderen Fall wird das Brot direkt auf dem blechernen Jurtenofen gebacken: Dazu die Teigmasse in eine eingefettete Metallschüssel füllen, mit einer zweiten Metallschüssel abdecken und auf den vorgeheizten Jurtenofen stellen. Den Ofen weiter mit mittlerem Feuer führen, nach der Hälfte der Zeit den halb fertig gebackenen Brotlaib aus der Schüssel nehmen und wenden. Über mittlerem bis leichtem Feuer ist das Brot nach etwa einer Stunde fertig gebacken.

Manche Burjaten-Familien haben einen aus Ziegelsteinen gebauten Ofen, in dem das Brot in Backformen gebacken wird. So gibt es ein Natursauerteigbrot aus dem Holzofen.

Variante

Statt Wasser kann man für den Teig auch Molke oder Milch verwenden, dann schmeckt das Brot besonders lecker.

WIE ESSEN, TRINKEN UND DAS LEBEN ZUSAMMENGEHEN

Ein Schwein, das alleine isst, wird nicht dick.
Viele Mäuse, die gemeinsam essen, werden nicht verhungern.
Volkstümliche Redensart

Sich satt zu essen, hat ein jeder nötig, denn es gilt, sich wie die Tiere für Notzeiten ein Polster anzufuttern. Die Wege in den Weiten der Steppen sind unberechenbar, und Essbares kann unterwegs selten sein.

Im Nomadenalltag sind die Essenszeiten nicht starr und eine genau festgelegte Anzahl von Mahlzeiten gibt es nicht. Die Stadt, in der man überall ganztägig etwas Warmes essen und 24 Stunden am Tag einkaufen kann, ist fern. Die Nomaden, die mit Sonnenaufgang ihr Tagewerk beginnen, erst das Vieh melken und dann auf die Weide treiben, trinken danach ihren Morgentee mit Milch, essen dazu Milcherzeugnisse, in Fett Ausgebackenes und Reste vom Abend – das kann auch Kaltes, in Tee Erwärmtes sein. Tagsüber wird Milchtee getrunken, der in der Thermoskanne warm gehalten wird. Sommers genießt man ihn auch lauwarm oder kalt. Abends, wenn die Tiere zurückgetrieben, gemolken und versorgt sind und die Sonne untergegangen ist, köchelt das Fleisch auf dem Feuer. Das kann lange gehen. Heute sieht man über Satellitenschüssel fern, bis das Essen fertig ist. Früher rauchte man währenddessen, trank Schale auf Schale vom Tee, handarbeitete und hielt Rückschau auf den Tag und erzählte einander so manches.

Essen ist in der Regel keine einsame Angelegenheit. Und keiner isst beiläufig, nicht im Stehen, nicht unter Stöhnen und Jammern, nicht mit Klagen und Beschwerden. Heißt es doch: »Obwohl in Eile, isst man nicht im Stehen. Obwohl glücklich, isst man nicht im Liegen.«

In der Regel wird in der Gemeinschaft gegessen. Gästen gibt man den Vorrang, sie essen meist vor allen anderen oder der Jurtenherr verteilt das Fleisch in Stücken dem Alter und seiner Wertschätzung nach. Teller gibt es nicht, jeder hat allerdings eine eigene Porzellanschale zum Trinken von Tee und Suppe. Früher trug jeder seine eigene Holzschale im Brustlatz mit sich herum, trank und aß daraus. Fleisch isst man aus einer Schüssel, die früher

aus Holz, heute meist aus Aluminium ist, und man bedient sich daraus mit den Händen. Die fettigen Finger, zuletzt auch der Mund und das benutzte Messer, werden mit einem Tuch, das reihum gereicht wird und das schon viele andere fettige Hände gebraucht haben, abgewischt. Früher strich man sich das Fett auf dem Mantelkleid über den Schultern ab. Wer ein sprödes Lederlasso oder eine Trense hat, knetet mit seinen fettigen Fingern das Leder und fettet es derart ein. So sparsam geht es zu. Der Kreislauf, die Wiederverwertung, die Nachhaltigkeit und das Aufbrauchen der Dinge werden immer bedacht, sind schlichtweg selbstverständlich.

Besonders wenn Gäste zugegen sind, kreist nach dem Essen die Schale mit Milchbranntwein oder mit aus Weizen Gebranntem aus dem Laden. Zu guter Letzt wird gesungen und viel gescherzt, werden womöglich Geschichten erzählt oder Rätsel aufgegeben. So ist das Leben lebenswert. Der gelebte, volle Augenblick zählt.

Solch ein Bild gehört zur Gastfreiheit in der Jurte: ein Kessel frisch gekochten, dampfenden Schlachtfleisches und der Wodka danach, der beglückt. Die Gastfreundschaft wird hochgehalten, ganz im Sinne: In der Weglosigkeit der Steppe trinke ich heute in deiner Jurte deinen Tee und schlürfe deine Suppe und benötige bei dir ein Nachtlager. Und übermorgen, wer weiß, bist du vielleicht schon mein Gast. Essen und Gemeinsinn kommen auf diese Weise zusammen. Nur das bedeutet Leben, und das Leben ist heute, und das Leben bedeutet Verausgabung. So lautet eine mongolische Redensart: »Biete alles auf, was du hast!« Und eine andere: »Das beste Essen für die Gäste, die besten Kleider für einen selbst.«

DER KULT UMS FLEISCH

Je länger Rindfleisch aufbewahrt wird, umso heilsamer wird es;
je länger Schaffleisch aufbewahrt wird, umso giftiger wird es.
VOLKSTÜMLICHE REDENSART

Die Mongolen sind Fleischesser, und das vornehmlich. So ist zumindest die gängige Auffassung. Fleisch gibt Kraft und ist unerlässlich, wenn man die harten Winter durchstehen will. Fett ist die Delikatesse schlechthin, und dasjenige vom Schafschwanz ist hoch geschätzte Feiertagsspeise. An Neujahr oder bei Hochzeiten ragt der Fettschwanz vom Schaf prächtig glänzend auf dem Fleischteller hervor. Und Säuglinge bekommen als Schnuller ein Stück Schafschwanzfett zum Nuckeln in den Mund gesteckt. Und noch früher war der Schafschwanz jenes Stück Fett, mit dem der Lieblingsenkel den Großvater oder die Großmutter erstickte, wenn die Zeit gekommen war, »ins Salz zu gehen«.

Ohne Fleisch sei ein Essen kein wirkliches Essen, so lautet die gängige Auffassung in der Mongolei, und besonders Männer halten dies für richtig und wahr. Auch im Ausland existiert dieses Bild von der Mongolei, es trifft allerdings nur bedingt zu. Die Tatsachen sprechen dagegen: Frisches Fleisch lässt sich im Sommer und im Herbst nicht lange aufbewahren. So ernährt man sich in der warmen Zeit vor allem von Milchspeisen, was jahreszeitlich bedingt auch der Gesundheit und dem Wohlbefinden dient. Erst wenn es kalt ist, im Winter und Frühjahr, isst man notwendigerweise Fleisch.

Fleisch wird gekocht, wenn mancherorts auch nur kurz. Dadurch will man im Fleisch die Nährstoffe, die das Tier mit dem Gras aufgenommen hat, erhalten. Denn im Blut des nicht ausgebluteten Fleisches befinden sich jene Spurenelemente, die den Nährwert erhöhen und mangels Gemüse und anderer bei uns üblicher Lebensmittel essentiell für die Gesundheit sind.

Fleisch – mongolisch *Mach* – wird nicht vom Knochen abgelöst, in großen Stücken gekocht oder geschnetzelt zu Suppe, in die zusätzlich Nudeln und Gemüse kommen können, verarbeitet. Das Fleisch wird in einer großen Schüssel aufgetragen, alle sitzen darum herum und bedienen sich daraus.

In der Regel wird Fleisch mit dem Messer gegessen, und nicht mit den Zähnen abgebissen. Große Fleischbrocken werden zum Mund geführt und an den Lippen entlang dünn abgeschnitten, sodass die Fleischscheibe in den Mund fällt. Das verlangt Geschicklichkeit im Umgang mit dem Messer.

Beim Schlachten der Haustiere gelten bestimmte Regeln. Es ist Männersache, bei der sich Frauen fernhalten, nicht einmal hinsehen. Das Töten von Tieren, auch wenn es merklich schnell geschieht, ist nach buddhistischer Auffassung eine Sünde. Deswegen gibt es wirksame Gebete und Vorkehrungen, die die Tat abmildern mögen.

Dennoch, die Menschen sind notwendigerweise Fleischesser, und Tiere, auch Beutetiere bei der Jagd zu töten, um zu essen, ist bei den Nomaden etwas Alltägliches. Die Kenntnisse der Anatomie, ihr medizinisches Wissen um Mensch und Tier rühren auch daher, dass die Nomaden ihre eigenen Tiere schlachten und danach ausweiden und zerlegen. Blut, Innereien, Fleisch und Knochen sind ihnen ein alltäglicher Anblick. Keiner ziert sich oder empfindet es als ekelig, die Innereien zu entnehmen, sobald ein Tier aufgeschnitten ist, Magen und Gedärme zu reinigen und entsprechend zum Kochen vorzubereiten. Besonders die Burschen halten gerne die Beine des Schlachttieres fest, wenn es aufgeschnitten wird, hocken bei allen Verrichtungen dabei, passen genau auf, helfen, lernen, was sie in Zukunft selbst zu wissen nötig haben werden.

Das Tier zu häuten, die Innereien herauszunehmen und das Blut zu sammeln, ist Aufgabe des Schlächters, und die Gedärme zu reinigen und die Innereien fürs Kochen vorzubereiten, ist Frauenarbeit.

Das Zerlegen der Tiere erfolgt nach Vorschrift und mit Bedacht. Ein Schaf wird in sieben gleichwertige Teile und den Kopf zerlegt. Der Kopf hat eine hochheilige Bedeutung; in ihm und dem Gehirn steckt der Geist des Tierwesens. Er wird geachteten Gästen vorgesetzt oder sonst in Ehren gehalten und ist den Geistern bestimmt.

Die sieben Fleischstücke mit dazugehörigen Knochen sind: die zwei Vorder- wie die zwei Hinterbeine, der Rücken mit Schlegel und Fettsteiß, das Bruststück und der Hals. Das Bruststück ist unzerteilbar, es dient als Hauptopfer für den Feuergeist. Alle anderen Stücke sind weiter zerlegbar, wobei die Knochen nicht gebrochen, sondern nur an den Gelenken gelöst werden dürfen. Der Rücken – mongolisch *Uuz* – steht für alle anderen Teile, für das ganze Tier, und ist gleich hoch geschätzt wie der Kopf, der bei Feierlichkeiten oben auf dem Teller zu liegen kommt.

Die Fleischgerichte, wobei Kopf, Innereien und die inneren Organe nicht als Fleisch zählen, werden hier nur in einer Auswahl vorgestellt. Zuvor aber noch eines: Fleisch wird unterschiedlich wertschätzt und in dreierlei Eigenschaften unterteilt: heiß, lauwarm und kalt. Diese Eigenschaften bedingen das nach der traditionellen mongolischen Medizin anzustrebende

Gleichgewicht von Wind, Galle und Schleim im Körper und entsprechen auch den vier Jahreszeiten.

Da ist erst einmal das Fleisch von »heißatmigen« Tieren (Pferd, Murmeltier, Hirsch, Fisch): Man isst dieses Fleisch, um einen Ausgleich an Schleim zu erzeugen, der Erde und Wasser als Grundelemente hat. Davon darf man als älterer Mensch und als Kind ohne Weiteres beliebig lange essen, wie übrigens auch vom Schaf, das »warmatmig« ist. Sein Fleisch mit den Grundelementen Erde und Feuer gleicht Schleim und Wind aus. »Kühlatmig« sind Rind, Ziege, Kamel und Schwein. Ihr Fleisch ist von kühler Eigenschaft, wirkt mit seinen Grundelementen von Wasser und Erde ausgleichend auf die Galle, die als Grundelement das Feuer hat. Als geringer erachtet, sollte es von alten Menschen und Kleinkindern nur hin und wieder gegessen werden, niemals tagtäglich, denn es entwässert den Körper stark.

Durch richtiges und maßvolles Essen von bestimmtem Fleisch zum richtigen Zeitpunkt werden die von Wind, Galle und Schleim erzeugten Krankheiten kuriert. Am beliebtesten ist Schaffleisch, das auch am meisten verzehrt wird. Seine Eigenschaften ergeben sich aus der feinen Maserung des Fleisches. Das richtige Verhältnis von Fleisch zu Fett sollte 5:1 betragen, und das wird bei einem dreijährigen Schaf erreicht. Schon deshalb wird dieses Fleisch bevorzugt, genauso wie seine Innereien, die so reich an Eiweiß und anderen Nährstoffen sind. Der Nährwert mongolischen Schaffleisches wird nicht ausschließlich durch den hohen Eiweißgehalt bestimmt, sondern auch durch die freien Aminosäuren im Eiweiß selbst. Es besitzt über 40 Prozent freie, nicht ersetzbare Aminosäuren, während kirgisisches nur knapp 30 Prozent, neuseeländisches dafür aber wieder knapp 40 Prozent erreicht.

Mongolisches Rindfleisch hat einen besonderen Geschmack und Geruch, denn es ist reich an Stickstoff und an Fett, das weniger Wasseranteil hat und sich deshalb langsamer auflöst. Darüber hat man im Fleisch viele Mineralien festgestellt, die im Fett eingeschlossen sind. Yakfleisch hat im Gegensatz zum kühlen Rindfleisch eine lauwarme Eigenschaft. Zum Trocknen eignet sich vor allem Rindfleisch, das sehr reich an nicht ersetzbaren Aminosäuren ist. So ergibt sich ein hervorragendes Trockenfleisch – *Borz* genannt –, es ist über sehr lange Zeit haltbar; da es zu zwei Fünftel aus nicht ersetzbaren Aminosäuren besteht, ist es sehr nahrhaft. Schon 50 Gramm getrocknetes Rindfleisch decken den Eiweißbedarf eines ganzen Tages.

Pferdefleisch wird auf dem Land vor allem im Winter gegessen, ist sehr reich an Eiweiß und anderen lebenswichtigen Aminosäuren. Es ist saftiger als anderes Fleisch, hat dafür einen geringeren Nährwert. Die westmongolischen Kasachen und Tuwa im Altai kennen *Kads:* Es handelt sich dabei um Pferdedünndarm mit gewürzten Pferderippen gefüllt und über

Pferdeäpfeln geräuchert. So wird *Kads* haltbar gemacht. Die Speise wird mit Kartoffeln gekocht und ergibt ein herrliches Wintergericht.

Ziegenfleisch eignet sich gut für die warme Jahreszeit, es ist leicht verdaulich und entzieht dem Körper Wasser. Mit Beginn des Sommers, verwendet man Ziegenfleisch mit Vorliebe, denn die Ziegen fressen vor allem das frische Grün und nehmen damit verschiedene wichtige Aktivstoffe zu sich. Ziegenfleisch enthält von allen Fleischsorten die meisten Minerale.

Kamelfleisch ist hell und dick grobfaserig. Es weist keinen ausgeprägten Geschmack und Geruch auf. Sein Fett ist gelblich und verharzt schneller als bei anderen Fleischsorten. Wenn Kamelfleisch in Salzwasser gekocht wird, ist es von Rindfleisch kaum zu unterscheiden. Chemisch ist es fast wie Rindfleisch zusammengesetzt, ist reich an Zucker, Kohlehydraten und Glykogenen. Das macht es leicht bekömmlich.

INNEREIEN
GEDES

Ein Schaf wird geschlachtet. Der Nomade geht gekonnt vor. Ein Schnitt auf der Brust, durch welchen der Schlächter zur Herzader gelangt. Die zerreißt er. Das Schaf röchelt. Wird sein Maul zusätzlich zugehalten, dann verendet es schneller. Manch einer sagt ein Mantra, denn ein Leben wird genommen. Das Tier wird ausgenommen, das Blut aus der Bauchhöhle in eine Schüssel geschöpft. Das Fleisch ist warm und weich. Die Innereien werden behutsam gesäubert, Darm und Magen entleert und ausgewaschen, die Galle entfernt. Blut wird in den gesäuberten Darm gegossen, und der wird mit Haaren vom Pferde- oder Yakschwanz umwickelt: Blutwurst entsteht. Zuvor aber wird das rasch eindickende Blut aufbereitet. Auf 2 Liter Blut kommen etwa 1 Tasse Wasser, eine dreiviertel Tasse Mehl, 1 klein gehackte Zwiebel, wenn zur Hand 1 Teelöffel Salz. Das Ganze wird von Hand gut vermengt und durchknetet, bis das Blut sämig ist.

Jetzt wird die Lunge von Hand ausgerissen und zusammen mit den anderen Innereien in einem großen Kessel mit Wasser aufs Feuer gestellt. Die Blutwurst kommt ebenfalls dazu. Wer Gemüse hat, fügt es im Ganzen gegen Ende der Garzeit bei, ebenso das Salz. Sind Gäste zu Besuch, kommen noch andere Fleischstücke in den Kessel. Blutwurst und Fettgewebe werden mit der Leber als Erstes gar, die restlichen Innereien folgen etwas später und werden nach dem Garwerden in eine große Schüssel gelegt.

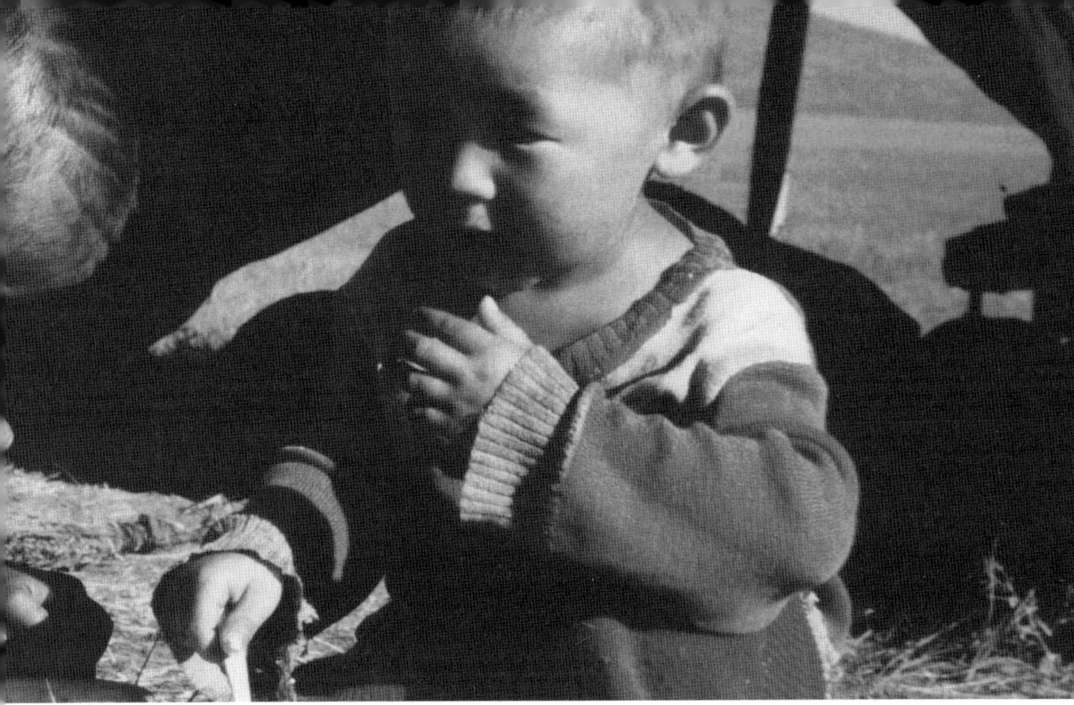

Davon wird nun dem Feuer dargebracht. Erst dann darf sich jeder aus der Schüssel bedienen. Ein Messer liegt bereit, damit schneidet man sich von der Leber zusammen mit dem Fettgewebe etwas ab, dann mundgerechte Stücke von der Lunge, den Nieren und der Blutwurst, dem Pansen und den Würsten (aus Darm mit klein geschnittenen Streifen von Zwerchfell, Blättermagen, Fettgewebe, Dünndarm) und dem Herzbeutel, gefüllt mit Dünnung (Bauchlappen), etwas herunter. Vom Herz essen Kinder gern. Auch wer keinen Appetit hat, sollte sich dennoch mindestens ein Stückchen Lunge und Blutwurst herunterschneiden. Das verlangt der gute Ton. Wenn man in Eile ist und eine Jurte besucht, in der gerade Innereien gekocht werden, sollte man trotzdem so lange bleiben, bis sie gar sind, um von der Blutwurst zu probieren. Man isst dazu geviertelte Wildzwiebeln, in der Westmongolei rote Altaizwiebeln, die besonders würzig schmecken. Abschließend wird von der noch warmen Brühe jedem eine Schale gereicht. Alle, die da sind, müssen davon kosten.

»Neue Suppe trinken«, so lautet die Aufforderung. Und sie geht nach altem Brauch auch an die benachbarte Jurte. Die Kinder laufen mit einer Schüssel davon hinüber. In die »neue Suppe« wurde von allen Innereien jeweils ein Stückchen hineingeschnitten. Daran hat sich bis heute kaum etwas geändert.

Innereien, die wir im Westen inzwischen kaum mehr zu uns nehmen, gelten unter den Nomaden als besonders stärkend: Die Leber steigert die Kraft, das Herz macht tapfer. Die Hoden, separat zubereitet, steigern die Potenz.

GEKOCHTES FLEISCH
TSCHANASAN MACH

Kommt die Zeit der Winterschlachtung – das ist im November – freuen sich alle auf Frischfleisch. Endlich, denn in den Sommermonaten gab es zumeist Trockenfleisch, und das wurde zu Suppe verkocht. Jetzt, in der kalten Jahreszeit bereiten die Nomaden viel Fleisch zu. Das gibt Kraft, wärmt. Das traditionelle Gericht ist rasch fertig und schmackhaft, da das Fleisch von auf der Steppe frei weidenden Tieren kommt, im Winter vom Yak oder Rind, vom Schaf, Kamel oder Pferd je nach Gegend. Im Freien aufbewahrtes tiefgefrorenes Fleisch kommt in traditionell zerteilten Stücken ins Wasser und wird gegart: Schulterblatt, Sattelstücke und Nierenstück, Hachse, Bruststück, einzelne Rippen; die Knochen bleiben dabei immer am Fleisch. Die Teile werden kalt aufgesetzt und auf kleinem Feuer lange gekocht. Beginnt das Wasser zu kochen, wird abgeschäumt. Nach der Hälfte der Garzeit wird gesalzen. Wer Kartoffeln, Karotten oder weiße Rüben hat, gibt sie jetzt in ganzen Stücken in den Topf.

Im Vergleich zu anderen Gegenden wird das Fleisch in der Westmongolei so weich gekocht, dass es sich leicht vom Knochen lösen lässt. Die fertig gekochten Fleischstücke und Gemüse werden in einer großen Schüssel aufgehäuft. Von der Brühe wird eine Schale abgeschöpft und danebengestellt. Dort hinein kommen fein gehackte Zwiebeln und reichlich Salz. In diese Zwiebelbrühe tunkt man das Fleisch. Nun darf mit den Händen zugelangt werden. Um mundgerechte Stücke abzuschneiden, nimmt man ein Messer zu Hilfe. Rippen werden mit den Zähnen abgenagt. Die Knochen werden oft in die Schüssel zurückgelegt. Beinknochen mit Mark werden mit der flachen Seite des Messers so lange rundum geschlagen, bis sie aufbrechen und das Mark heraus geschlürft werden kann. Eine Köstlichkeit! Die ist alten Menschen vorbehalten und wirkt vorbeugend gegen Gelenkschmerzen. Für Kinder ist das Knochenmark tabu. Die nicht mehr ganz heiße Fleischbrühe wird zum Schluss in einer Schale gereicht und schluckweise geschlürft – mancherorts mit einer Einschränkung: Wer jung ist, braucht keine Brühe zu trinken, die Alten aber genießen sie.

Beim Fleischessen gilt es vieles zu beachten. So werden die längsten Rippen immer dem Gast vorgesetzt. Das Schulterblatt– mongolisch *Dal* – ist herausragend. So schneidet der älteste Mann in der Runde als Erstes für sich selbst etwas von dem besonders schmackhaften Schulterknochenfleisch herunter, dann für alle anderen Anwesenden reihum – denn siebzig Menschen sollten sich daran laben. Und die Worte, die er dabei spricht, lauten in etwa:

»Lasst uns das Schulterblatt miteinander teilen, bis wir siebzig Jahre alt sind. Möge dein Pferd noch schneller rennen und dein Geist hell leuchten.«

Der Jüngere hat nicht vor dem Älteren zu essen, Frauen nicht vor Männern. Wer alles alleine aufisst, verhält sich unhöflich. Haben alle ihren Teil vom Schulterblatt erhalten, wird es, wie all die anderen Knochen auch, fein säuberlich von allen Fleischfasern befreit, bis es glänzt. So kann es verwahrt und später als Orakel über dem Feuer angebrannt und ausgedeutet werden. Wird das Schulterblatt nicht aufbewahrt, schnitzt man in seine Breitseite eine Kerbe, es ist somit versehrt und entkräftet. So ist es keine Schande, den Knochen fortzuwerfen.

Die Sprunggelenke vom Schaf – vier an der Zahl – werden beim Fleischessen liebevoll herausgebrochen und ebenfalls gesäubert. Das ist selbstverständlich. Keiner könnte damit achtlos umgehen, denn sie werden in jeder Jurte in einem Sack gesammelt. Ihre vorhandene Menge steht für den Tierreichtum der Familie. Und sie dienen als Kinder- und Erwachsenenspielzeug. Mit den vier Knöchelchen – Pferd, Kamel, Schaf und Ziege – kann man würfeln und orakeln.

Feste Regeln, die schier unübersichtlich sind, da von Gegend zu Gegend unterschiedlich, gelten beim Umgang mit Knochen. Abgesehen von den bereits genannten Knochen, einschließlich des abgenagten Schädels gewöhnlicher Tiere, wirft man sie fort oder verbrennt sie. Den gesäuberten, aber vor allem auch unvollständig abgenagten Beckenknochen fürchtet man. Durch das Loch in ihm können böse Geister eindringen und der Familie Schaden zufügen. Keinesfalls darf der über Nacht in der Jurte bleiben.

RÜCKEN VOM SCHAF MIT FETTSCHWANZ
UUZ

Uuz ist eine Festtagsspeise, die nur bei Hochzeiten, *Zagaan Sar* – dem mongolischen Neujahr – oder dem Haarschneidefest eines Kindes zubereitet wird. Es ist der Rücken vom Schaf mit dem dicken Fettschwanz, in dem sich bei gut genährten Tieren das vitaminhaltige Fett ansammelt. Dabei ist der Fettschwanz, der bei flüchtenden Schafen einer Herde so lustig auf- und niederwippt, das Kernstück. Der wird nach der Schlachtung, nachdem vom Rückenstück schon die Haut abgezogen wurde, mit einem Abflämmer von der Wolle befreit, bis der Steiß schön blank ist und glänzt. Rücken und Fettsteiß werden dann gegart. Dazu hängt man den Fleischteil in der Jurte in einen oben abgedeckten Holzzylinder, wie er auch zum Brennen von Milchbranntwein benutzt wird. Dieser Zylinder wird über einen Kessel mit Wasser gestellt. Darin gart nun der Schafrücken langsam über mehrere Stunden. Selbst Städter, die keinen Jurtenofen besitzen, suchen dafür das Jurtenviertel der Stadt auf und lassen ihren *Uuz* auf diese traditionelle Weise über Wasserdampf garen.

Beim feierlichen Auftischen von Fleisch sind die Regeln äußerst kompliziert und mongoleiweit nicht einheitlich. In die Schüssel auf dem Festtisch kommt unten das Bruststück, darüber der Rücken mit dem Fettschwanz, zu beiden Seiten die Schulterblätter und darauf der Kopf. Kopf, Schulterblatt und Rückenstück sind am hochrangigsten. Dem Kopf belässt man nur am Scheitel ein kleines Wolldreieck. Dafür gibt es keine eindeutige Erklärung. Möglicherweise aber handelt es sich um Reste eines alten Jägerbrauchs, wonach der Kopf der Beute immer dem Jäger zufiel, der das Tier getötet hatte.

»Nehmt euch vom Saft«, lautet die Aufforderung, und das heißt: Langt zu! Darauf schneidet man sich als Erstes eine hauchdünne Scheibe vom Fettschwanz ab und lässt sie sich von oben in den Mund fallen, dann kostet man von den Rücken- und den anderen Fleischstücken, je nach Belieben.

GEBUNDENER PANSEN
GUDSEEN ÜDMEG

Dieses Gericht gehört zu den geschlossen gekochten Zubereitungsarten in der Mongolei.

Für 4–6 Personen
1 Pansen vom Schaf (Blättermagen eignet sich auch)
800 g Fleisch vom Schaf, durchwachsen
3–4 Lorbeerblätter
1 kleine Zwiebel
Salz, Pfeffer
Gewürze nach Belieben
Brühwürfel für 2 l Wasser

Der Pansen oder Blättermagen muss gut gewässert und gewaschen werden. Fleisch hacken oder durch den Fleischwolf drehen und mit der gehackten Zwiebel vermengen, würzen, Lorbeerblätter dazugeben. Den Pansen mit der Füllung stopfen und mit dem Dünndarm oder einem Faden so zubinden, dass er nicht abgeschnürt wird und zerreißt. In einem ausreichend großen Topf in gesalzenem Wasser und unter Zugabe der Brühwürfel auf mittlerer Flamme 40 bis 50 Minuten kochen. Herausnehmen, aufschneiden und servieren.

Die Tatsache, dass es sich hier um eine geschlossene Zubereitung handelt und das Fleisch in der eigenen Flüssigkeit und im eigenen Fett gegart wird, ist bedeutsam. Der gebundene Pansen gilt als äußert vitaminreich und nahrhaft, er stärkt so den Körper und beruhigt die Seele.

HODEN VOM LAMM ODER ZICKLEIN
HURGAN DSASAATAI SCHÖL

Am 5. des ersten Sommermonats nach dem Mondkalender werden die Tiere kastriert. Hoden von Lamm und Zicklein werden gereinigt und kommen zusammen mit Wasser, etwas Milch, einigen Reiskörnern und einer halben Handvoll Hirse in ein hölzernes Gefäß. Danach werden die Hoden wieder herausgenommen. Das hat eine symbolische Bedeutung und kommt dem Einwickeln eines Säuglings gleich. Und es wirkt gleichsam wie eine Reinigung durch Milch, die mit ihrer weißen Farbe als das Reinste gilt, und durch Reis und Hirse, die aufgrund ihrer Beschaffenheit und der unzähligen Anzahl von Körnern für Reichtum und Vermehrung stehen.

FÜR 3 PERSONEN
Hoden vom Lamm oder Zicklein
½ Tasse Milch
150 g Reis
150 g Hirse
Salz und Pfeffer nach Geschmack

Die Hoden werden in leicht gesalzenem Wasser zusammen mit Reis und Hirse gekocht. Kurz vor dem Garwerden fügt man klein geschnittene und in Butterfett oder Öl gelb angebratene Zwiebelwürfel hinzu. Nach weiteren 10 Minuten ist die Suppe fertig.

Eine andere Zubereitungsart der Hoden ist, sie auf glühendem Kuhdung zu garen. Sie können aber auch wie *Buuds* (–> S. 131) gedämpft werden.

GEBRATENE LEBER
TSCHARSAN ELEG

Für 4 Personen
500 g Leber
100 g Hammelschwanzfett (ersatzweise Schweinefett)
Salz, Pfeffer und andere Gewürze nach Geschmack

Das Fett in feine dünne Scheibchen schneiden und in einer Pfanne anbraten. Daraufhin die ebenfalls dünn geschnittene Leber dazugeben, Zwiebeln dazu und mit Pfeffer, gegebenenfalls mit anderen Gewürzen und zuletzt mit Salz abschmecken.

Dazu Reis und grünen Salat oder einfach nur Weißbrot servieren.

Variante

Das Gericht kann auch mit klein geschnittenen rohen Kartoffeln serviert werden. Diese kommen, weil sie länger brauchen, als Erstes in die Pfanne und werden vorsichtig angebraten. Dazu kommt später die klein geschnittene Leber.

GEFÜLLTE LAMMKEULE
SCHANDSTAI HONINI GUJA

Dieses Gericht ist eine adaptierte Version von Lammbraten, der eigentlich im eigenen Fell in einer Feuergrube gebacken werden sollte.

Für ca. 8 Personen
1 Lammkeule, 1.800–2.500 g schwer
250 g Lammnieren
300 g Lammleber
2 Zwiebeln oder 1 Bund Lauchzwiebeln
1 kleine Ingwerwurzel
4 EL Sojasauce
3 EL Sherry
1 EL brauner Zucker oder Honig
Pfeffer
2 EL *Zulchir* (–> S. 172 f.), geröstet (ersatzweise Sesam)
4 EL gehackte Petersilie
150 g Reis, halb fertig gekocht

Fleisch behutsam vom Knochen trennen oder gleich beim Kauf vom Metzger auslösen lassen. Nieren und Leber waschen und zerkleinern. Zwiebeln würfeln und in eine große Schüssel geben. Ingwer reiben und mit Sojasauce, Sherry, Pfeffer und Zucker oder Honig vermischen. Die Hälfte davon mit Leber, Nieren, *Zulchir* und dem Reis vermengen und eine Stunde ziehen lassen. Mit der anderen Hälfte der Sauce die Keule einreiben und ebenfalls ziehen lassen. Schließlich die Keule mit der Füllung stopfen, zunähen, das Fleisch mit Aluminiumfolie umwickeln und in einer feuerfesten großen Form in den gut vorgeheizten Ofen schieben. Auf mittlerer Schiene bei ca. 180 °C etwa eine Stunde backen. Dann bei verminderter Hitze eine weitere Stunde backen. Folie öffnen, mit Petersilie bestreuen und bei erhöhter Hitze braun werden lassen.

Zubereitung im Freien: Eine Grube im Erdreich ausheben, darin ein Holzfeuer entfachen und große Kiesel erhitzen. Wenn die Holzscheite verbrannt sind, die Keule in Folie, umgeben von den heißen Steinen und mit Erde abgedeckt, backen. Das Ergebnis kommt dem Original näher.

GEFÜLLTER LAMMRIPPENBRATEN
HATSCHIRTAI SCHARSAN HAVIRGA

Dieses Gericht wird erst seit höchstens zwei Generationen in der Stadt zubereitet.

Für 4–6 Personen
Lammrippenstück
150 g Klebreis, Wildreis oder Hirse
2 kleine Zwiebeln oder Lauchzwiebeln
500 g Gemüse nach Wahl, vorzugsweise Karotten, weiße Rüben, Kürbis, Weißkohl
Salz, Pfeffer
andere Gewürze, die zum Lamm passen, nach Geschmack
frische Petersilie
1 EL Öl

Das Fleisch so lange in Salzwasser kochen, bis kein Saft mehr entweicht, wenn es mit der Gabel eingestochen wird. Herausnehmen und hinter den Rippen das Stück so einschneiden, dass sich eine Tasche ergibt. Dort hinein kommt die Füllung: das zuvor klein geschnittene Gemüse, einschließlich Zwiebeln und Gewürzen. Die Fleischtasche mit einem Baumwollfaden zunähen.

Dann den Braten in einem offenen Bräter in den auf 200 °C vorgeheizten Backofen stellen. Zwischendurch mit Fett begießen, bis das Fleisch gleichmäßig braun ist. Oder aber in Aluminiumfolie einwickeln, so hält sich der Saft. Etwa 1 Stunde lang braten.

Aufgeschnitten servieren und dazu Reis oder Kartoffeln reichen.

RINDERSÜLZE
ZARZAAMAG

Obgleich eine Delikatesse, findet sich dieses alte Gericht nur noch selten, bestenfalls noch zum mongolischen Neujahr – dem weißen Mondfest von *Zagaan Sar*. Es bedarf langer und behutsamer Vorbereitung.

Für 10 Personen
4 Rinderfüße
2–3 TL Salz
2 Zwiebeln oder 1 Bund Frühlingszwiebeln
4–5 Lorbeerblätter
Pfefferkörner
Kümmel, gemahlen
2 Karotten
2 gelbe Rüben
frische Petersilie

Rinderfüße mit einem Eisen, das im Feuer zum Weißglühen gebracht wird, abbrennen und so vom Fell befreien. Die schwarze Kruste abwaschen und zuletzt abreiben, bis die Beine glänzen. Die Hufe lassen sich unter Hitze leicht entfernen.

Die Beine in ausreichend leicht gesalzenem Wasser aufsetzen, Lorbeer und Pfefferkörner hineingeben. Lange (mindestens 3 Stunden!) auf kleiner Flamme köcheln lassen. Schließlich lösen sich Beinhaut und Fleisch von selbst vom Knochen. Knochen herausnehmen und den Rest noch etwa eine Stunde weiterköcheln lassen.

Zuletzt das Fleisch durch einen Fleischwolf drehen und mit dem gewürfelten Gemüse und dem Kümmel eine weitere Stunde köcheln lassen, bis eine dickflüssige Masse entsteht. In eine oder mehrere Formen gießen und erkalten lassen. Die Sülze geschnitten mit frischer Petersilie bestreut servieren.

Man kann die Sülze mit Brot und Butter essen, zu Bratkartoffeln oder als Vorspeise. Grüner Salat eignet sich als Beilage.

ZIEGE IN DER MILCHKANNE
HORHOG

Horhog ist ein typisches mongolisches Gericht, das der nomadischen Lebensweise entstammt. Es ist vor allem ein Gericht für die Sommerzeit und lässt alle Herzen aufgehen, denn es ist Anlass für fröhliches Beisammensein im Freien bzw. »in den Winden«, wie die Mongolen sagen.

Fleisch einer ganzen Ziege oder eines ganzen Schafes in nicht zu großen Stücken mit Knochen (es darf aber auch weniger sein, je nach Anzahl der Esser)
Kartoffeln, Karotten, weißen Rüben, Zwiebeln (Menge nach Belieben, ursprünglich wurde nur Fleisch verwendet)
bis zu 20 glatte, runde Flusskiesel, nicht größer als eine Faust
Feuerholz
gut verschließbares, ensprechend großes feuerfestes Gefäß aus Metall (metallene 10- oder 20-Liter-Milchkanne mit Deckel)
Gewürze wie für Pot-au-feu
Lorbeer, Kümmel
Salz, Pfeffer

Steine im Feuer erhitzen, bis sie fast glühen, was gut eine Stunde dauern kann. Die Steine vorsichtig aus dem Feuer nehmen und abwechselnd mit den Fleischstücken, den ganzen Kartoffeln und Gemüsen, Salz, Pfeffer, Kümmel, Lorbeerblättern und Gewürzen, die man auch einem Pot-au-feu beigibt, in die Kanne geben. Das Fleisch zischt, sobald es mit den glühend heißen Steinen in Berührung kommt. Zuletzt wird das Gefäß verschlossen und zusätzlich noch von außen erhitzt, am besten jedoch ins Feuer gestellt, wenn es das Gefäß verträgt, obwohl die Hitze, welche die Steine abgeben, manchmal schon zum Garen des Inhalts ausreicht.

Vorsicht: Im Inneren des Gefäßes bildet sich Druck, der allerdings nicht wie bei einem Dampfkochtopf zu hoch werden darf. Idealerweise sollte das Gefäß zwischendurch nicht mehr geöffnet werden. Deshalb lieber anfangs mit einer kleinen Menge Fleisch und mehreren Kieselsteinen den richtigen Zeitpunkt abpassen. Es zischt und kocht im Inneren, und das ist außen gut zu hören.

Ich habe auch schon erlebt, dass über die Kannenöffnung der Pansen des frisch geschlachteten Tieres gezogen wurde, der mit dem Deckel zusätzlich abgedeckt wurde, um einen geeigneten durchlässigen und drucknachgiebigen Verschluss zu schaffen.

Während der Zubereitung von *Horhog* wurde mir auch schon empfohlen, mich gegen Verkühlung von unten und Nierenschmerzen so lange oben auf die geschlossene Milchkanne zu setzen, bis das Fleisch gar ist. Die mollige, natürlich erzeugte Wärme tut wohl und belebt den Körper.

Heilsam sind vor allem die heißen, vor Fett glänzenden Steine, die, sobald die Kanne geöffnet wird, mit dem Fleisch herausgenommen werden und reihum jedem einzelnen gereicht werden. Dann heißt es: Schnell und geschickt den dampfenden Stein von der einen in die andere Hand zu wechseln, ohne sich dabei zu verbrennen. Notfalls etwas abkühlen lassen, aber je heißer umso wirksamer gegen Müdigkeit und andere Wehwehchen, heißt es. Denn die Handflächen vergleichbar den Fußsohlen bergen die Punkte, die bestimmten inneren Organen entsprechen und somit aktiviert werden.

Die fertigen Fleischstücke kommen mit dem Gemüse auf einen großen Teller und werden gewöhnlich mit den Händen gegessen und vom Knochen abgenagt. Doch darf man auch das Messer zur Hilfe nehmen.

Natürlich kann der Fleischanteil zugunsten des Gemüses verringert werden. Ein Schnaps im Anschluss tut in jedem Fall gut, meist ist es Wodka, der in der Mongolei aus Weizen gebrannt wird.

EINATMEN VON **HORHOG**

Essen einschließlich Behandlung bei Erkältung und starkem Husten. Diesen *Horhog* habe ich selbst erfahren und kann die beruhigende Wirkung auf Leib und Seele bestätigen.

Für 1 Person
300 g Lammfleisch mit Knochen, in kleine Stücke geschnitten
Pfeffer
Salz
½ l Wasser
10 Kieselsteine

Eine metallene Schüssel bereitstellen. Im Feuer (in der Mongolei aus Kuhdung) die Kieselsteine erhitzen. Das Fleisch, in Stücke geschnitten, bereithalten. Abwechselnd erhitzte Steine und Fleisch in die Schüssel geben und den Kranken, mit einer Decke abgedeckt, die aufsteigenden Dämpfe einatmen lassen. Wasser kellenweise aufgießen, dies im Wechsel mit den Steinen und den Fleischstücken. Nach 15 bis 20 Minuten Salz und Pfeffer hinzugeben, die Schüssel gut verschließen und in Dampf weitere 20 Minuten garen lassen.

Die Heilbehandlung besteht im Einatmen der aufsteigenden Dämpfe und im Essen der fertigen Suppe. Den Kranken anschließend gut warm einwickeln und schlafen legen.

LAMMKOPF UND -FÜSSE IM PANSEN
TOLGOI SCHIIRNII HORHOG

Horhog ist ein mit Hilfe von heißen Steinen gegartes Fleischgericht, dem natürlich, wie in neuester Zeit üblich, auch Gemüse beigegeben werden kann. *Horhogloch* bedeutet, Fleisch mit Hilfe von heißen Steinen zu garen. Es ist ein lautmalerisches Wort, welches das Blubbern und Gluckern beim Kochvorgang mit den Steinen nachahmt.

1 Lammkopf
4 Lammfüße
Lammpansen, gut gewaschen
4–6 Zwiebeln oder 1 großer Bund Lauchzwiebeln
1 Karotte
4–6 Lorbeerblätter
Pfeffer nach Geschmack, eventuell auch ganze Pfefferkörner
1 Tasse *Höz* (–> S. 179) oder Hirse
2–3 TL Salz nach Geschmack
½ Bund Petersilie oder frischen Koriander je nach Geschmack
bis zu 10 faustgroße Flusskiesel

In der Mongolei werden alle Teile der Schlachttiere verwendet, auch der Kopf und die Füße. Sie werden beim Schlachten beiseitegelegt und einige Tage aufbewahrt, ehe sie zubereitet werden.

Den Kopf und die Füße mit einem Eisen, das im Feuer zur Weißglut gebracht wird, abbrennen und auf diese Weise vom Fell befreien. Dann den Kopf und die Füße äußerst gründlich waschen und zuletzt so lange abreiben, bis die Haut goldgelb glänzt. Wer dies nicht beachtet, wird später die sehr nahrhafte Brühe nicht trinken können.

Den Kopf durch das Maul mit Zwiebeln oder Lauchzwiebeln stopfen. Dann den ganzen Kopf und auch den Kiefer, der aus Platzgründen abgelöst werden kann, zusammen mit den Füßen, der Karotte, den Lorbeerblättern, Pfeffer, *Höz* und Salz in den Pansen füllen. Zuletzt die Kieselsteine hineingeben, die zuvor im Feuer zum Glühen gebracht wurden. Ein wenig Wasser zugeben und den Pansen am besten mit einer Sehne oder ersatzweise mit einem festen Baumwollfaden zubinden. Ist kein Pansen vorhanden, können Kopf, Kiefer und Füße in einem mit ausreichend Wasser gefüllten Topf (Druckkochtopf) gekocht werden. Dabei den Deckel gut verschlossen halten.

Der gefüllte Pansen sollte mit ausreichend Wasser in einem gut verschließbaren Topf lange (mindestens eine Stunde, besser länger) gekocht werden.

Den Pansen vorsichtig öffnen, Kopf und Füße herausnehmen und servieren. Mit dem Messer wird das Fleisch von den Knochen abgelöst und von Hand gegessen. Das Hirn aus dem Schädel nehmen und eventuell nachwürzen. Pansen in grobe Streifen schneiden. Entweder gleich servieren oder später zu Streifen schneiden und zu Kuttelsalat verarbeiten. Die Brühe in Schalen servieren und gegebenenfalls ebenfalls nachsalzen, mit frischer Petersilie oder Koriander bestreuen. Dieses Gericht gilt als sehr nahrhaft und wirke Wunder bei Müdigkeit, so behaupten die Nomaden.

Beigaben von Gemüse wie Karotten, Rüben und Kohl, die nicht so schnell weich werden, sind möglich. Verkochen sie, werden sie allerdings breiig.

MURMELTIER ODER ZIEGE, IM EIGENEN BALG GEGART
BOODOG

Boodog ist ein Rezept aus alten Tagen. Alles, was man dafür braucht, findet sich dort, wo auch gejagt wird: in freier Natur. Gerätschaften außer einem scharfen Messer zur Zubereitung braucht es nicht.

1 ganzes Murmeltier oder 1 ganze Ziege
1 Bund Lauchzwiebeln oder 2–3 Zwiebeln, fein gehackt
Salz und Pfeffer
10–15 glatte runde Flusssteine, die für das Murmeltier kleiner als für die Ziege sein müssen (solche Flusskiesel sind ein Muss, denn sie zerplatzen nicht im Feuer)
Feuerholz (in der Mongolei getrockneter Dung von Tieren, der als sehr rein gilt)

Ein erlegtes Murmeltier oder eine geschlachtete Ziege am Kopf aufhängen, am Hals aufschneiden und ausnehmen, wobei die Haut des Tieres zusammen mit dem äußeren Fleisch vom Knochengerüst abgezogen wird. Vorsicht ist geboten, damit die Haut ganz bleibt und nicht verletzt wird. Beine am Kniegelenk brechen und nur die Hachsen herauslösen. Es bleibt ein Sack aus Haut mit Fleisch, der zuletzt wieder zurückgestülpt wird. Das Fleisch wird, ohne es vom Knochen abzulösen, in kleine Stücke zerlegt.

Zwischenzeitlich die Flusssteine im Feuer erhitzen, bis sie glühen.

Den Balg nun abwechselnd mit den Fleischstücken – beim Murmeltier auch mit Leber und Nieren –, den heißen Steinen, den zerkleinerten Zwiebeln füllen, innen salzen und pfeffern. Anschließend den Balg oben am Hals mit einem Draht verschließen.

Zusätzlich zu den Steinen, die den gefüllten Balg von innen heraus garen, wird der *Boodog* von außen stark erhitzt. Meistens benutzt man heutzutage einen Schweißbrenner, mit dessen starker Flamme man auch das Fell leicht abbrennen kann. Früher wurde der Balg ausschließlich über offenem Feuer erhitzt. Vorsicht ist auf jeden Fall geboten: Wird der Druck im Inneren zu stark, mehrmals vorsichtig in den Balg stechen, sodass Flüssigkeit entweichen kann und der *Boodog* nicht platzt. Sobald das innere Fett durch die Haut auszutreten beginnt und der Balg schwarz glänzt, ist das Fleisch gar. Den *Boodog* am Bauch behutsam aufschneiden, damit es nicht spritzt.

Zuerst die Kiesel entfernen. Besonders wenn sie mit Murmeltierfett bedeckt sind, gelten sie als Medizin und werden reihum an alle Anwesenden verteilt, noch ehe das Essen beginnt. Und so sitzt ein jeder und balanciert, meist unter Gelächter und Gicksen, seinen heißen, fettigen Stein von einer Hand zu anderen, um sich nicht daran zu verbrennen. Man sagt, das sei gesund und vertreibe die Müdigkeit. Anschließend werden die Fleischstücke direkt aus dem Bauch des Tieres heraus mit der Hand gegessen.

Murmeltiere sind unter Mongolen die beliebteste Jagdbeute. Leider wurden sie in den letzten Jahren der Felle wegen überjagt, sodass bis auf Weiteres ein landesweites Jagdverbot erlassen wurde. Verstöße dagegen werden hart geahndet und führen meist zur Beschlagnahme des Gewehrs und zu hohen Geldstrafen.

Murmeltier-*Boodog* gilt als Delikatesse. Murmeltierfleisch wird aber auch in Wasser gekocht. Eine Schale dieses Kochwassers wird, zuvor reichlich gesalzen und mit klein gehackten Wildzwiebeln versehen, separat zum Fleisch serviert. Darin wird das Fleisch vor dem Essen eingetunkt.

LEBER ÜBER DEM FEUER
SCHARSAN SORS

Ein echtes Nomadengericht, das alle erfreut und fast jedem Mongolen das Wasser im Mund zusammenlaufen lässt.

Pro Person
150–250 g Leber vom Lamm oder einem anderen Tier
Lammnetz (ersatzweise Speck)
Salz nach Geschmack

Feuer von Kuhdung oder Pferdeäpfeln eignet sich am besten. Ersatzweise ein Holzfeuer entfachen. Wenn es schon etwas heruntergebrannt ist, die 5 cm langen Leberstücke mit Speck – in der Mongolei ist es das Darmfettgewebe (also ein Lammnetz) – umwickeln, aufspießen und über das nicht mehr so hoch brennende offene Feuer bzw. über die Glut halten. Ist das Fett schön braun und krustig, ist auch die Leber gar. Eventuell nachwürzen. In der Mongolei ist das nicht nötig, da alles Fleisch wegen des freien Weidegangs der Tiere einen guten Eigengeschmack hat, der Gewürze weitestgehend überflüssig macht.

Die Leber wird vom Spieß weg mit den Händen gegessen.

Diese Zubereitungsart ist bekömmlich, gut für die Verdauung und beruhigt die Seele.

FLEISCH ZWISCHEN HEISSEN STEINEN
HAWTSCHAAHAI

Diese Zubereitungsart ist eine der ursprünglichsten und eignet sich zum Kochen im Freien bei jeder Witterung.

Pro Person
200–250 g dünne Scheiben zartes Fleisch, vom Schaf oder anderen Tieren
Salz, Pfeffer
Gewürze nach Geschmack (Muskatnuss, Majoran, Thymian, Rosmarin, Pfeffer)
2 große flache Steine, die in der Hitze nicht zerspringen

Die Steine im Feuer erhitzen. Wenn das Feuer niedergebrannt ist und sich ausreichend Glut gebildet hat, einen Stein auf die Glut schieben, das Fleisch darauflegen und mit dem anderen Stein abdecken. Von allen Seiten Glut aufhäufen und das Fleisch garen lassen.

Meistens wird in der Mongolei mit Dung gefeuert, der überall auf der Steppe zu finden ist. Natürlich tut es auch ein Holzfeuer.

MARINIERTE RINDFLEISCHSTREIFEN
AMTALDSCH SCHARSAN NARIIN MACH

Dieses Rezept stammt aus einem Kochbuch über die Küche der Vereinten Nationen (UNO) aus den 1960er Jahren und hat Anklänge an die koreanische Küche.

Für 6 Personen
1 kg Rindfleisch
½ Tasse Sojasauce
3 EL Zucker oder die entsprechende Menge Honig
2 zerdrückte Knoblauchzehen
2 Schalotten oder Lauchzwiebeln, fein gehackt
Pfeffer

Aus Sojasauce, Zucker oder Honig, Knoblauch, fein gehackten Schalotten und Pfeffer eine Marinade herstellen. In eine flache Schüssel gießen und das in feine, lange Streifen geschnittene Fleisch hineinlegen. Mindestens eine Stunde marinieren und öfter wenden.

Dann die Streifen auf dem Rost oder über offenem Feuer braten, nach Belieben wenige Minuten von jeder Seite. Die übrige Marinade erhitzen und als Sauce über die Fleischstreifen gießen.

Variante

Fein gemahlene geröstete Sesamsamen über das Fleisch streuen. Zusätzlich auch frisch gehackte Petersilie oder Koriander, der seit neustem in die mongolische Küche Eingang gefunden hat.

Amtaldsch Scharsan Nariin Mach ist als Vorspeise geeignet, kann aber auch als vollwertige Mahlzeit zu Reis gereicht werden. Als Beilage eignen sich auch *Mantuu* (–> S. 137).

DIE SCHWER ZU FANGENDE GELBE KAMELSTUTE

Die beiden kahlköpfigen Helden, der Khan Kharangui und sein jüngerer Bruder Uladai Mergen, hatten das fünfzehnköpfige Ungeheuer Atgar Khar vernichtet und machten sich auf den Weg zu den Weideplätzen des weißhaarigen Alten Agi Bural Khan, der seine zehntausend Kamele hütete. Dabei nahmen sie sich vor, nicht so wild und rüde aufzutreten, auch wenn ihr Aussehen anderes vermuten ließ. Grauer Rotz quoll ihnen aus den Nasen, und die schwarzen und grauen Filze, die sie um Beine und Fersen gewickelt trugen, schleiften sie hinter sich her, während sie ihre Füllen laut antrieben und beim miteinander Lachen ihre schaufelgroßen weißen Zähne zeigten. Kaum trafen sie auf den Alten, trugen sie ihm vor, wie sie seit drei Jahren schon auf der Suche nach ihren drei Kamelen seien und nun hierhergekommen seien. Worauf jener sprach:

»Diejenigen, die in fremden Ländern suchen,
Werden wohl Speise und Trank brauchen!
Kommt zu uns und trinkt Tee!
Ich aber werde meine Kamele sammeln und bald zurückkommen!
…
Als die beiden Kahlköpfigen in eine riesige schwarze Hütte hineingingen,
Die so groß wie eine Steppe war,
Als dort die Frau des weißhaarigen Alten saß
Und die beiden unbeachtet ließ
Und gar nicht daran dachte,
Daß in ihre Nähe menschliche Wesen gekommen waren,
sprach der beste der Männer, Khan Kharangui:
»Ich habe den weißhaarigen Alten,
Den Hirten der zehntausend weißen Kamele getroffen,
Mich mit ihm unterhalten und bin jetzt hierher gekommen.
Er hat mir gesagt, ich solle zu ihm gehen
Und Tee trinken!«
Als er so gesprochen hatte,
Stand die Alte wohl oder übel auf,
Suchte unter ihrem Schrank nach,
Holte eine schmutzige Schale heraus, deren Ränder beschädigt waren,
In die sie Wasser einzugießen pflegte, wenn sie sich kämmte,
Goß Tee ein und reichte sie ihm, wie erzählt wird.
Der beste der Männer, Khan Kharangui,
Streckte seine Handflächen entgegen,
Nahm die Schale und sprach:
»Der Mund des Khans
Und der Mund des einfachen Menschen
Pflegen nicht verschieden zu sein!«
Mit diesen Worten warf er die schwarze Bernsteinschale,
So daß sie entzweiging und zu Scherben wurde,
Und sprach: »Wenn du nicht gibst,
Nachdem man dir von allem erzählt hat,
So werde ich einmal
Mit meiner bloßen schlimmen Gewalt
Und mit bloßem Muskelfleisch
Vorzudringen versuchen,
Den Milchwein und den Milchschnaps
Der zehntausend weißen Kamele bis zum Ende ausschöpfen,
Den Schlauch gegen den Türrahmen schmeißen
Und euch ohne Hefe lassen, mit der ihr neuen Milchwein machten könnt!«

Mit diesen Worten sprang er auf,
Drehte die Ringe für das Hängeschloß an der großen schwarzen Kiste
Des Alten ab, nahm die dem Meer gleiche, weiße Porzellantasse
Heraus, aus der Agi Bural Khan
Milchschnaps und Milchwein zu trinken pflegte,
Wenn er auf die Treib- und Vogeljagd ging,
Und die siebzig Mann nicht zu tragen vermochten,
Und als er sie seinem jüngeren Bruder
Fünfzehnmal voll eingeschenkt
Und selbst ebenfalls fünfzehnmal aus ihr getrunken hatte,
Da waren, wie man sagt, der Milchwein und der Milchschnaps zu Ende gegangen.
Er faltete die Schläuche und Gefäße zusammen
Und schmiß sie gegen die Tür.
Der weißhaarige greise Hirt
Der zehntausend weißen Kamele
Hatte inzwischen seine zehntausend weißen Kamele gesammelt
Und kam schreiend und pfeifend an.
»Gut, meine Kinder!
Die Sonne neigt sich.
Wenn ihr gehen müßt, so geht lieber recht früh!
Wenn ihr aber jetzt nicht geht,
So bindet eure erbärmlichen Fohlen an!
Die letzten Reste des Proviants sind zu Ende,
Und die neue Lieferung desselben ist noch nicht gekommen.
Es gibt eine schwer zu fangende gelbe Kamelstute,
Die viele Jahre hindurch gelt ist
Und hinter der unser Khan in drei Jahren
Dreihundertundneunundneunzigmal herjagte und sie nicht fangen konnte,
Die über siebzig liegende Kamele
Wie ein Windstoß hinwegspringt
Und die über achtzig stehende Kamele
Hinwegspringt, ohne sich zu bücken.
Wenn eure Kraft ausreicht, so schlachtet sie und eßt sie auf!
Wenn ihr es aber nicht könnt,
So müßt ihr mit leerem Magen schlafen gehen!«
Als er so gesprochen hatte,
Riß der kleine kahlköpfige Bruder
Einen riesigen Steinblock aus dem Boden,
Der außerhalb der Jurte lag,
Ließ den weißhaarigen Alten
Ihm die schwer zu fangende gelbe Kamelstute zeigen,

Schlug sie nur einmal mit dem riesigen Steinblock
Auf den Kopf,
Schlug ihr die Lebensader entzwei,
Zog ihr die Haut ab
Und kam, wie man sagt,
Mit dem Fleisch in einer Hand
Und mit der Haut in der anderen.
»Alte Frau, weißhaarige ältere Schwester!
Stell schnellstens den Kessel auf
Und gieß Wasser hinein!«
So sprach der kleine Kahlkopf, sie aber füllte sofort
Den Kessel mit Kamelfeisch, und während das Essen kochte,
Gerbte der Kahlköpfige die Haut im Saft
Und gab sie dem weißhaarigen Alten,
Worauf auch das kochende Fleisch gar wurde.
Er gab der Alten und der Greisin
Das Brustbein und das Kreuz der Kamelstute,
Und die beiden Kahlköpfigen, der große und der kleine,
Holten das Fleisch der Kamelstute aus dem Kessel heraus,
Und während sie es aßen, verzehrten sie alles,
Zerschlugen die Markknochen und verzehrten das Mark,
Warfen die Knochen weit fort,
Und als der weißhaarige Alte
Sich freute, daß er satt geworden war, sprach er:
»Ihr seid Sucher und Forscher,
Die ihr aus fernen Ländern kommt,
Ihr werdet wohl müde und entkräftigt sein!«
Mit diesen Worten machte er ihnen ein Lager und Kissen zurecht
Und sprach: »Legt euch schlafen!«

Aus: »Wie der beste der Männer, König Finster (Khan Kharangui), um die schöne Toli Go Dagina warb«. Mongolisches Epos. Übers. von Nikolaus Poppe

FLEISCH UND DIE FESTEN REGELN IM UMGANG MIT KNOCHEN

So gesehen haben sie einen feinen, bis zu einem Kult ausgeprägten Sinn für die Knochen von Tieren. Der Schädel spielt da die zentrale Rolle. Von Pferden darf man den Schädel niemals liegen lassen, die werden unversehrt ausgekocht, von Fleischresten befreit und dann auf die höchste Stelle getragen, auf einen hohen Felsen. Oft ist das ein *owoo*. Von besonders guten Pferden bringt man die Schädel dorthin, und wenn irgendwo ein Schädel heruntergefallen ist vom Felsen oder *owoo*, egal ob dieser Schädel einem bekannt ist oder unbekannt, trägt man ihn wieder hoch. Das gehört sich einfach so. Von Kleintieren, von Schafen und Ziegen, wird der Schädel auch verwendet. Der Ziegenschädel wird geviertelt. Der Schafschädel wird zweigeteilt, das ist wegen des Gehirns, das wird von alten Leuten gegessen. Kinder essen nie Hirn. Dann wird der Kopfknochen niemals Hunden vorgeworfen. Er wird auch auf hohe Stellen gelegt oder verbrannt.

Der oberste Halswirbel, *adyr molduruk*, ist der Knochen, der unmittelbar unter dem Kopf sitzt, wird angesehen als Sitz des Viehreichtums. Dieses Wirbelstück darfst du keinem Fremden vorsetzen. Das ist etwas, was der Familienvater essen muß. Wenn er nicht da ist, der älteste Sohn, wenn der nicht da ist, der zweitälteste. Der Knochen kommt dann ins Feuer, darf niemals liegengelassen werden. Wenn dennoch draußen so ein Knochen liegt, dann trägt man ihn in die Jurte und übergibt ihn dem Feuer.

Das Bruststück ist generell etwas für Schwiegertöchter. Wenn im Ail eine ist, selbst eine im weitesten Sinne, dann darf diese immer mit Bruststücken rechnen. Das Bruststück schmeckt gut für unser Empfinden, weil es fett ist. Und eine Fett essende Schwiegertochter ist in jeder Hinsicht in Ordnung. Denn auch Tuwa-Frauen essen Fett nicht besonders gern, im Vergleich zu Männern zumindest. Das Bruststück hat so ein Fett, das gar nicht nach Fett schmeckt, es sieht zwar danach aus, aber im Geschmack ist es fast wie Schweinespeck. Man ißt das Fleisch, das Fett, und dann ißt man darauf den Knochen mit, der ja eher Knorpel ist. Wenn du das abbeißt und zerkaust, merkst du die Flüssigkeit da drinnen, die sehr gut schmeckt, wie eine Art fettige Brühe. Die kannst du aussaugen, und wenn etwas Knochiges bleibt, brauchst du das nicht runterzuschlucken, das kannst du dann wieder ausspucken.

Die oberste und kürzeste Rippe heißt *gösüreegi*. Mit dem Wort *gösür* meint man etwas in der Steppe Verbliebenes, etwas Verblichenes. Verblichene Rippe also. Etwas nicht besonders Angenehmes, Ansehnliches einerseits, und anderseits gerade dadurch etwas Gutes. Es ist eine nomadische Vorstellung, daß das Gute, der gute Geist, immer in einem nicht besonders ansehnlichen Körper wohnen muß. So erwartet man ja die Wiedergeburt von großen Geistern immer in den ärmsten Jurten, bei den ärmsten und unansehnlichsten Frauen. So ist es auch bei der Jagd. Bei Murmeltieren gibt es Mißbildungen von Zähnen, diese sind so lang gewachsen, das sie ein richtiges Fressen unmöglich machen, denn es sind mitunter wie bei einem Schwein oder bei einem Elefanten zwei lange Stoßzähne. Und manchmal sind die Zähne so nach außen gebogen, daß sie wieder in die Oberlippe hineinwachsen. Diese Tiere sind klein und mager. Und wenn man eines schießt, dann sei dies ein Vorzeichen dafür, daß man reichliche Jagdbeute haben werde. Darum wahrscheinlich diese kurze Rippe, die auch als heilige Rippe gilt. Auch die darf man keinem Gast vorsetzen, und der Knochen darf nicht in der Steppe liegen bleiben. Also schön sauber mit einem Messer abschaben, ja nicht mit den Zähnen abknabbern und dann ins Feuer werfen. Und Vorsicht, einem Hund darf man diesen Knochen nie geben.

Zu den heiligen Knochen gehört unbedingt das Schulterblatt. Auf ihm gibt es Weideflächen oder Liegeplätze von allen Herden: die ganz große Fläche hinten, das ist der Weidegrund der Schafe, oberhalb ist jener der Pferde, an der Seite der von Yaks, und dann die Viehwege, die da langlaufen, die verschiedenen Vertiefungen und Kanten, das sind ja alles Wege, und oben der Kelch, das ist der Kessel. Und wer so ein Schulterblatt in die Hand nimmt, muß die Eßregeln sehr genau befolgen. Ein Kind darf nie vom Schulterblatt essen, das ist etwas für erwachsene, ehrwürdige Menschen, entweder für einen Gast oder den Vater oder die Mutter, aber niemals für ein Kind. Wenn dieser Gast oder der Vater oder die Mutter eines ißt, darf er oder sie es nie allein essen. Das ganz zarte rosa Fleisch hinten, das wird unter allen, die in der Jurte sind, verteilt und dafür in Scheiben geschnitten. So erwartet man von einem, der ein Schulterblatt ißt, daß er jedem einen Teil abschneidet. Der Knochen wird besonders sorgfältig gesäubert und kommt, wenn er aufgehoben wird, unter die Dachstreben der Jurte.

Erstens wird damit orakelt. Dazu kommt der Knochen ins brennende Feuer, und nach einer Weile, wenn er anbrennt, zeigen sich Sprünge auf der dünnen Stelle, die wir Schafhürde nennen. Nach diesen Sprüngen, so wie sie sich hinziehen, orakelt man, ob eine Sache gelingt oder nicht. Bei den Kasachen gibt es besonders große Schulterblattleser. Ich kenne einige sogar. Es gibt eine neuzeitliche Geschichte. Ein Verbrecher war aus dem Gefäng-

nis geflüchtet, bewaffnet zum Unglück, in einer Schlucht, an einem Weg und hat soeben Fleisch gekocht und das Schulterblatt gegessen und wirft den sauber abgeknabberten Knochen ins brennende Feuer und sieht plötzlich auf dem Knochen ein Zeichen, daß die Verfolger angekommen sind. Schnell springt er, das Gewehr in der Hand, unter einen Felsvorsprung und wartet. Da kommen auch schon die Verfolger geritten, und einer von den beiden sieht vom Pferd aus ins brennende Feuer, sieht das anbrennende Schulterblatt, erkennt auch das Zeichen darauf und sagt verwundert: Weshalb ist das Schulterblatt verbrannt? Und weshalb wird nun aus dem Versteck geschossen? Und genau in dem Augenblick knallt es, und jener fällt schon tot zu Boden. Soweit zum Orakeln.

Dann bearbeiten wir das Schulterblatt auch zu einer Rauchpfeife. Die Schamanen hatten alle Schulterblattpfeifen, und die Kinder natürlich auch. Ich habe viele Schulterblattpfeifen zu Ende geraucht, die werden nach einer bestimmten Zeit alt, riechen zu sehr nach Tabak, und dann verbrennt man sie, und man macht sich eine neue. In meiner Hasenköttelzeit habe ich nur aus Knochenpfeifen geraucht.

Zum dritten nun wird es als Knochen einfach genau studiert. Bekommst du bei Leuten ein Schulterblatt vorgesetzt, kannst du daran die Besonderheit dieser Sippe und Jurte erkennen. Also unterscheiden sich die Schulterblattknochen voneinander. Du kannst zehn verschiedene Knochen vorgelegt bekommen und dann selbst sehen. Man sieht den Kessel. Gut ist, wenn dieser Kessel leer ist. Dann die vielen Sitze, Wege, Plätze, die da sind. *Omak* gibt es auch, das ist Stolz, wörtlich, und im übertragenen Sinne ist das zu verstehen als Kraft, über die man verfügt. …

Das vom Schulterblatt aus gesehen nächste Glied, der Oberarm, wird als etwas nicht besonders Gutes angesehen, sowohl das Fleisch als auch der Knochen. Wenn man einen Gast hat, dann setzt man ihm das nicht vor. Es dennoch tun, wäre eine große Unhöflichkeit. Lieber ißt man es selber.

Dann kommt die Kniescheide, auf Tuwa *dowuk.* Die ist Sinnbild für das Kind, symbolträchtig für den Kindergeist. Jeder, der so eine Kniescheibe in die Hand bekommen hat, muß sie sauber putzen und dann gleich auf das Bett legen, indem man sagt: Auf die hübschen Kinder! Wer die Kniescheibe nicht sauber putzt, der soll ein häßliches Kind bekommen. Und wer möchte schon ein häßliches Kind bekommen!

Nun der Knöchel vom Hinterbein, *gashyk* genannt auf Tuwa, *schagaa* auf Mongolisch. Die Holländer, die Norddeutschen und andere Völker haben die Knöchel auch zum Spiel verwendet. Bei allen Nomadenvölkern spielen sie eine zentrale Rolle. Zunächst als Spielzeug: es gibt Hunderte von Möglichkeiten, damit zu spielen. Kein Nomade kann mit einem Knöchel herzlos umgehen. Das liegt in unserem Blut, und obwohl wir nicht wissen, was wir damit machen sollen, putzen wir alles so sauber. ... In verschiedenen Lagen heißt der Knöchel unterschiedlich: Kamel, Yak oder Rind, Pferd, Schaf und Ziege. Man nimmt auch vier Stück. Vier Stück davon taugen auch zum Orakeln. Du siehst auf dem Eßtisch in jedem Haushalt immer vier Knöchelchen liegen. Bevor die Menschen morgens ihre Jurte verlassen, werfen sie solange damit, bis sie die »vier Schwierigen« rauskriegen. Schaf, Ziege, Pferd, Rind, die vier müssen da sein. Besonders mit dem ersten Versuch alle vier Figuren zusammen gewürfelt, da freut man sich und läßt die Knöchel so liegen und geht dann seiner Beschäftigung nach.

Aus: Amélie Schenk, Galsan Tschinag: Im Land der zornigen Winde. Geschichte und Geschichten der Tuwa-Nomaden aus der Mongolei. Frauenfeld 1996

BLUT – SAFT DES LEBENS

Die Worte eines Sterbenden hören,
ist wie das Blut eines geschlachteten Rindes, das du auffängst.
VOLKSTÜMLICHE REDENSART

Es ist noch nicht lange her, da war ich zu Gast in der Jurte eines Schamanen im westmongolischen Howd. »Wenn ich den kommenden Winter überlebe«, meinte er zu mir, »werde ich noch einige Zeit bleiben.« Er wirkte des Lebens müde, war herzkrank. Einerseits bereit, sich schicksalsergeben dem Lauf der Dinge zu fügen, ließ er doch nichts unversucht und rief nach seinem Sohn. Er möge ihm eine Schale Blut von der soeben geschlachteten Ziege bringen. Die trank er heiß und in einem Zug.

Blut, auch solches vom lebendigen Tier, gehört in der Mongolei zum Essen, gilt als erster und sicherster Kraftspender. Das ist seit alters auch Tradition bei den benachbarten Tibetern und türkischen Völkern Zentralasiens. Marco Polo berichtet uns von 18 Pferden, über die jeder Krieger der mongolischen Armee verfügte. Die Pferde waren seine Versicherung auf dem Kriegszug. Sie wurden, war eines müde, gewechselt. Aber sie waren auch Nahrungsquelle. Rasch und ohne großen Aufwand, ließen die Krieger ihr Pferd am Hals zur Vene und tranken das frische Blut, entweder unmittelbar aus der Schnittwunde oder sie fingen es auf und nahmen es geronnen zu sich. Etwas mehr als ein Viertelliter, das musste als Tagesmenge reichen, mehr war nicht erlaubt. Denn das Pferd sollte sich rasch wieder erholen. Diese Versorgung sicherte der Truppe große Beweglichkeit und vermied Aufsehen: Kein Feuer brannte und roch.

Blut ist bis auf den heutigen Tag wichtiges Nahrungsmittel. Es zu versprengen, kommt einem Fluch gleich. Schamanen vollbringen damit Schwarzes, wogegen das Weiße in Form von Milch wirksam ist. Vergießen von Blut ist verpönt, und so hält man sich auch beim Schlachten daran. Schon der persische Geschichtsschreiber Raschid ad-Din berichtet von einem Gesetz, das unter Kublai Khan herausgegeben wurde, wonach Tieren nicht die Kehle durchgeschnitten werden durfte. Das Schaf bekommt unterhalb der Brust einen kurzen Schnitt, der Schlächter langt durchs Zwerchfell hinein bis auf die Ader, die zum Herzen geht, und zerreißt sie.

Das Blut der geschlachteten Tiere wird verwendet. Und das Fleisch geschlachteter Tiere wird nicht ausgeblutet, was es nahrhaft und überaus schmackhaft macht. Nach dem Töten des Tieres wird das im Brustkorb zusammenfließende Blut abgeschöpft und entweder zu reinen Blutwürsten verarbeitet oder zu solchen, deren Füllung abgesehen vom Blut noch fein gehackte Innereien oder nur Lebergehacktes enthält. Mild gewürzt und mit Wildzwiebeln und Wildlauch abgeschmeckt, werden sie zusammen mit den Innereien des frisch geschlachteten Tieres gekocht. Frisch gekochte Innereien und Blutwurst gelten bei den Nomaden als Kraftnahrung.

Blut ist auch ein sinnbildliches Abstammungsprinzip. Entsteht der Mensch, bekommt er die Knochen vom Vater und das Blut von der Mutter. Die väterlichen Verwandten heißen Knochenverwandte, die mütterlichen Blutsverwandte. Dabei gilt Blut als vorherrschend. Blut ist quicklebendiges warmes Leben, füllt dich mit Geist, beseelt deinen Körper. Es zu vergeuden bedeutet, Leben zu verschenken. Es zu spenden bedeutet, Leben zu erhalten.

In diesem Zusammenhang sei eine natürliche Heilmethode aus den Kriegszeiten des 13. und 14. Jahrhunderts erwähnt, welche auch als Zeit zwischen Dschingis Khan und Kublai Khan überliefert ist. Es kam vor, dass die verwundeten Krieger infolge des großen Blutverlusts ohnmächtig wurden. Da musste schnell gehandelt werden, und man bediente sich dessen, was da und nah war. Unverzüglich wurde ein Rind oder ein Kamel geschlachtet und der Verwundete wurde in die blutenden Innereien des aufgeschnittenen Tieres gelegt. Die Wunden wurden derart mit dem frischen, noch warmen Tierblut versorgt. Oft wurden auch mit frischem Dung oder heißem Sand Packungen angelegt. Oder man linderte und wusch die Wunden mit heißem Mineralwasser.

Eine andere Behandlungsmethode bestand darin, den verwundeten oder geschwächten Körper, der womöglich unterkühlt war, in die Haut eines frisch geschlachteten Rindes oder einer Ziege einzuwickeln. Das erquickte und belebte den müden Körper. Nachklänge dieser alten Zeiten, in denen Heilbehandlungen und Überleben, Essen und Leben und Gesundheit als Einheit galten und Ausdruck eines allumfassend-natürlichen Lebensgefühls waren, erleben wir in der nomadischen Mongolei noch heute.

NOCH MEHR WISSENSWERTES ÜBER DIE NOMADENKÜCHE

Auch in fünf Tagen kann man dick werden.
Volkstümliche Redensart

Das Land macht die Leute. Seine Beschaffenheit, seine Natur und sein Klima bestimmen die Ernährungsweise, die Speisen und Getränke und die Zubereitung, aber auch die damit einhergehenden Sitten, Gebräuche und Tabus. Die Mongolei hat ein niederschlagsarmes, stark zentralkontinental geprägtes Klima, mit harten, kalten Wintern, heißen Sommern und einer kurzen Wachstumsperiode. Die Menschen fern der Städte sind Hirtennomaden, früher mehr als heute, teilweise Jäger, fast kaum mehr Sammler, und sie sind wie ehedem immer noch bemüht, weitestgehend mit dem auszukommen, was ihnen die Herdentiere geben und die Natur für sie bereit hält. Daraus ergibt sich, was in den Topf aufs Feuer kommt und gegessen wird.

Aus frühen Zeiten ist überliefert, dass die Nomaden Zentralasiens in kalten Jahren Hufe und Knochen verwendeten, aber auch Fleisch von durch Kälte und Krankheiten zugrunde gegangenen Tieren: vor etwa 2.500 Jahren die Skythen, im 13. Jahrhundert die Mongolen, darauf die Krim-Tataren und später im 19. Jahrhundert die Kalmücken. Obwohl heute alle solches Essen verabscheuen würden, bringen geschäftstüchtige Händler im Winter nicht selten Fleisch erfrorener Tiere auf den städtischen Markt.

Überliefert ist uns ferner: Schon unter den Hunnen baute man Weizen an und später, unter der Herrschaft des Mongolenreiches, ließ man chinesische Gefangene Weizen und andere Getreidesorten anpflanzen. Damals entstanden kleine Siedlungen mit chinesischen Bauern. Von Ögödei Khan, dem dritten Sohn Dschingis Khans, der die Geschicke des Riesenreiches lenkte und in Schlesien das deutsch-böhmische Ritterheer besiegte, ist uns überliefert, dass er einem Bauern, der ihm Karotten anbaute, viel dafür bezahlte. Und in der Folge sollen die Mongolen denjenigen, die für den Anbau schwer arbeiteten, sogar Ehrerbietung gezollt haben. Mit der Yuan-Dynastie seit Kublai Khan übernahmen die Herrschenden vieles aus der chinesischen Kultur, so auch aus der chinesischen Küche. Das Kom-

pendium des Hofarztes unter Togoontömör, dessen Vertreibung später den Verfall des Yuan-Reiches besiegelte, nennt viele Speisen aus der Nomadenküche, darunter das Murmeltier, Brühe von gekochten Schaffüßen, eine Gans, vermutlich die chinesische Schwanengans aus der Steppe, und auch einige schwer bestimmbare Steppenwurzeln als Nahrungsmittel. Welchen Einfluss die mongolische Küche auf die chinesische und umgekehrt, wie sich die chinesischen Ernährungsgewohnheiten unter den Mongolen niederschlugen, ist aus den Quellen, wenn auch nicht immer so eindeutig, ersichtlich. Zu den wilden Gräsern, Gemüsen und Früchten kamen bald vermehrt kultivierte Pflanzen, wie es sich aufgrund der klangähnlichen Begriffe der mongolischen und türkischen Sprache nachvollziehen lässt. Der Anbau von Hirse ist alt, in großen Mengen wurde sie jedoch nicht gegessen. Mit der Unterwerfung der Mongolei unter die neue Macht in China, die Qing-Dynastie im 17. Jahrhundert, wurden chinesische Garnisonen in Grenznähe errichtet, und chinesische Siedler zogen nach, denn sie hatten die Versorgung der Soldaten zu sichern. So kamen die Mongolen mit Landbau in Berührung und lernten, Getreide und Gemüse zu essen, zuletzt auch Reis, der mit anderen Waren eingeführt wurde. Ab Mitte des 19. Jahrhunderts kamen vermehrt russische Kaufleute und Bauern in die nördliche Mongolei, säten Getreide und handelten damit. Mehl von wild wachsenden Gräsern wurde nach und nach von Gerste und Weizen verdrängt.

Auch wenn man immer noch die Essensregeln nach den vier Jahreszeiten kennt, die auf einer genauen Beobachtung des Körperzustandes, des Blutkreislaufs und des Stoffwechsels fußen, werden sie immer weniger wertgeschätzt und befolgt. Klima- beziehungsweise jahreszeitlich bedingtes Essen soll bewirken, dass sich Außentemperatur und Körpertemperatur angleichen, wobei die eigene biologische Zeit des Menschen, sprich seine tätigen und nicht tätigen Zeiten, im Verein mit seinem Lebensalter und der Sonnenzeit zu berücksichtigen sind.

Nach den langen, eiskalten Wintermonaten sind der Mensch und sein Magen müde vom vielen Fleisch und Fett und schwächeln. Der Schleim steigt im Körper an. Mit dem ersten sprießenden Grün sollte sich sein Speiseplan ändern. Er sollte vermehrt vitaminreiche und leicht verdauliche Speisen zu sich nehmen, wie beispielsweise gefriergetrocknetes Fleisch – *Borz*, Tee mit Hirse oder Reis oder anderes gehaltvoll zubereitet, Fleischsuppe mit *Aaruul* (getrockneter Quark), geröstetes Gerstenmehl (*Dsambaa*) mit gelbem Butterfett. Wenn es ihn gibt, auch Honig. In kleinen Mengen ist auch Milchbranntwein zuträglich. Mit der einsetzenden Milchperiode werden auch vermehrt Milchspeisen gegessen. Zusätzlich wird empfohlen, »in die Winde zu gehen«, sich also viel in frischer Luft aufzuhalten, auch wenn der Frühling oft noch trübe ist.

Umso sehnlicher wird der Sommer erwartet. Dann steigt der Wind im Körper an, und man sollte weitestgehend fleischlos leben, nur gelegentlich eine Suppe aus Trockenfleisch zu sich nehmen und sich vermehrt von weißen Speisen – *Zagaan Idee* – ernähren, also von Joghurt, *Eedem* (ungepresster Käse), *Bjaslag* (mongolischer Käse), *Aarz* (Quark), *Aaruul*, *Dsööchi* (Sauerrahm) und *Airag* (vergorene Stutenmilch), *Hoormog* (vergorene Kamelstutenmilch), *Ziidem* (vergorene Stutenmilch mit Quellwasser) und *Hjaram* (leicht gesalzenes Milchwasser) trinken. Grüne Speisen – also verschiedene heimische oder importierte Getreidearten und Reis – können in Maßen eine sinnvolle Ergänzung sein. Zu viel Fett ist aufgrund der vermehrten Niederschläge und der erhöhten Luftfeuchtigkeit nicht gut. Auf diese Art ernähren sich die Nomaden bis in den letzten Herbstmonat hinein, bis der erste Schnee fällt. Der Zeitpunkt kann je nach Aufenthaltsort, ob in der Wüste Gobi oder im Bergland, unterschiedlich sein. Wenn in der warmen Zeit zu viele rote und gelbe Speisen gegessen werden, erzeugt dies überflüssige Energie, die Störungen im Körper hervorrufen und Krankheiten auslösen können.

Ab Spätsommer beschert die Wildnis eine reiche Ernte an Samen und Wurzeln, an Früchten und Gemüsen darunter Erdbeeren, Preiselbeeren, rote und schwarze Johannisbeeren, Faulbeeren, Charmyk, *Gojo*, Pilze und Nüsse, Zwiebeln und vielerlei Wildzwiebeln und -lauch, Kümmel und Knöterich. Das meiste davon isst man frisch und roh. In den Wüstenstrichen werden *Suli* und *Zulchir* (–> S. 172 f.) geerntet, verarbeitet und bevorratet. Noch immer ernährt man sich von weißen, nun aber vermehrt auch von grünen Speisen. Deshalb isst man auch vermehrt Süßes und Gelbes, also Fettiges und Öliges, was bei abnehmender Sonnenwärme und zunehmender Trockenheit gut tut. *Airag* wird nun erst recht reichlich getrunken. Magen und Darm reinigend, kommt dies einer Diät gleich, bei der sich die Körpertemperatur in Vorbereitung für die kalte Jahreszeit erhöht.

Mit dem einziehenden Winter, wenn Erde und Wasser gefrieren, setzen überall im Land in den einzelnen Familien die Winterschlachtungen ein. Frischfleisch ist jetzt reichlich da. Das meiste Fleisch und die Innereien aber werden tiefgefroren und bis zum einsetzenden Tauwetter als Wintervorrat draußen in der Kälte aufbewahrt. Die Mongolen, die auch im Winter nach dem Vieh gehen und sich viel im Freien aufhalten, stehen den eiskalten Winter mit hohen Minustemperaturen nur mit viel Eiweiß und fettreichem Fleisch durch. Folglich werden mit der einsetzenden Kälte vermehrt rote Speisen gegessen, ausgeglichen durch weiße Speisen wie *Aaruul*, *Aarz*, *Eedgsii* (gekochter Krümelkäse) und Gebackenes und Gekochtes aus Gerste, Weizen und *Höz* (–> S. 179)und leicht geröstetem Mehl von *Suli* oder *Zulchir*, das dem Tee beigegeben wird. Der Wintervorrat an Rindfleisch, das sehr nahrhaft und ohne Qualitätsverlust lange haltbar ist, wird zuletzt, also im Frühling gegessen. Pferdefleisch, von heißer Eigenschaft, hat den höchsten Nährwert und ist, obzwar sehr fettig, leicht verdaulich. Im tiefsten Winter wird es gegessen, zu Teigtaschen und in der Westmongolei, bei Kasachen und Tuwa, auch zu *Kads* (Pferdedünndarm, mit gewürzten Pferderippen gefüllt und über Pferdeäpfeln geräuchert) verarbeitet. Der tiefgefrorene Vorrat an Schaffleisch, das von lauwarmer Eigenschaft ist, wird im Spätherbst und in den ersten Wintermonaten verbraucht. Im Winter geschlachtetes Ziegenfleisch, von kühler Eigenschaft, wird zu Trockenfleisch für die warmen Monate verarbeitet. Frisches Ziegenfleisch wird erst wieder in den ersten Frühlingswochen gegessen, wenn die Gräser und Blumen zu blühen beginnen. Besonders das Fleisch von Ziegen, die von den blauen Jargui (*Pulsatilla turczaninovii Kryl. et Serg.*), einer Art Küchen- oder Kuhschelle gefressen haben, ist eine segensreiche Medizin.

Die starke Heilwirkung dieser blauen Blume ist Legende. Soldaten gehen zu einem solchen Blumenfeld, setzen sich einige Zeit dort hinein und essen ein, höchstens zwei von diesen bitter-scharfen Blüten. Das stärkt ihre Widerstandskraft. Gemäß dem volkstümlichen Medizinwissen wirkt sie auch gut bei Viruserkrankungen, dient der Wund- und Wurmbehandlung, entgiftet und entschlackt den Körper und regt ganz allgemein die Verdauung an.

NUDELTEIG
GURILTAI SCHÖLNII DSUURMAG

Für selbst gemachte Suppennudeln, für eine Nudelpfanne oder für die Herstellung der verschiedensten Teigtaschen wird Nudelteig zubereitet. Dieser einfache Teig wird dünn ausgerollt, kann in die Suppe gerissen werden, wird aber oft einfach über das Fleisch, das lange gekocht wird, gelegt und auf diese Weise über Dampf gegart. Er wird auch zum Verschließen von Schwarzer Suppe (*Har Schöl*, –> S. 148) benutzt, die in einer Schale über Dampf gegart wird.

500 g Mehl
2–2½ Tassen lauwarmes Wasser
1 TL Salz, je nach Geschmack

In der Mongolei wird sehr wenig Salz verwendet, aber für den europäischen Geschmack empfehle ich einen Teelöffel Salz. Wenn die Füllungen für die Teigtaschen gut gewürzt sind, kann man auf Salz verzichten.

Mehl mit dem lauwarmen Wasser vermengen und gut durchkneten, bis ein fester Teig entsteht. Mindestens eine Viertelstunde ruhen lassen und noch einmal gut durchkneten.

Teig für Nudeln sollte möglichst hart sein, der für Teigtaschen dagegen weich, was über die Wasserbeigabe reguliert wird.

GEDÄMPFTE TEIGTASCHEN
BUUDS

Die heutige mongolische Küche kennt drei Arten von Teigtaschen: *Buuds, Bansch* und *Huuschuur*, die alle der chinesischen Küche entlehnt sind. Dabei unterscheiden sich Füllung, Größe, Form und Garmethode voneinander. *Buuds* gelten als Feiertagsspeise und sind sehr beliebt.

Für 4 Personen
Teig: 450 g Mehl, 1½ Tassen Wasser
Füllung: 550–600 g Hackfleisch mit vorzugsweise etwas Fett, traditionell vom Schaf, aber grundsätzlich sind alle Fleischsorten verwendbar, sogar Pferdefleisch (vorzugsweise im Winter), auch gehackte Innereien oder gewürfeltes Schafschwanzfett
2 Zwiebeln (oder 5 frische Lauchzwiebeln) und 3 Knoblauchzehen oder Kümmel (Zwiebeln und Kümmel werden nicht zusammen verarbeitet)
5–8 EL Wasser
Salz, Pfeffer

Für den Teig Mehl und Wasser miteinander vermischen und durchkneten, etwa 30 Minuten ruhen lassen.

Für die Füllung Hackfleisch (die Mongolen bevorzugen der Saftigkeit wegen von Hand gehacktes Fleisch) mit gehackten Zwiebeln oder Lauchzwiebeln und Knoblauch mischen. Leicht durchkneten und behutsam so viel Wasser beifügen, dass eine weiche, aber nicht zu flüssige Masse entsteht. Mit Salz und Pfeffer würzen.

Fertigstellung

Teig zu 1½–2 cm dicken Teigwürsten formen und in 2–3 cm lange Stücke schneiden. Dann die Stücke flach drücken und mit dem Nudelholz zu Teigkreisen mit 7–9 cm Durchmesser ausrollen, die in der Mitte etwas dicker sind als am Rand. Je einen Teigkreis auf die flache Hand legen und je nach Größe etwa 1–1½ Teelöffel Füllung in die Mitte setzen. Dann je nach Fingerfertigkeit die Ränder in Falten legen und zusammendrücken, sodass ein runder kleiner Beutel entsteht, der oben eine kleine Öffnung hat, durch die der Dampf entweichen kann.

Einfach gefaltete *Buuds* eignen sich gut für Anfänger: Dazu die Füllung wie oben beschrieben auf den Teigkreis setzen und die jeweils zwei gegenüberliegenden Ränder in der Mitte zusammendrücken, wobei vier seitliche Öffnungen entstehen. In der Mongolei helfen alle mit, wenn *Buuds* gemacht werden, und so gibt es die unterschiedlichsten Formen, je nachdem wie man es zu Hause gelernt hat. *Buuds* sind oft kleine Kunstwerke. Entscheidend ist – abgesehen von der Füllung, die variieren kann – die Schließart der Teigtaschen. Je nach Fingerfertigkeit des Gestalters entstehen rosettenartige, einfach gefaltete oder halbmondförmige, kleinere oder größere Teigtaschen. Je nach der Form haben sie unterschiedliche Namen: Runde Teigtaschen – *Duguj Buuds*, Teigtaschen mit Schaffleisch-Füllung – *Honin Buuds*, blumenförmige Teigtaschen – *Zezegen Buuds*, mondförmige – *Saran Buuds*, »Sitzende« Teigtaschen – *Suumai Buuds*.

Buuds lassen sich gut einfrieren. Tiefgefroren werden sie, wie es zum Beispiel zu den Neujahrsfeierlichkeiten in allen Familien üblich ist, über Dampf gegart.

Garen der Buuds

Buuds werden über Wasserdampf gegart. Günstig ist ein Topf mit einem Sieb- oder Dämpfeinsatz. Das Sieb leicht einölen, damit die gegarten *Buuds* sich leicht ablösen lassen, etwas Wasser in den Topf gießen und das Sieb in den Topf setzen. Beim Garen den Deckel geschlossen halten. Nach frühestens 15 Minuten sind die *Buuds* fertig. Die tiefgefrorenen brauchen mindestens 20 Minuten. Deckel abnehmen und mit einem Küchentuch oder einem Brett den *Buuds* Luft zufächeln, denn erst dadurch bekommen sie das charakteristische glasig-glänzende Aussehen.

Buuds-Varianten

Traditionell werden *Buuds* immer mit Hackfleisch und salzlosem Teig zubereitet. Aber in der Mongolei werden sie auch mit Fisch, *Bjaslag* (–> S. 62), gehackten Nieren, Leber, Herz oder Fleisch vom Wildbret gefüllt. Für den europäischen Geschmack lassen sich allerlei Zugaben denken. Das können frischer Ingwer, Kreuzkümmel und andere Gewürze und Kräuter je nach Belieben sein. *Buuds* zählen zu den Lieblingsspeisen der Mongolen, gelten als vollwertiges Gericht und werden von Hand gegessen. Denkbar sind auch rein vegetarische Füllungen, etwa Zugaben von klein gewürfelten, halb gar gekochten Kartoffeln, klein geschnittenem Spinat, jungen Brennnesseln, halb garen Karottenschnitzen, geraspeltem Ingwer oder zuvor gekochtem Reis mit Tofu. Bei der Füllung sind der Fantasie keine Grenzen gesetzt.

Beilagen, auch für den europäischen Gaumen

Zu *Buuds* mit Fleischfüllung reicht man saure Gurken oder in Essig Eingelegtes und verschiedene Saucen. In der Mongolei, wenn überhaupt vorhanden, kann es eine fertige Würzsauce sein, Sojasauce oder Ketchup, das auf der Steppe erstaunlich lecker mundet. Die Städter mögen dazu einen Salat aus sehr fein geschnittenem Weißkohl, abgeschmeckt mit Öl, Essig oder dem Sud von eingelegten Gurken, Salz und Pfeffer. Dem westlichen Geschmack empfehle ich einen grünen oder gemischten Salat als Beilage.

FRITTIERTE TEIGTASCHEN
HUUSCHUUR

Huuschuur sind für Mongolen der beliebteste Imbiss für zwischendurch. Diese frittierten Teigtaschen sind landauf und landab, in der Stadt wie auf dem Land, an vielen Straßenecken erhältlich. Sie werden aus einem Eimer oder einer Thermoskanne heraus verkauft. Und beim Naadam-Fest, den drei Spielen der Männer im Hochsommer, gehört es einfach dazu, *Huuschuur* zu kosten. Das erst gibt das richtige »Naadam-Gefühl«.

Für 4–6 Personen

Teig und Füllung werden so zubereitet wie bei *Buuds* (–> S. 131). Allerdings braucht man auf 450 g Mehl nur etwa 400 g Hackfleisch. Bei der Fertigstellung der Teigtaschen gilt es, Teigkreise mit 10–12 cm Durchmesser auszurollen, wobei der äußere Teigrand dünn sein sollte. Die klassische Form ist die halbmondförmige Teigtasche mit einer zopfartigen Teignaht. Sie entsteht, indem die einander gegenüberliegenden Ränder versetzt gefaltet und zusammengedrückt werden. Auf dem städtischen Markt gibt es inzwischen aufklappbare Plastikformen zu kaufen, in die der Teig hineingedrückt und dann gefüllt wird. Die Form wird geschlossen und die Teigtasche ist fertig. Wichtig ist, dass die Teigtasche zuletzt von Hand noch einmal platt gedrückt wird, damit alle Luft entweicht.

Garmethode

Die *Huuschuur* werden in Öl in einer Pfanne braun gebraten. Gegen das spritzende Fett mit einem Deckel oder Sieb abdecken. In der Jurte werden sie schwimmend in Fett in einem Kessel frittiert. Eine moderne Fritteuse eignet sich natürlich.

Huuschuur-Varianten

Für die Füllung nimmt man in der Mongolei auch gerne Kartoffelpüree, das leicht gewürzt wird, in der Stadt gibt es dafür das inzwischen beliebte koreanische Kimchi oder gehacktes Fleisch mit gekochten Glasnudeln. Bei den Nomaden kommen Wildzwiebeln, auch *Bjaslag* (–> S. 62) in kleinen Würfeln oder im Frühjahr gehackte Triebe junger Brennnesseln dazu. Entgräteter Fisch eignet sich auch gut sowie gehackte Innereien, etwa Leber mit Schafschwanzfettstücken oder Nieren- bzw. Lungengehacktes. Wir im Westen können *Huuschuur* mit Spinat und Tofu oder ausschließlich mit blanchiertem fein gehackten Gemüse füllen und dem auch fein gewürfelten Schafkäse beimengen.

Serviervorschläge

Am besten schmecken *Huuschuur* warm, kalt eigenen sie sich auch zum Picknick. Dazu reicht man wie bei *Buuds* und *Bansch* sauer Eingelegtes und verschiedene Salate. Gemüse eignet sich auch als Beilage. Verschiedene Saucen zum Tunken sind eine willkommene Ergänzung. Mit Beilagen reicht die angegebene Menge für 6 Personen.

KLEINE GEKOCHTE TEIGTASCHEN
BANSCH

Für 6 Personen

Teig und Füllung so zubereiten wie im Rezept für *Buuds* (–> S. 131). Allerdings kommen auf 450 g Mehl nur etwa 350 g Hackfleisch von Schaf, Ziege, Rind oder Yak. Wichtig: Es muss feiner gehackt sein als das Fleisch für *Buuds* und *Huuschuur*. Die Teigkreise sollten im Durchmesser nur etwa 2 cm haben und gleichmäßig stark ausgerollt werden. *Bansch* sind die kleinsten Teigtaschen. Sie werden auf die gleiche Weise geschlossen wie *Huuschuur*, nur müssen sie nicht unbedingt halbmondförmig sein. Bei *Bansch* ist es wichtig, die Teigtaschen vollständig zu schließen.

Die *Bansch* können in *Hjaram* (–> S. 69), Milchtee oder Suppe gekocht werden. Der beim Kochen aus den *Bansch* austretende Saft reichert die Flüssigkeit zusätzlich an. Die *Bansch* sinken, nachdem sie in die Kochflüssigkeit gegelegt werden, auf den Topfboden, aber nach 10–15 Minuten schwimmen sie oben und sind gar.

Serviervorschlag

Bansch gelten als vollwertiges Gericht, in manchen Gegenden sind sie statt *Buuds* die Feiertagsspeise zum Neujahrsfest. In diesem Fall aber werden sie wie *Buuds* gedämpft und nicht gekocht.

Zu *Buuds* können saure Gurken oder Eingelegtes gereicht werden, im Westen sind dazu grüner oder gemischter Salat geeignet und die verschiedensten Saucen je nach Belieben.

Zu besonderen Anlässen werden Suppen mit *Bansch* als Einlage serviert. Auch Tee mit *Bansch* ist beliebt.

TEIGTASCHEN FÜR FAULE
DSALCHUU BUUDS

Diese übergroßen gefüllten Teigtaschen sind eine schnelle Variante und lassen sich ohne mühsame Kleinarbeit auf einfache Art zubereiten. Meistens werden sie mit gehackten Schafinnereien, angereichert mit Blut, gefüllt. Im Winter isst man diese Variante besonders gern. Dazu werden die Innereien des Schafes, die nach der großen Winterschlachtung im November zur Vorratshaltung in den Schafpansen gestopft und eingefroren wurden, aufgetaut und verarbeitet.

Für 4 Personen

Teig und Füllung werden so zubereitet wie bei den anderen Teigtaschen (–> S. 131 ff.). Auf 500 g Mehl nimmt man etwa 500–600 g Hackfleisch.

Fertigstellung

Der Teig wird zweigeteilt. Dann wird jede Portion separat rund ausgerollt, bis sie dem Durchmesser des Dampfkochtopfes entspricht und etwa 2–3 mm dünn ist. Die Füllung auf der einen Hälfte eines jeden Teigkreises verteilen, die andere darüberklappen und an den Rändern gut zusammendrücken. Mit der anderen Portion Teig bzw. Füllung ebenso verfahren.

Garen

Die beiden halbmondförmigen Teigtaschen werden über Dampf zwischen 15 und 20 Minuten gegart. Den Deckel beim Garen gut verschlossen halten und eventuell noch zusätzlich abdichten. Nach dem Abnehmen des Deckels den Teigtaschen mit einem Tuch oder Holzbrett Luft zufächeln, damit sich das Kondenswasser nicht im Teig niederschlägt und dieser klebrig wird. Die Teigtaschen erhalten auf diese Weise einen mattseidenen Glanz.

Serviervorschläge

Wie eine Torte in Segmente oder in schmalen Streifen aufschneiden. Als Beilagen eignen sich sauer Eingelegtes, saure Gurken und verschiedene Salate.

TEIGWICKEL
OROOMOG

Oroomog gehört zu den Rezepten »für Faule« und sind eine abgewandelte *Buuds*-Art. Sie sind schnell zubereitet, einmal abgesehen von dem Teig, der ausgerollt werden muss, und der Füllung, die meist aus Hackfleisch mit Zwiebeln besteht, aber auch aus klein gehacktem Gemüseallerlei, Spinat, Brennnesseln und Kartoffelpüree oder Zutaten nach Geschmack.

Zubereitung

Den Teig etwa 2 mm dick ausrollen. Die Füllung gleichmäßig daraufstreichen und wie eine Roulade aufwickeln.

Diese wird über Dampf auf einem eingeölten Siebeinsatz wie *Buuds* gegart. Dazu wird die Roulade gebogen auf das Sieb gelegt und mindestens 15 Minuten gegart. Den Deckel gut verschließen. Wenn der Teigwickel gar ist, Luft zufächeln und vorsichtig herausnehmen.

Serviervorschlag

In Scheiben aufschneiden und mit Salat servieren. Bleibt etwas übrig, lassen sich die Teigscheiben am nächsten Tag gut in Butter oder Öl in einer Pfanne abbraten.

GEDÄMPFTE HEFEKLÖSSE
MANTUU

Dieses ursprünglich chinesische Rezept hat Eingang in die mongolische Küche gefunden und wird als Beilage und Brotersatz zu Gemüse-Fleisch-Suppen gegessen. *Mantuu* können salzig oder süß zubereitet werden.

Für 4 Personen
500 g Mehl
25 g Hefe
1 Tasse lauwarmes Wasser
Salz nach Geschmack

Die Hefe in dem lauwarmen, leicht gesalzenen Wasser auflösen, dieses langsam dem Mehl beigeben und durchkneten. Wichtig: Der Teig darf weder zu weich noch zu hart, keinesfalls klebrig, soll dafür aber schön seidig werden. An einem warmen Ort zugedeckt bis zu einer halben Stunde ruhen lassen. Den Teig bis zu 1 cm Stärke ausrollen und dann in einzelne 4 Finger breite Streifen schneiden. Jeden Streifen zusammenfalten, verknoten und die beiden Enden zusammendrücken.

Garen

Mantuu werden wie *Buuds* über Dampf gegart. Günstig ist ein Topf mit einem Sieb- oder Dämpfeinsatz. Vorher das Sieb leicht einölen, damit die fertigen *Mantuu* sich leicht ablösen lassen. Topfboden mit Wasser bedecken, Sieb einlegen, *Mantuu* ausreichend weit voneinander entfernt auf das Sieb setzen, da sie aufgehen. Beim Garen den Deckel geschlossen halten. In 15–20 Minuten sind die *Mantuu* gar.

Varianten

Den Teig für die *Mantuu* mit klein gehackten Brennnesselblättern, Spinat, Schnittlauch, süßem Paprika oder mit frischen Kräutern vermengen.

Für süße *Mantuu* nur eine Prise Salz, dafür aber Zucker oder Honig und vorher in Wasser eingeweichte Rosinen nach Geschmack in den Teig mischen. Beim Falten des Teigs wird ein kleines Stück Schafschwanzfett hineingegeben. Denkbar ist stattdessen auch ein halber Teelöffel Butter. Kinder lieben süße *Mantuu*.

GEDÄMPFTE HEFETEIGTASCHEN
MANTUUN BUUDS

Mantuu-Teig nach Rezept zubereiten und zu *Buuds* (–> S. 131) verarbeiten. Dabei den Teig 5 mm dick ausrollen. Beim Schließen der Teigtaschen wie auch bei *Buuds* eine kleine Öffnung lassen, damit der Dampf entweichen kann.

Füllung wie bei *Buuds*, wobei verschiedene Füllungen je nach Geschmack und Essgewohnheiten möglich sind: vorgekochter Reis mit verschiedenen klein gehackten Gemüsen oder Tofu mit Gemüse, denkbar sind auch Schafkäse mit Gemüsegehacktem, Brennnesseln, Spinat und Wildzwiebeln oder Lauch mit Kartoffelbrei oder klein geschnittene vorgekochte Kartoffeln. Gekochte Leber, püriert und mit Gewürzen abgeschmeckt, eignet sich auch hervorragend als Füllung.

Zu empfehlen sind für den europäischen Geschmack auch süße Füllungen wie Marmelade, Apfelkompott ohne Flüssigkeit oder andere kurz mit wenig Zucker gekochte Früchte, wobei der Saft immer abgeschöpft werden muss. Zu viel Flüssigkeit im Inneren der Hefe-*Buuds* macht den Teig zu weich und damit unbrauchbar.

Beim Garen darauf achten, dass die *Buuds* in ausreichendem Abstand zueinander aufs Sieb gesetzt werden, da sie aufgehen.

GEBRATENE HEFETEIGTASCHEN
PIROSCHKI

Piroschki, ursprünglich aus Russland kommend, bereitet man dort aus Hackfleisch und vorgekochtem Reis oder mit Kartoffelbrei zu. In der Mongolei werden sie wie *Huuschuur* mit *Mantuu*-Teig (–> S. 137) zubereitet. Für die Piroschki den Teig 5 mm dick ausrollen. Die Teigtaschen werden wie *Huuschuur* (–> S. 133) gut geschlossen und zuletzt zwischen den beiden Handflächen flach gedrückt.

Füllung wie bei *Buuds* und *Huuschuur*, wobei wieder verschiedene Füllungen je nach Geschmack und Essgewohnheiten möglich sind. Beliebt sind in der Mongolei Fleischfüllungen, also gehackte Schafinnerereien, Leber, Nieren oder vorgekochter fein geschnittener Pansen, auch gekochter Reis mit gehacktem Fleisch.

Denkbar sind je nach Belieben auch süße und fruchtige Füllungen.

NUDELPFANNE
ZUIWAN

Dieses inzwischen landesweit überaus beliebte Teigwarengericht ist wie die Vielfalt der Teigtaschen der chinesischen Küche entlehnt.

Für 6 Personen
Nudelteig
500 g Mehl
2–2½ Tassen Wasser
etwas gelbes Butterfett (–> S. 53) oder Öl
Weiters
400 g gut durchwachsenes Fleisch von Schaf, Rind oder Schwein (oder die entsprechende Menge Trockenfleisch)
500–600 g Gemüse je nach Saison, auf jeden Fall aber Weißkraut, Karotten und Kartoffeln
2 Zwiebeln oder 1 Bund Frühlingszwiebeln
2 Knoblauchzehen
2–3 Tassen Wasser
Salz
Pfeffer
Gewürze nach Belieben
gelbes Butterfett (*Schar Tos*, –> S. 53) oder Öl

Nudelteig wie im Grundrezept (–> S. 130) angegeben zubereiten und darauf achten, dass er ausreichend fest ist. Den Teig in mehrere große Stücke aufteilen und mit einem Nudelholz gleichmäßig zu einem etwa 2 mm dünnen Nudelfleck ausrollen. Jeden Teigfleck mit dem Butterfett oder Öl bestreichen, halbieren, die Hälften aufeinanderlegen und erneut halbieren und so weiter, bis alle Stücke mit der fettigen Seite nach oben aufeinander zu liegen kommen. Dann die Teigflecken in möglichste schmale Streifen schneiden. Mit der Hand auflockern und den fertigen Nudelhaufen ruhen lassen.

Das Gemüse rüsten und in schmale Streifen sowie das Fleisch in kleine Stücke schneiden. Zwiebeln hacken und zur Hälfte in gelbem Butterfett oder Öl zusammen mit dem Fleisch andünsten, das Gemüse mit der längsten Garzeit als Erstes hinzugeben, dann der Reihe nach die anderen Gemüse und den Knoblauch. Alles leicht anbraten, dann Wasser zugießen, würzen und zugedeckt eine Weile schmoren lassen. Kurz vor dem Garwerden die Nudelsteifen gleichmäßig auf Gemüse und Fleisch verteilen. Bei geschlossenem Deckel und mittlerem Feuer noch etwa 10 Minuten über

Dampf garen lassen, bis alle Flüssigkeit verdunstet ist. Zuletzt die Nudeln behutsam unter das Gemüse und das Fleisch heben. Je nach Belieben noch einmal gelbes Butterfett und die andere Hälfte der gehackten Zwiebeln untermengen.

Variante

Diese Nudelpfanne lässt sich auch mit frischen Pilzen und allen denkbaren und je nach Saison erhältlichen Gemüsen zubereiten. Gewürze sind nach Geschmack und Vorliebe zu verwenden.

GEDÄMPFTE WURSTWICKEL
HIAMNII OROOMOG

Wurstwickel eignen sich als Snack, als Imbiss oder für unterwegs.

Für 4–6 Personen

Teig

300 g Mehl

½ Tasse Wasser

Salz nach Geschmack

Füllung

gekochte Wurst aus Rind- oder Schaffleisch, der Länge nach in etwa 10 cm lange Streifen geschnitten (oder Würstchen: Frankfurter, Wiener, Krakauer, Sied- oder Fleischwürste, halbiert oder gedrittelt)

Schafschwanzfett oder ersatzweise Speck

Teig nach Rezept für *Mantuu* (–> S. 137) zubereiten. Teig 5 mm dick ausrollen und mit Öl oder gelber Butter bestreichen. In 1–2 cm breite Streifen schneiden und damit die Würstchen oder die in Streifen geschnittene gekochte Wurst zusammen mit einem Streifen Schafschwanzfett oder Speck spiralförmig umwickeln, wobei die fettige Teigseite nach innen kommt.

Die Wurstwickel werden wie *Mantuu* über Dampf gegart.

Serviervorschlag

Wird als vollwertiges Gericht zu Kartoffel-, Weißkohl- und Karottensalat gegessen, aber auch zu anderen Salaten, sauren Gurken oder aufgeschnittenen Tomaten. Auch als Vorspeise denkbar.

DER VIELFRASS

Wieder einmal früh vor Zeiten lebten in einer Stadt Nordindiens mit Namen Tabun Minggan (fünf Mal Tausend) ein Greis und seine Frau, die kinderlos waren. Sie besaßen keine andere Habe als bloß neun Kühe. Da der Alte ein Liebhaber von Fleisch war, so pflegte er alle Kälber, sobald sie zur Welt gekommen waren, zu schlachten und zu verzehren; die Alte aber pflegte sich nur von der aus der Milch geschlagenen Butter zu nähren. Einmal dachte der Alte bei sich: »Ich will von den neun Kühen eine schlachten und das Fleisch verzehren. Zwischen der Zahl acht und neun, was ist da für ein Unterschied? Wenn es die andern Leute bemerkt haben, wird es heißen: ›Acht bis neun Kühe; was ist das für ein Unterschied?‹« Und so schlachtete er eine von seinen Kühen und verzehrte sie. Als er mit dem Verzehren des Fleisches derselben zu Ende war, schlachtete er abermals eine seiner Kühe. »Sieben oder acht, was macht das wohl für einen Unterschied?« sagte er, schlachtete eine und verzehrte sie. Abermals dachte er: »Zwischen sechs und sieben, was ist da für ein Unterschied?« Und so schlachtete er außer einer Kuh die übrigen ohne Ausnahme und verzehrte sie.

Da nur noch eine einzige von ihren Kühen übrig war, so konnte es die Alte nicht mehr länger aushalten; wo sie nur immer hinging, da führte sie ihre Kuh mit sich. Einstmals aber, da der Alte betrunken sich schlafen gelegt hatte, ging die Alte aus, um Wasser zu holen, bei welcher Gelegenheit sie die Kuh zu Hause zurückließ. Kaum war sie fort gegangen, so stund der Alte auf und schlachtete die Kuh. Als die Alte mit dem Wasser zurückkam und sah, daß ihre Kuh geschlachtet sei, so brach sie in Weinen aus und versank in bittern Kummer. »Womit«, sprach sie, »soll ich auf dieser Welt mein Leben fristen? Eine einzige Kuh war mir noch übrig geblieben, und die hast du geschlachtet und aufgezehrt!« Während sie bei diesen Worten hastig davon lief, schnitt der Alte von der Kuh seiner Frau noch ein Euter ab und warf es vor sie hin.

Die Alte hob das Euter auf, begab sich in ihrem Kummer in eine Einöde und gelangte dort zu einer Felsenhöhle. Hier wendete sie sich in aufrichtigem Gebete an die drei kostbaren Kleinodien und an die Beherrscher des Himmels und der Erde und flehte zu ihnen also: »Jetzt hast du, mein Alter, mich um das letzte gebracht, was mir zum Unterhalt auf dieser Welt noch übrig geblieben. Gewähret nun ihr, ihr drei kostbaren Kleinodien an der Spitze, und du, Himmel und Erde, im Vereine miteinander mir gnädig das erforderliche Maß an lebenfristendem Unterhalt!« Dabei schlug sie mit dem Kuheuter an den Fels, allein sie war nicht mehr im Stand, das Euter abzunehmen. Wie sie daran melkte, strömte Milch heraus; indem sie, diese Milch rührend, Butter zu gewinnen suchte, kam in der Tat Butter in reichlicher Menge zum Vorschein.

Einstmals dachte die Frau: »Mein Alter könnte vielleicht Hungers sterben« und machte sich mit einem Schlauch Butter auf den Weg. Sie stieg auf das Dach der Wohnstätte und als sie durch ein oben befindliches Loch hinab blickte, da saß eben der Alte damit beschäftigt, Asche mit einem hölzernen Löffel zu schöpfen und sie in seine Schale zu tun, wobei er die Worte sprach: »Das esse ich heute, und das esse ich morgen.« Da warf sie ihren Butterschlauch von der Decke der Hütte hinab und eilte rasch von dannen. Der Alte aber dachte: »Wer beschert mir diese Gabe, der Himmel oder die Erde?« Nach einiger Zeit kam ihm der Gedanke: »Gewiß hat meine liebreiche Alte, indem sie dachte, daß ihr Alter hätte Hungers sterben können, mich damit überrascht! Wenn heute Nacht Schnee gefallen, will ich ihren Spuren nachgehen.« Und als in der Tat in dieser Nacht Schnee gefallen war, ging er auch sofort den Spuren nach. Er gelangte zu der Felsenhöhle und fand daselbst von der Frau aufgehäufte Butter in reichlicher Menge. Als er das am Felsen haftende Euter gewahrte, schnitt er es unwillkürlich mit dem Messer ab und verzehrte es. Die Alte, hierüber aufgebracht, lief ihm eiligst davon, er aber lud sich sofort die Butter der Frau auf den Rücken und trug sie nach Hause.

Die Frau war, nachdem sie flüchtig geworden, an einen ausgedehnten unzugänglichen quellreichen Wiesengrund gelangt, wo ein Rudel Hirschkühe weidete. Obgleich die Alte an die Hirschkühe herantrat, so ergriffen diese doch nicht die Flucht; und wiewohl sie sie an Nase und Mund anfaßte, wurden sie doch nicht scheu. Deshalb machte sie sich daran, die Hindinnen zu melken, und gewann daraus Butter in reichlicher Menge. Nach einiger Zeit nahm die Alte einen Schlauch Butter und ging damit abermals zu ihrem Mann. Als sie in gleicher Weise wie früher zusah, und ihn abermals damit beschäftigt fand, die Asche in Portionen für morgen und übermorgen mit dem Löffel einzuteilen, da warf sie ihm durch den Rauchfang der Hütte ihren Schlauch mit Butter zu und eilte rasch davon. Da aber in dieser Nacht Schnee gefallen war, so war er auf den Spuren folgend ihr nachgegangen und gelangte zur Melkstätte der Hirschkühe. Kaum war er angelangt, als er sein Messer hervorzog und den Hindinnen den Garaus machte.

Abermals floh die Alte in heftige Klagen ausbrechend auf und davon und gelangte auf einer großen sonnigen Berghalde in eine Felskluft, in welcher sie Häute und Fleisch fand, woran sie sich sättigte, so gut es eben für sie anging. Da sie daselbst keine Stelle finden könnte, um sich heimlich zu bergen, so kroch sie in das Heu, das in der Höhle ausgebreitet war, und lagerte sich darin. Diese Felskluft war eine Höhle, wo alle wilden Tiere sich versammelten. So erschienen denn auch in dieser Nacht Löwe, Tiger, Bär und alle dergleichen reißenden Tiere dort zur Versammlung. Der Wächter der Höhle war aber ein Hase. Nach dem Abendessen, da der Hase nichts davon ahnte, daß die Alte sich eingeschlichen, als bereits alle versammelt waren, knisterte das Heu in der Nähe des Hasen. Da sprach er zum Tiger: »Mein Teurer, was war das wohl hier?« »Hast du denn nicht«, erwiderte der Tiger, »das Haus gehütet? Morgen bei Licht wollen wir die Sache aufklären und untersuchen.«

Als es hell geworden, wühlten sie im Heu umher und hielten Nachforschung. Und wie sie da die Alte im Heu entdeckten, geriet der Tiger in Zorn und verschlang die Alte mit Haut und Haaren. Da sprach der Hase: »Wenn du die Alte nicht verschlungen hättest, so hätte sie die Wächterin unserer Höhle werden können. Was für einen Vorteil hast du davon, sie verschlungen zu haben?« Der Tiger fand diese Bemerkung des Hasen richtig und würgte die Alte wieder heraus. Weil sie noch lebendig zum Vorschein kam, so bestellten sie die Alte als Wächterin, wobei sie ihr einschärften, über die Felsenhöhle strenge Aufsicht zu führen, und wer auch immer komme, niemanden einzulassen.

In der Folge machte sich die Alte wieder einmal bei einer Gelegenheit auf und ging in derselben Weise wie früher zu ihrem Mann, indem sie für ihn einen Wildschlägel mitnahm. Als sie vom Dache der Hütte hinab sah, war der Alte auch diesmal wie früher damit beschäftigt, die Asche mit dem Löffel einzuteilen. Die Alte warf die Keule durch den Rauchfang hinab und eilte wieder von dannen. Da rief der Alte: »Wer sollte diese Gabe hierher spenden, der Himmel oder die Erde? Gewiß hat meine liebreiche Alte sie mir beschert.«

Da in dieser Nacht Schnee gefallen war, so folgte er wieder den Spuren der Alten und gelangte zur Wildhöhle. Die Alte aber sprach grollend zu ihrem Manne: »Warum bist du hierher gekommen? Hier ist ja der Sammelplatz der reißenden Tiere; sie werden uns alle beide sicherlich auffressen.« »Wenn sie dich nicht aufgefressen haben«, versetzte der Alte, »warum sollten sie da mich auffressen?« Mit diesen Worten trat er ihr entgegen. Sie versteckte den Alten ins Heu. Als nun in der Nacht die wilden Tiere wieder daselbst zusammen gekommen waren und sich lagerten, sagte auf einmal der Hase zum Tiger: »Mein Teurer! In unserer Behausung muß irgendetwas liegen, sieh doch einmal zu.« Abermals versetzte dieser: »Was auch immer hier sein mag, wir wollen morgen früh zusehen.« Als es sich nun neuerdings regte, wiederholte der Hase dasselbe wie zuvor. Wiederum sagte der Tiger: »Bei Tagesanbruch wollen wir die Sache aufklären und untersuchen.« Als sie in der Frühe, nachdem es hell geworden, zusahen, fand sich natürlich der Alte. Man zog ihn hervor und die Versammlung der Tiere erkannte zu Recht: »Wenn noch mehr Menschen außer ihm kommen, so werden sie uns nur Nachtheil bringen.« In Folge dieses Urteilsspruches zerfleischten sie beide, den Alten und die Alte, und zerstreuten sich dann, ein jedes nach seinem Lieblingsplatz.

Aus: Bernhard Jülg, Mongolische Märchen, 1868

VOM KOCHPLATZ ZWISCHEN FILZWAND UND HERDFEUER

Schlechte Gedanken verderben das Schicksal,
ein schlechtes Gefäß verdirbt das Essen.
Volkstümliche Redensart

Tierische Gefäße und solche aus Leder dienten früher und dienen teilweise auch noch heute der Aufbewahrung von Lebensmitteln: die getrocknete Blase eines Schafes, der Pansen und der Dickdarm für den Wintervorrat an gelbem Butterfett, die meistens unter den Betten in der Jurte gelagert werden, da es dort luftig und kühl ist; ein bauchiger Stierlederschlauch namens *Hühüür* für die gärende Stutenmilch, die *Airag*; die Blase eines Ochsen für das gefriergetrocknete gewürzte und zuletzt pulverisierte Fleisch eben jenes geschlachteten Ochsen; das intakte Fell eines Schafes für die Aufbewahrung eben dieses Schaffleisches über den Winter. Vorratssäckchen aus Rindsleder für Tee, Salz und Räucherwerk, gehärtete Flaschen aus Leder für den Milchbranntwein unterwegs und Melkeimer, gefertigt aus einem Schaf- oder Kalbslederschlauch sind verschwunden wie auch zusammenfaltbare Ledersäcke, die wie die Holznomadentruhe die persönlichen Habseligkeiten beinhalteten. Leder war allgegenwärtig und gab der Nomadenkultur ihre ureigenste Prägung. Heute ersparen Tüten und Behälter aus Plastik für die Bevorratung des Butterfetts die mühsame Arbeit des Saubermachens der Schafblase oder des Pansens, Plastikeimer und -schöpfkellen, obzwar schnell zerbrochen, ersetzen hölzerne Eimer und metallene Schöpfkellen, Plastikfolie auf dem Jurtendach ist die schnelle Lösung, wenn der Dachfilz löchrig geworden ist und der Regen durchtröpfelt.

Neben Leder waren Wolle und Holz die wichtigsten Grundstoffe für die Ausgestaltung des Lebensraums und für den Jurtenhaushalt. Die Gebrauchsgegenstände, oft einfach und grob, gelegentlich aber auch meisterhaft und schön gefertigt, ergaben sich aus der natürlichen Umgebung und den Lebensumständen der Hirtennomaden. Was die Herdentiere an Rohstoffen nicht lieferten, wurde durch Jagdbeute und das, was in der Wildnis gesammelt wurde, ergänzt.

Wolle wurde und wird verfilzt, ist bevorzugtes Baumaterial. Filz bedeckt die Jurte, aber auch den Boden, wurde und wird zu Teppichen und Sitzkissen verarbeitet, aber auch zu Satteldecken, Socken, Stiefeln und Hüten, zu Behältern für den Transport von Zerbrechlichem.

Holz ist immer noch wichtig. Das Jurtengerüst ist des Transports wegen meistens aus leichtem Weidenholz. Aus vielerlei Holz, je nach örtlichem Vorkommen, sind Truhen, Hausaltäre, Klapphocker für unterwegs, Kästen und Tische, Bettkästen, obwohl heute fast ausschließlich durch russische Eisenbettgestelle ersetzt. Dann gab es Butter- und Wassergefäße, mit Metallbändern zusammengehalten, Melkeimer, Mörser samt Stößel, Siebe mit Lederriemen, Schneidebretter, Schöpflöffel und Kellen, Model für Quark, Fleischteller mit Ornamenten und Teller für Milchspeisen. Früher waren auch die Ess- und Trinkschalen hölzern, die feineren aus hell geflammter Birke, andere dickwandige und randwulstige aus Wurzelholz und knorrigen Auswüchsen. Wertvoll, da gesundheitsfördernd, sind die mit Silber ausgeschlagenen Trinkschalen. Der Libationslöffel für Milch mit den neun Augen und die womöglich pferdeköpfige und bunt bemalte *Airag*-Schöpfkelle waren besondere Stücke, oft prachtvoll geschnitzt und der Stolz der Jurtenbesitzer.

Weitere Werkstoffe sind Horn und Knochen. Der berühmte Reflexbogen und die singenden Pfeile der mongolischen Krieger sind aus Holz und Horn kunstvoll gefertigt. Löffel gab es aus Horn und Knochen, Kämme aus Horn. Rauchpfeifen aus Schulterblattknochen und Spielzeuge und Gedulds- und Knobelspiele aus Tierknochen waren üblich.

Die Jurte, mongolisch *Ger*, ist in drei Einheiten unterteilt – und dies gilt bis auf den heutigen Tag; in drei rechte, drei mittlere und drei linke, und quer wiederum verlaufen drei vordere, drei mittlere und drei hintere Einheiten. So ergibt sich eine heilige Mitte, und dort ist die Feuerstelle. Rechts ist die Seite der Männer und der Gäste, links die der Frauen, der Familie und des Haushalts. Hinten ist es am vornehmsten, dort ist der Ehrenplatz, und vorne, wo zum Süden hin die Tür liegt, wird gearbeitet, halten sich die nicht geehrten Menschen, die Jungtiere auf, werden allerlei Dinge gelagert. Alles in der Jurte hat seinen Platz und seine Bedeutung, die oft eine höhere ist. Die Ältesten sitzen je nach Rang und Alter weit im Norden, während die Kleinkinder in Türnähe bleiben. Die hintere Mitte ist heiliger Raum, da werden die buddhistischen Schriften, Buddha-Statuen, kleine Thangkas und Bilder der Verstorbenen aufbewahrt, ein fünffarbiges, stets zwei fingerbreit offenes Stoffsäckchen – *Dallagani Uut* – gefüllt mit Süßem und getrockneten weißen Speisen, das der Familie Reichtum und Tugendhaftigkeit bringen möge und wovon man kosten soll, ehe man für lange von Zuhause aufbricht. Neben den Opfern von Milchtee und Milchspeisen kann eine Butterleuchte brennen.

Der Küchenteil der Jurte liegt im Osten, ist also links gelegen und räumlich begrenzt. Ein Regal steht dort, das macht heute die Küche in der Jurte aus. Alles ist da, was man braucht. Da stehen ein, zwei bauchige rußige Kessel, vielleicht noch russischer Herkunft, Töpfe, Trinkschalen aus Russland oder jetzt doch eher aus China, ein offenes ausgedientes Saure-Gurken-Glas, eine am Hals abgeschnittene Ketch-up-Flasche für Löffel und vielleicht auch Gabeln, ein Marmeladenglas mit gewöhnlichem Salz. Irgendwo liegt ein Säckchen mit Steinsalz vom mongolischen Grenzland und daneben ein größeres mit Trockenfleisch. Neben dem Regal steht ein angebrochener 50-Kilo-Sack Mehl, in der Westmongolei mit russischer Beschriftung, andernorts mit chinesischer, seltener jedoch mit mongolischer. Womöglich in einer Plastikdose finden wir drei, vier Beutelchen Gewürze: Kümmel, Pfeffer, Petersilie und was es gerade im Laden gab. Ein schmuddeliges Tuch, vielleicht auch ein Reststoff liegt bereit: zum Wischen, Abtrocknen des Geschirrs und Säubern des Fettmundes und des Messers nach dem Essen. Das einzige fast immer vor Schmutz schwarzbraun verfärbte Handtuch der Jurte hängt gegenüber, bei den Zahnbürsten und der Kernseife.

Ein, zwei Messer liegen griffbereit. Die werden, ehe sie zum Schneiden benutzt werden, auf der rauen Unterseite der Teeschalen geschärft. Oder der Mann hat es schon getan. Das fällt in seinen Bereich. Das beste und hochwertigste Messer hat ohnehin der Jurtenvorstand in Verwahrung. Es kommt zum Vorschein, wenn das gekochte Fleisch für Gäste serviert wird.

An der Jurtenwand lehnt, nicht gleich ausmachbar, ein Holzbrett zum Rüsten des Essens, zum Teigausrollen, und ein Nudelholz findet sich auch irgendwo. Gelegentlich hängt vor dem Regal, oben an den Dachstreben befestigt, ein zweigeteilter Vorhang, der die Unordnung im Regal verbergen möchte, sicherlich aber etwas Neuzeitliches ist. Mancherlei Eimer aus Plastik und Metall, Bottiche stehen herum. In Herdnähe eine Kiste mit Dung oder Brennholz. Frisches Wasser vom Fluss oder nahen Brunnen steht in einer großen, schweren russischen Milchkanne oder mehreren kleinen Eimern zwischen Regal und Tür immer bereit. Darüber am Scherengitter der Jurte schöpfbereit die Kelle.

Gekocht wird in Hockstellung und auf dem Boden, zwischen Regal und Ofen in der Jurtenmitte. Die Köchin hockt auf einem niedrigen Hocker oder breitbeinig auf dem Boden, das Schneidebrett schräg von sich abfallend auf dem Schoß. So schneidet sie das Fleisch von der Keule, die eben noch auf der Männerseite hing, für die Suppe in kleine Stücke. Nun wird in einer Schüssel Mehl mit Wasser zu Teig angerührt, kräftig durchgeknetet und dann stehen gelassen. Wieder auf dem Brett, das jetzt aber fest aufliegen muss, wird der Teig zu großen dünnen Flecken ausgerollt, die zum Antrocknen dort, wo sich ein freies Plätzchen bietet, abgelegt werden, gelegentlich auch auf altem Zeitungspapier, das dann gleichzeitig nach Neuigkeiten, die vielleicht überlesen wurden, abgesucht wird. Oder die Teigstücke kommen auf den heißen Deckel, der auf dem Kessel auf dem Feuer steht und in dem die Fleischsuppe kocht. Einmal gewendet, werden die Teigstücke von beiden Seiten durch die aufsteigende Hitze schnell hart. Fein geschnitten kommen die fertigen Nudeln in die Suppe und ergeben derart vorgetrocknet keine milchig ausfließenden Teigwaren. Mit klein geschnittenen, in Salz eingelegten Lauchzwiebeln – im Altai ist es die wilde Rote Altaizwiebel und andernorts der Wildlauch – wird die Suppe zuletzt gewürzt und bekommt einen unverkennbar lauchzwiebeligen Geschmack. Und dann tönt es: Kommt, Suppe trinken!

SCHWARZE SUPPE
HAR SCHÖL

Die Schwarze Suppe ist eine wohltuende Kraftsuppe mit fettarmem Fleisch. Sie ist bei Erschöpfungszuständen sehr empfehlenswert und wirkt ausgleichend auf das Element Wind im Körper. Soeben Niedergekommene trinken diese fettlose Suppe. Überhaupt sollte Fettiges nach der Niederkunft gemieden werden, denn sonst könnten sich die Sommersprossen, die sich in der Schwangerschaft gebildet haben, nicht mehr zurückbilden, heißt es.

Schaffleisch aus der Keule und von der Brust, aber auch zartes, mageres Fleisch von anderen Tieren
Mengenverhältnis von Fleisch zu Wasser: 1:3
Zwiebeln oder Frühlingszwiebeln nach Geschmack
2 Knoblauchzehen
Salz
Pfeffer

Fleisch in hauchdünne kleine Scheibchen schneiden und in kaltem Salzwasser aufsetzen. Auf kleinem Feuer 10–15 Minuten lang köcheln lassen, dann die klein gehackten Zwiebeln und den Knoblauch hinzufügen, pfeffern, eventuell salzen und noch einmal kurz aufkochen. Vom Feuer nehmen, zugedeckt max. 5 Minuten ziehen lassen, servieren.

Gambir (–> S. 83), *Mantuu* (–> S. 137) oder Brot dazu reichen.

Um das Wohlbefinden und die Gesundheit zu steigern, sollte diese Suppe bis zu 7 Tage lang abends vor dem Schlafengehen gegessen werden, denn sie bringt einen tüchtig zum Schwitzen, was besonders bei einer sich ankündigenden Erkältung Linderung verspricht.

NUDELSUPPE
GURILTAI SCHÖL

Nudelsuppe ist bei Nomaden sehr beliebt, sie wärmt und kräftigt den Körper. Sie ist schnell zubereitet: Fleisch vom Schaf, aber auch von anderen Tieren klein scheiden und in kaltem Wasser aufsetzen. Wenn vorhanden, werden auch Fleischstücke mit Knochen hineingegeben und mitgekocht. Salzen, pfeffern und einige Lorbeerblätter hineingeben. Wer will, kann klein geschnittene frische Wildzwiebeln mitkochen, oder, wie mancherorts üblich, diese erst beim Servieren dazu reichen. Suppe auf mittlerem Feuer so lange kochen, bis das Fleisch (am Knochen) weich ist. Die Fleischstücke herausnehmen und vor der Suppe auf einem Teller servieren.

Während das Fleisch kocht, den Teig für die Nudeln nach Grundrezept (–> S. 130) zubereiten und etwas ruhen lassen. Dann den Teig in mehrere große Portionen aufteilen und mit einem Nudelholz gleichmäßig zu einem etwa 1,5–2 mm dünnen Fleck ausrollen. Jeden Teigfleck halbieren, die Hälften aufeinanderlegen, erneut halbieren und so weiter, bis alle Stücke aufeinander zu liegen kommen. Dann die Teigflecken in feine Streifen schneiden. Den Nudelhaufen mit der Hand auflockern. Die Nudeln zuletzt in die Suppe geben und 6–8 Minuten kochen lassen.

Die Suppe in Schalen servieren. Als Beilage empfiehlt sich Brot.

VARIANTE

Kartoffeln, aber auch Karotten, gelbe Rüben und Kohl, auch Rote Beete, alles klein geschnitten, mitkochen. Man erhält eine Gemüsesuppe – *Noogotai Schöl* –, die besonders im Sommer und Herbst, wenn es frisches Gemüse gibt, gegessen wird. Allerdings haben sich die Menschen noch nicht überall im Land an das Gemüse gewöhnt, das in den letzten Jahren vermehrt auch dort hingelangt, wo gar kein Gemüse wächst.

KNOCHENSUPPE
JASNII SCHÖL

Hier werden Knochen vom Vortag zu einer Suppe gekocht. Wie in der Nomadenwelt, wo nichts verschwendet wird, weil vieles rar und eben kostbar ist, werden bei dieser Suppe die Knochen, die schon halb abgegessen sind, zu einem warmen Gericht weiterverarbeitet.

Rind- und Schaffleischknochen mit wenig Fleisch in kaltem Wasser aufsetzen und, sobald das Wasser kocht, abschäumen. Auf kleinem Feuer etwa 2 Stunden lang kochen. Ehe man den Topf vom Feuer nimmt, wird die Suppe mit Zwiebeln und Gewürzen nach Vorhandensein abgeschmeckt.

SERVIERVORSCHLAG

Die Knochen werden separat auf einen Teller gelegt und vom Fleisch befreit, das gegessen wird. Die Suppe wird in Schalen gereicht. Dazu schmecken *Gambir* (–> S. 83) oder *Mantuu* (–> S. 137).

MIT TEIG ÜBERDECKTE SUPPE
BITUU SCHÖL

Diese Suppe gehört zu den geschlossen gekochten Gerichten, die als beste Speisen in der Mongolei gelten und das harmonische Gleichgewicht von Wind, Schleim und Galle im Körper begünstigen. Ihre Heilkraft übertrifft noch die der Schwarzen Suppe. Geschlossen gekocht bedeutet auch, alle Nährstoffe bleiben im Essen und entweichen nicht mit dem Dampf. *Buuds*, *Bantsch*, *Huuschuur*, *Horhog*, *Boodog*, gebundener Pansen, Kopf und Beine im Pansen sind beispielsweise geschlossen gekocht und entsprechend schmackhaft und wertvoll.

Früher hielt man sich an die Vorgaben, die mit geschlossen gekochten Speisen einhergingen. So darf man abends, wenn man geschlossen Gekochtes gegessen hat, nicht mehr »in die Winde«, sprich aus der Jurte gehen, da man sich leicht erkälten könnte, weil man schon schwitzt.

Schaffleisch aus der Keule und von der Brust, aber auch zartes und mageres Fleisch von anderen Tieren
Mengenverhältnis von Fleisch zu Wasser: 1:3
Wildlauch oder Bärlauch, Zwiebeln oder Frühlingszwiebeln
reichlich Knoblauch
Salz, Pfeffer
Mehl und Wasser für den Teig im gleichen Verhältnis zueinander

Fleisch möglichst dünn in kleine Scheibchen schneiden. Vom tiefgekühlten Fleisch ist es einfacher, denn da lässt es sich fast abhobeln. Mit kaltem Wasser und dem fein gehackten Lauch, den Zwiebeln und dem Knoblauch, gesalzen und gepfeffert in eine feuerfeste Schale geben. Früher verwendete man dafür ein eigenes Tongefäß. Den Teig wie Nudelteig zubereiten (–> S. 130) und möglichst dünn und etwas größer als die Schalenöffnung ausrollen, über die Schale legen und unter dem Schalenrand fest andrücken.

Bituu Schöl wird über Dampf auf ein Sieb oder in einen großen Topf mit wenig kochendem Wasser gesetzt und etwa 20 Minuten bei geschlossenem Deckel gegart. Die heiße Schale vorsichtig mithilfe eines Tuches herausnehmen und mit beiden Händen überreichen bzw. auf einem Holzbrett servieren. Mit dem Suppenlöffel den Teigdeckel durchstoßen und zusammen mit der Suppe löffeln.

Gegen Erkältung bereitet man diese Suppe aus klein geschnittenem Pferdefleisch, das als Hitze erzeugendes Fleisch gilt, und aus reichlich Knoblauch zu. Pferdefleisch ist wie Fisch und Geflügel leicht verdaulich und ist viel kalorienärmer als Schaf- und Rindfleisch.

MEHLSUPPE MIT FLEISCH
BANTAN

Jung und Alt essen in der Mongolei gerne *Bantan*. Sie wird auf verschiedene Art zubereitet. *Schingen Bantan* ist flüssige Mehlsuppe für Säuglinge, *Churgan Bantan* ist Mehlsuppe mit »lammkleinen« Teigklümpchen für Kinder und Halbwüchsige und *Chonin Bantan* ist Mehlsuppe mit »schafgroßen« Teigklumpen für Erwachsene.

Statt Weizenmehl ist auch Mehl aus Wildgräsersamen (*Suli* und *Zulchir*, –> S. 172 f.) denkbar.

Männer lieben *Bantan*, um den Kater abzumindern, wenn nicht gar zu vertreiben. Generell wird die Suppe bei allen Arten von Lebensmittelvergiftungen geschätzt.

FLÜSSIGE MEHLSUPPE MIT HACKFLEISCH
SCHINGEN BANTAN

Säuglingen wird diese Suppe ab dem sechsten Monat verabreicht.

Schwarze Suppe zubereiten wie im Grundrezept (–> S. 148) angegeben, allerdings darauf achten, dass das Fleisch äußert fein gehackt wird. Mehl im Verhältnis zu Fleisch 1:2 bereitstellen.

Das Mehl, das von bester Qualität sein sollte, in die auf kleiner Flamme köchelnde Schwarze Suppe stäuben und sofort gut umrühren, sodass sich keine Mehlklumpen bilden. Etwa 5 Minuten kochen lassen, bis die Suppe gleichmäßig milchig aussieht.

Variante

Einfacher und noch schneller ist es, statt Mehl Grieß zu verwenden, der aber auch gut in die Suppe eingerührt werden muss.

LAMMKLÜMPCHEN-MEHLSUPPE MIT FLEISCH
CHURGAN BANTAN

Schwarze Suppe (–> S. 148) bildet die Grundlage. Sobald sie aufgesetzt ist, den Teig vorbereiten. Auf 2 Teile Fleisch kommt 1 Teil Mehl, das von bester Qualität sein sollte und dem beispielsweise auch geröstetes *Zulchir-*, *Suli-* oder Knöterichwurzelmehl oder andere Mehlarten beigemengt werden können. Mehl in eine große Schüssel geben. In der Mitte eine Vertiefung machen und allmählich löffelweise Wasser zugeben und behutsam den Teig krümelig kneten. Wichtig: Der Teig muss trocken bleiben. Die Klumpen sollten gleichmäßig reiskorngroß (also klein, deswegen »Lammklümpchen«) werden. Diese klumpige Masse nach und nach in die köchelnde Schwarze Suppe geben und dabei ständig umrühren. Noch fünf Minuten auf kleiner Flamme kochen lassen.

Hinweis

Die Sorgfalt, die man auf die Herstellung der Mehlklümpchen verwendet, macht später die Güte der *Bantan* aus.

SCHAFKLÜMPCHEN-MEHLSUPPE MIT GESCHNETZELTEM
CHONIN BANTAN

Gleiche Zubereitung wie bei *Churgan Bantan,* nur dass der Teig im Vergleich zur *Churgan Bantan* zu gröberen, »schafgroßen« Klümpchen geknetet wird, die genauso behutsam nach und nach unter gleichmäßigem Umrühren in die köchelnde Suppe gegeben werden. Kochzeit beträgt dann noch etwa 7–10 Minuten.

Variante

Statt Frischfleisch kann man auch *Borz,* also fein geschnittenes und zerstampftes Trockenfleisch, verwenden. Das allerdings muss vorher unbedingt mindestens 2 Stunden in kaltem Wasser eingeweicht werden. Auch kann man statt Fleisch fein gehackte tiefgefrorene Schafinnereien mit gefrorenem oder getrocknetem Blut nehmen. Das Trockenblut vorher im Mörser zerkleinern und dann unbedingt in kaltem Wasser auflösen. Auf einen Liter Suppe kommt höchstens eine halbe Tasse aufgelöstes Blut.

KRAFTBRÜHE MIT MEHLKRÜMELN
SCHÖLNII BANTAN

Eine andere Zubereitung von *Bantan,* wobei hier die Restbrühe vom gekochten Fleisch oder, bei guter Magenverträglichkeit, auch die Kochbrühe von Schafinnereien Verwendung findet.

Von der erkalteten Brühe das Fett abnehmen. Die Brühe zum Kochen bringen und die »lammkleinen« oder »schafgroßen« Mehlklumpen allmählich hineingeben, gut umrühren und aufkochen, bis die Mehlklumpen gar sind. Zuletzt fein geschnittene Wildzwiebeln oder Wildlauch hineingeben, nachsalzen und pfeffern.

Serviervorschlag

Kann zu gekochtem kalten Fleisch gegessen werden, oder aber die Fleischstücke werden in die heiße Suppe geschoben und derart aufgewärmt.

Das von der Brühe abgeschöpfte Fett kann zum Ausbraten von *Boorzog* (–> S. 82) oder anderem Gebäck verwendet werden.

MEHLSUPPE MIT MILCH
ZUTAN

Ein einfaches, aber nahrhaftes Gericht. Ist die Mutter nicht da, kochen die Großeltern diese Suppe für die Kleinkinder. Alte Leute trinken die Mehlsuppe auch gerne. Übrigens: In der Mongolei isst man die Suppe nicht, sondern trinkt sie, wie man auch Wasser und Tee trinkt.

Für 3 Personen
½ Tasse Hammelschwanzfett oder gelbe Butter
1 Tasse Mehl, auch Buchweizenmehl
1 l Milch
1 Prise Salz
Zucker nach Geschmack

Hammelschwanzfett oder Butter in eine Pfanne geben und das Mehl darin hell anschwitzen. Wasser und Milch zu gleichen Teilen langsam zugeben, umrühren und auf kleinem Feuer köcheln lassen. Zuletzt leicht salzen und Zucker zugeben.

SUPPE MIT GEDÄMPFTEN NUDELN
DSCHUNDSTAI SCHÖL

Diese Suppe stammt vom Stamm der Dariganga aus der Wüste Gobi und ist eine Variante der Schwarzen Suppe, die mit fein geschnittenen gedämpften Nudeln – *Dschunds* – angereichert wurde.

Zutaten und Zubereitung wie bei der Schwarzen Suppe (–> S. 148).

Der Nudelteig dazu nach dem Grundrezept für Nudeln (–> S. 130) zubereiten. Den Teig ausrollen, satt mit gelber Butter oder Öl einfetten und dann zu einer Roulade aufrollen. Diese etwa 20 Minuten über der bereits köchelnden Schwarzen Suppe bei geschlossenem Deckel dämpfen. Teigroulade anschließend in dünne Scheiben schneiden. Die Suppe wird in einer Schale serviert, die fein geschnittenen Dampfnudeln oben aufgehäuft.

SUPPE MIT ZULCHIR
ZULCHIRTAI SCHÖL

Diese Suppe aus der Gobi ist eine mit *Zulchir*-Samen (–> S. 172 f.) angereicherte Schwarze Suppe (–> S. 148).

Schaffleisch aus der Keule und von der Brust, aber auch zartes und mageres Fleisch von anderen Tieren
Mengenverhältnis Fleisch zu Wasser: 1:3
Wildlauch, Bärlauch, Zwiebeln oder Frühlingszwiebeln, Brennnesseln
Salz
Pfeffer
1 Handvoll *Zulchir* oder mehr

Den zuvor in einem Kessel trocken gerösteten *Zulchir* in leicht gesalzenem Wasser aufsetzen und so lange auf kleinem Feuer kochen, bis er aufgegangen ist. Dann das geschnetzelte Schaffleisch hinzufügen und noch etwa 10–15 Minuten weiter kochen. Zuletzt würzen, klein geschnittenen Wildlauch und Zwiebeln und andere Kräuter beifügen, vom Feuer nehmen zugedeckt weitere 5 Minuten ziehen lassen.

SUPPE MIT PILZEN
MÖÖGTEI SCHÖL

Die Grundlage dieser Suppe bildet die Schwarze Suppe (–> S. 148). Kurz vor dem Garwerden klein geschnittene Pilze hinzugeben. Getrocknete Pilze eignen sich auch, müssen allerdings vorher einige Stunden eingeweicht werden.

SUPPE MIT KNÖTERICHSAMEN
MECHEERTEI SCHÖL

Vom Knöterich wird in der Mongolei meistens die Wurzel verwendet, hier aber die Samen. Die Menschen plündern dazu die Mäusebauten, aber nicht gänzlich. Dazu wandert man ab November über Land und sucht nach Mäusebauten, indem man mit einem Stock in der Hand die Erde abklopft. Ist man fündig geworden, wird der Bau, der sich um das Eingangsloch herum kreisrund wie eine Jurte ausdehnt, aufgegraben. In einem gefüllten Loch kann man zwischen 10–20 kg Knöterichsamen finden. Davon nimmt man höchstens fünfzig Prozent und gibt für die entnommene Menge Reis oder anderes Getreide hinein und schließt den Bau wieder behutsam. Jetzt wird der Samen gereinigt. Das ist eine langwierige Arbeit. Mit einem Tuch wird er so lange gründlich abgerieben, bis sich die kleinen Härchen und die losen Samenhülsen lösen. Dann kommt er in frisches Wasser; die wertlosen Teilchen schwimmen obenauf und sind nun leicht abzunehmen, dann wird das Ganze durch ein feines Baumwolltuch abgegossen. Die gewaschenen Samen werden in der Sonne getrocknet und in einem Sack verwahrt. Zuletzt werden die Samen in einem Kessel auf kleinem Feuer trocken geröstet und bei Bedarf in einem Mörser zu Mehl verarbeitet.

1 Handvoll oder mehr gerösteter Knöterichsamen
alle Zutaten für Schwarze Suppe (–> S. 148)

Erst die Suppe nach Rezept zubereiten, würzen und abschmecken und zuletzt den Knöterichsamen beifügen und auf kleiner Flamme 10–15 Minuten weiterkochen.

Variante

In Europa lassen sich die nussig schmeckenden Samen vom Schlangen-Knöterich und die des Acker-Vogelknöterichs verwenden, die ab August gesammelt werden, oder die Samen vom Zurückgekrümmten Fuchsschwanz, einer Art Amarantgewächs. Auch die jungen Blätter und Stängel des aromatisch schmeckenden Japanischen Flügelknöterichs und die des Schlangen-Knöterichs und Acker-Vogelknöterichs kann man als Blattgemüse der Suppe beifügen. Andere Wildkräuter, wie etwa Triebe vom Giersch, sind als Beigaben denkbar.

FEUER

Mögen die Flammen hoch reichen!
Möge die Feuergöttin aufsteigen!
LOBPREISUNG FÜR DAS FEUER

Ohne Feuer kein Leben, nirgendwo und bei keinem Volk auf der Erde. So steht Feuer bei den Mongolen für das Leben und die Lebenskraft, den Feuergeist, der nicht vergeht. Auf dem Emblem der Mongolei, dem symbolträchtigen *Sojombo*, flammt das Feuer noch über Mond und Sonne himmelwärts und ist die Krone über allem.

Das Feuer ist für die Mongolen mit Geschick und Schicksal verbunden. Glück und Gedeihen hängen vom Feuer ab. *Gal Golomt* meint Brandherd, Ursprung, Stamm, aber auch Heim oder Heimstatt; und den Sohn der Familie, der das Leben des Vaters über seinen Tod hinaus fortführen soll, nennt man »Sohn, der das Feuer hütet«. Wenn er eine eigene Familie gründet, heißt es, er nimmt von dem ursprünglichen Feuer, also dem seines Vaters, und trägt es zu einer eigenen Feuerstelle, wo sein eigenes Feuer fortan brennen wird.

So reißt der Lebensfaden, verbunden mit dem ewig brennenden Feuer, nicht ab. Denn nach altmongolischem Erbrecht wird dem jüngsten Sohn in der Familie das Feuer zusammen mit der Jurte übergeben.

Feuer und Feuergeist werden deshalb als Sinnbilder des hochheiligen Lebens verehrt, rein gehalten, gefüttert und beopfert. Das Feuer ist ein eigenes Wesen, es lebt, es gibt etwas – Wärme –, es nimmt etwas, nährt sich durch Fürsorge und Opferungen der Menschen, die es hüten. Es steht immer in Bezug zu den Lebewesen und allem, was da ist; es beschützt die Jurte und all jene, die darin leben.

Feuer hat eine Mutter, das Kieselgeröll, und einen Vater, das Felseneisen, und den Zunder, das Holz der Ulme. So lautet es in der Überlieferung über die Herkunft des Feuers. In den zahlreichen mongolischen Feuer-Lehrbüchern erfahren wir noch viel mehr über die Rolle des Feuers, wobei wirkliches Feuer und Feuergeist immer als eins gelten. Deshalb: Alles für das Feuer, alles für das Leben, das so kostbar ist. Feuer ist der ranghöchste Geist in der Jurte, und so wird es immer gebührlich behandelt, darf nie und nimmer von Kehricht oder sonst irgendwie verunreinigt werden. Nur so bleibt das Feuer allen, die in seiner Nähe leben, günstig gestimmt. Das ist lebens-, wenn nicht überlebenswichtig.

Feuer ist immer weiblich, wird die »Feuerjungfrau« genannt oder »die mit roter flatternder Seide Geschmückte«, auch »die, die viele züngelnde heiße und gespaltene Zungen zeigt« oder »eine, die ein Buttergesicht hat und eine Ziege als Reittier, die sich von Butterfett und Winden ernährt«. Die Hymnen auf sie, ähnlich einem Epengesang, beginnen mit den einleitenden Strophen, in denen erzählt wird, wie die Welt aussah, als sie geboren wurde: »Mutter Feuerfürstin, die Sie Ihren Anfang zu der Zeit nahmen, als der Khangai Khan ein Hügel, der braune Bock ein Zicklein und die Ulme ein Grüner Sprössling war, der Falke ein Junges und alle Leute Kinder waren ... die Sie zum Leben Beifuß haben und zur Speise gelbes Butterfett ...«

Jurtenbewohner und Feuer sind auf ewig miteinander verkettet. Wenn die Menschen arglos mit dem Feuer umgehen, mit ihm spielen, es womöglich aus Unachtsamkeit oder Arglosigkeit über Gebühr »füttern«, dann wird es wild, gerät außer Rand und Band. Das kann dem Leben schaden, ihm etwas abziehen oder es durcheinanderbringen. Umgekehrt, wenn das Feuer aus Geiz oder Unkenntnis immer klein gehalten wird, geht es auch im Leben abwärts, dann muss nachgelegt werden, damit es wieder hoch kommt, habe ich sagen hören. Wenn das Feuer nicht so brennt, wie es brennen soll, kann es der Fall sein, dass der Jurtenofen umgestellt werden muss. Die zuvor zur weiblichen Jurtenhälfte, sprich zur Küchenseite hin sich öffnende Ofentür wird dann auf der männlichen Seite geöffnet.

Unbotmäßiges und Ungeschicklichkeiten können Unglück nach sich ziehen, heißt es. Feuer raubt einem Hab und Gut, Seuchen befallen das Land, Feuerstürme überziehen Wälder und Steppen, Tiere und Menschen verbrennen. Und das geschieht, weil die Menschen wider besseres Wissen Haare ins Feuer werfen, Wasser hineinschütten, vielleicht in Feuernähe Holz hacken und derart dem Feuer die Gliedmaßen, wenn nicht gar den Kopf abschneiden.

Entsprechend behutsam sollte deshalb beim Kochen über offenem Feuer vorgegangen werden, sowohl in der Jurte als auch im Freien. Es gibt Regeln: keine Abfälle ins Feuer werfen, keine menschlichen, aber auch nicht solche, die Unheil bringen wie Zwiebel- und Knoblauchschalen, die den Rindern das Augenlicht trüben können. Weiters: keine Milch, kein Blut ins Feuer spritzen oder tropfen lassen, nicht hineinspucken oder hineinpinkeln, um es zu löschen. Nichts Spitzes gegen das Feuer richten.

Das flammende Feuer hüten ist eine Sache. Darüber hinaus darf die Feuerstelle, also der Brandherd selbst, auch nicht missachtet und entheiligt werden. Deswegen darf sich niemand auf den Dreifuß oder den Herd setzen, was versehentlich beim Umzug vorkommen kann. Und auch nicht den Herd umgekippt liegen lassen, nachdem die Asche ausgeschüttet wurde. Auf der Steppe, wenn drei Steine für eine Feuerstelle zusammengelegt wurden, müssen, die Steine beim Verlassen der Feuerstelle wieder voneinander getrennt werden.

Unzählig sind die Verhaltensweisen im Umgang mit Feuer. Hier soll nur angedeutet werden, wie eng Feuer, Kochen, Essen und die Lebensgemeinschaft miteinander verknüpft sind. Deshalb etwas Praktisches dazu: Vom offenem Feuer fällt immer etwas in den Topf, selbst wenn es nur der aufsteigende Rauch oder kleine Ruß- und Ascheteilchen sind, geben sie dem Essen doch zusätzlich Aroma. Deswegen ist auch der Brennstoff entscheidend. Meistens wird in der Mongolei mit Dung – *Argal* – gefeuert, denn der kommt selbstverständlich dort vor, wo auch das Vieh weidet. Holz ist vielerorts kostbar, da selten. *Argal* von Pferd, Rind und Yak, von Schafen und Ziegen, dem Kamel, alle habe ihre besonderen Eigenschaften, ihre eigene aromatische Würze und werden entsprechend als Küchenhilfen eingesetzt. Dung gilt zudem als äußerst rein. Wenn geräuchert wird, mit Wachholder in der Westmongolei und mit Thymian in der Ostmongolei, dann vorwiegend auf glühendem Dung. Fleisch wird über Dungfeuer geräuchert und haltbar gemacht. Die traditionelle Medizin kennt Pferdeäpfel, die zum Glühen gebracht werden und zur Hitzebehandlung dienen. Und die Asche von bestimmten Hölzern, Saxaul aus der Gobi beispielsweise, aber auch von Gräsern und anderen Stoffen wird zur Medikamentenherstellung benutzt. Eine besondere Delikatesse aus Pilzen wird in der blauen Asche von Kuhdung oder Pferdeäpfeln gegart.

OPFERSPRUCH FÜR DEN FEUERGEIST BEI DER HOCHZEIT

Mutter Feuer, Königin des Feuers,
erschaffen aus dem Ulmenbaum,
der auf den Höhen des Khangai Khan und des Burhatu Khan
gewachsen ist!
Die Sie geboren wurden,
als sich der Himmel von der Erde trennte,
die Sie hervorgingen aus den Fußstapfen der Mutter Etügen
und erschaffen wurden vom Herrn der Tengri!
Mutter Feuer, deren Vater der harte Stahl,
deren Mutter der Feuerstein,
deren Vorfahren die Ulmenbäume sind!
Ihnen, deren Glanz bis zum Himmel reicht und durch die Erde dringt!
Ihnen, Mutter Feuer, der immer aufwärts Schauenden,
bringen wir Wein trinkschalenweise
und Fett mit vollen Händen.
Schenken Sie Wohlergehen dem edlen Jüngling
Und dem edlen Mädchen und dem ganzen Volke!
Wir verneigen uns.

Anrufung des Feuers zum Wohl der Neuvermählten,
überl. von Dordsch Banzarow

DIE GRÜNEN SPEISEN

Zusätzlich zu Milch und Fleisch, den grundlegenden Lebensmitteln der Nomaden, stellt die pflanzliche Nahrung – allein der lebensnotwendigen Kohlehydrate wegen – eine nicht unwesentliche Ernährungsquelle dar. Die Vielfalt der essbaren und für medizinische Zwecke verwertbaren Wildpflanzen in der Mongolei ergibt ein eigenes, fast unermessliches grünes Universum. Da sind wild wachsende aromatische Wüstengräser, deren Samen zu Mehl gemahlen werden, viele Beerenarten und Früchte wilder Apfelbäume, Sanddorn, weiße und andere Pilze, zahlreiche Wildzwiebel- und Wildlaucharten, Lilienknollen, Wilde Möhren, Schwarzwurzeln, Wildspargel und Wurzelstöcke von Rhabarber, Knöterich, Gänsefingerkraut und einer Pfingstrosenart, Hagebutten, Kräuter wie Brennnessel, Sauerampfer, Enzian, Beifuß, Wermut, Thymian, Himmelsleiter und viele, viele andere, die hier gar nicht alle aufgeführt werden können. Dass die Menschen gesund waren, dass sie körperlich in Höchstform und sehr ausdauernd als Reiter und Viehtreiber, fast unübertreffliche Ringer und noch früher ausgezeichnete Bogenschützen zu Pferd waren, und sich also, um all dem zu genügen, entsprechend gesund, eiweiß- und nährstoffreich, aber auch maßvoll zu ernähren wussten, scheint Beweis genug für ihre richtige Lebensführung, die immer Geistiges mit Seelischem und Körperlichem in Einklang zu bringen suchte.

Was von Nöten und in der Natur auffind- und verwertbar war, um sich unter den harten zentralasiatischen Klimabedingungen ausgewogen zu ernähren und sich besonders in der kalten Jahreszeit vor Vitaminmangel zu schützen, davon hatten die Nomaden hervorragende Kenntnisse. Nicht nur spricht das Volkswissen dafür, das in manchen Nomadenfamilien überlebte, sondern auch die traditionelle mongolische Medizin, die trotz jahrzehntelangen Verbots in den Jahren der kommunistischen Herrschaft bis 1990 im Verborgenen weiterlebte und die immer auch die Ernährungsweise mitbedachte. Dabei brachte man wissentlich und geschickt das sättigend Nahrhafte mit dem wirkungsvoll Heilsamen in Einklang, wusste sehr wohl um den Wert »lebendiger« Lebensmittel. Dieses Wissen wurde bei den Zubereitungsarten nie vernachlässigt und führte zu einer insgesamt die Gesundheit erhaltenden und lebensförderlichen Diät.

BLAUER MONGOLISCHER LAUCH AUS DEM WÜSTENSAND
HÖMÖL

Diese blau blühende Wildlauch-Art (*Allium mongolicum*) wächst im Sand der Wüste und Halbwüste, wird eingesalzen haltbar gemacht und in einem Tongefäß aufbewahrt. *Hömöl* ist ein beliebtes appetitanregendes und verdauungsförderndes Würzmittel für allerlei Speisen und kommt in das gehackte Fleisch für die Teigtaschen oder in die Suppe. *Taana*, eine andere Art mongolischen vielzwiebligen Lauchs, der in feuchteren und höheren Lagen, in Waldgebieten wie in Höwsgöl und im Altai wächst, und *Haliar*, eine Bärlauchart, die im Frühjahr gesammelt und verwendet wird, um den Körper zu entgiften und wirksam ist gegen Müdigkeit und Bluthochdruck, können ebenso haltbar gemacht und aufbewahrt werden wie die anderen Zwiebel- und Lauchgewächse der Mongolei. Mongolischer Bärlauch wird gerne frisch gehackt in den verschiedensten Speisen verwendet.

Eine beliebige Menge Wildlauch wird fein gehackt oder im Mörser zerstoßen und kommt mit Salz vermischt in ein Tongefäß. Gut zusammengepresst hält sich der eingesalzene Lauch bis zu einem Jahr. Heute wird meist ein ausgedientes Marmeladenglas mit Verschluss zur Aufbewahrung verwendet. Früher wurden die eingesalzenen Kräuter in einem Tierdarm oder -magen aufbewahrt.

QUARK MIT WILDLAUCH
AARZTAI HÖMÖL

Wildlauch und *Aarz* (–> S. 56) im Verhältnis 1:5
100 g Wildlauch
2 Tassen *Aarz*

Wildlauch fein hacken oder noch besser im Mörser zerstoßen, sodass eine gut durchfeuchtete Masse entsteht. Diese mit der gleichen Menge frischem Quark vermischen, leicht salzen und nach Belieben mit anderen Gewürzen abschmecken. Diese Masse kann frisch in die Suppe gegeben werden. Oder sie wird, wie in den meisten Fällen, von Hand in Form gepresst und in der Sonne getrocknet. Die leicht angetrockneten Stücke können dann auch auf einen Faden aufgefädelt weiter getrocknet werden. Die fertigen Stücke werden in einem Stoffsack aufbewahrt. Den Winter über kann man seine Speisen und Suppen damit anreichern, wozu Stücke davon im Mörser zerstoßen werden.

MONGOLISCHER KÜMMEL
GOND

Drei Kümmelarten sind in der Mongolei heimisch, unter ihnen der Gemeine Kümmel, der Rinderkümmel und der Burjatische Kümmel, die aber sehr schwer voneinander zu unterscheiden sind.

Die Samen werden mit Herbstbeginn gesammelt, getrocknet, dann trocken geröstet und zuletzt pulverisiert. Mit Kümmel werden die verschiedensten Gerichte abgeschmeckt. Meist werden Teigtaschen oder geschlossen gekochte Speisen mit Kümmel gewürzt. Der getrocknete und geröstete Samen kommt auch in den Brotteig. Kümmel wirkt gegen Appetitlosigkeit und gegen Husten.

KIMCHI

Dieses koreanische Gericht erfreut sich inzwischen in Ulaanbaatar ziemlicher Beliebtheit, nicht nur, dass es in den zahlreichen koreanischen Restaurants angeboten wird, sondern es kann zu vielerlei Gerichten auf den Tisch kommen und ist eine inzwischen recht beliebte Füllung für gebratene Teigtaschen und eine Zutat für Gemüsesuppe. Das folgende Rezept stammt aus der Küche meiner koreanischen Freundin YongSa. Bei den Mengen kann je nach Geschmack und Angebot variiert werden.

Chinakohl oder Weißkohl
weißer Rettich
1 Karotte für die Farbe
Bärlauch, wenn vorhanden
Salz
Wasser
frischer Ingwer
Fischsauce
Knoblauch
Lauch oder Frühlingszwiebeln
Sesam, trocken geröstet und zerstoßen
scharfes Paprikapulver nach Geschmack
1–2 EL Reis oder 1 EL Mehl zum Haltbarmachen

Kohl und Rettich in mittelgroße, aber dünne Scheibchen schneiden, Bärlauch klein schneiden und die Karotte in schmale Streifen. Alles in eine

Schüssel geben, einsalzen und wenig Wasser dazugießen. Etwa eine Stunde stehen lassen. Abtropfen und kräftig mit den Händen ausdrücken. Klein geschnittenen frischen Ingwer, Knoblauch, Lauch oder Frühlingszwiebeln untermischen, mit Sesam und Fischsauce abschmecken und zuletzt vom Paprikapulver je nach gewünschter Schärfe hinzugeben. Wer sein Kimchi über einen längeren Zeitraum aufbewahren möchte, sollte ein wenig Reis weich kochen und zerstampft untermengen. Statt Reis eignet sich auch eine kleine Menge Mehl. Kühl gestellt bleibt Kimchi durchaus lange haltbar.

Variante (auch für Kinder geeignet)

Den Paprika weglassen oder, wenn es nicht so scharf werden soll, entsprechend sparsam damit umgehen. Statt der Fischsauce klein geschnittene Äpfel und Birnen hinzufügen (Früchte nicht raffeln, da das Kimchi sonst zu breiig wird). Pinienkerne oder Zedernnusskerne geben eine eigene Geschmacksnote.

GEMÜSESALAT MIT RHABARBER
BAIZAA, MANDSCHIN, LUUWAN, GISCHUUNII SCHANZAI

Dieser Salat ist eine »neuzeitliche« Kreation.

Für 6–8 Personen
einige Stängel Rhabarber
1 EL Zucker
½ kleiner Weißkohl
2 gelbe Rüben
3–4 Karotten
½ Bund Frühlingszwiebeln oder einige Blätter Bärlauch
Pfeffer
Salz

Den Rhabarber klein schneiden und in wenig Wasser mit einer Prise Salz und mit einem Esslöffel Zucker kochen, bis er zerfallen ist und eine dickflüssige Sauce ergibt. Alles Gemüse in feine Stifte oder dünne Streifen schneiden, in eine Schüssel geben und leicht mit beiden Händen durchkneten, damit die Fasern brechen. Die Frühlingszwiebeln oder den Bärlauch fein hacken und untermischen. Mit der heißen Rhabarbersauce übergießen und gut vermengen. Pfeffern und salzen nach Geschmack.

Variante

Die Rhabarbersauce sollte süß-sauer schmecken und kann mit einigen Spritzern Zitronensaft und auch etwas Honig verfeinert werden. Denkbar ist auch eine Beigabe von einer halben Tasse Rosinen, die zuvor in Wasser eingeweicht wurden.

Serviervorschlag

Dieser Salat eignet sich sowohl als Vorspeise als auch als Beilage zu gekochtem Fleisch oder zu verschiedenen Arten von Teigtaschen (–> S. 131 ff.).

GETROCKNETER QUARK MIT RHABARBER
GISCHUUNE AARUUL

Rhabarber – *Gischuune* –, ein Knöterichgewächs, ist in seiner Urform in Tibet und in der Mongolei heimisch und wird seit jeher gegessen und als Heilpflanze verwendet. Er wirkt leicht abführend, entwässert den Körper und ist heilsam bei Gelbsucht. Bei entzündeter Haut wirken aufgelegte Rhabarberblätter lindernd. Sowohl die Stängel als auch die jungen Blätter kann man roh essen als auch in Schwarzer Suppe (–> S. 148) kurz mitkochen.

So wie die verschiedenen Laucharten verarbeitet werden, kann man auch den Rhabarber zubereiten und haltbar machen. Junge Triebe und Wurzeln, im Frühsommer geerntet, werden fein gehackt und mit frischem Quark – *Aarz* – vermengt. Diese Masse von Hand in kleine Formen bringen und in der Sonne trocken. Rhabarber-*Aaruul* entsteht.

Diesen kann man einfach so essen oder mit *Öröm* (–> S. 46) bzw. *Eedsgii* (–> S. 64) zu Brei anrühren oder später in der Schwarzen Suppe oder Nudelsuppe auflösen. Man kann ihn auch wie die anderen *Aaruul*-Arten als Wintervorrat aufbewahren.

IN MOLKE EINGEDICKTER RHABARBER
GISCHUUNII BADSUUR

1 kg junge Triebe, Stängel und Wurzeln vom Rhabarber
1 l Molke von *Eedsgii* (–> S. 64) oder *Bjaslag* (–> S. 62)
1 Handvoll getrocknetes Süßgras (*Glycyrrhiza uralensis Fisch.*, Stängel und Wurzel) oder 1 Tasse brauner Zucker

Den Rhabarber klein schneiden und mit Zucker oder dem zerriebenen Süßgras in der Molke so lange kochen, bis sämtliche Flüssigkeit verdunstet ist. Dann die Masse auf einem Holzbrett gleichmäßig dick auftragen und trocken lassen, dabei aber mehrmals wenden. Später in kleine Stücke schneiden und servieren. Bleibt lange haltbar.

FLAUMIGE MOLKE
SCHAR SUUTEI SEWLEG

Die Knollen der Feuerlilie sind in der Mongolei eine seltene Delikatesse. Sie werden in den Sommermonaten ausgegraben und können roh gegessen werden oder zu der hier genannten wohlschmeckenden Süßspeise verarbeitet werden.

Feuerlilienknollen wirken hervorragend bei Haut- und Knochenverletzungen, bei Reizhusten und bei Lungenkrankheiten. Gut bei Schlaflosigkeit und seelischen Belastungen.

3 Handvoll Knollen der Feuerlilie (*Lilium pumilum Delile)*
1 l süßliche Molke, die durch die Herstellung von *Bjaslag* (–> S. 62) entsteht

Knollen reinigen, klein schneiden und in der Molke so lange kochen, bis die Flüssigkeit eindickt. Dann vom Feuer nehmen und abkühlen lassen. Erkaltet lässt sich die Masse gut in kleine, mundgerechte Stücke schneiden und verspeisen.

ZULCHIR – DAS MEHL AUS DER WÜSTE

Wer weiß schon, dass die Mongolen vermutlich die Ersten waren, die eine lang haltbare Trockenmilch herstellten? Und dass sich dieses Wissen bei den Nomaden der mittleren und südlichen Gobi-Provinzen bis vor Kurzem noch gehalten hat? Dafür benutzten sie *Zulchir*. Und diese aus den *Zulchir*-Samen hergestellte Trockenmilch diente ihnen während der langen kalten Wintermonate bis in den Frühling hinein.

Zur Herstellung trocknete man die *Zulchir*-Samen, bis sie nicht mehr bitter schmeckten. Dann röstete man sie in einem gusseisernen Topf, ließ sie in Milch aufquellen und kochte sie zusammen mit der Milch ein, bis eine sämige Masse entstanden war. Diese wurde auf einem Brett ausgestrichen und an der Luft getrocknet. Zerstoßen ergab dies die pulverisierte *Zulchir*-Trockenmilch, die sich, an einem kühlen Ort verwahrt, für die Vorratshaltung gut eignete.

Zulchir – *Agriophyllum gobicum* – gehört zur Pflanzenfamilie der Gänsefußgewächse. Es gibt sieben verschiedene Arten von *Zulchir*, alle in Zentralasien heimisch, wovon eine Art in der Mongolei gedeiht, und zwar auf dem sandigen Boden in der Süd- und Mittelgobi und an einigen Orten in den Bezirken von Gobi-Altai, Bajanhongor, Dsawchan, Howd, Uws und Süchbaatar. Dass *Zulchir* die Wüstenbildung aufhält, ist wenig bekannt. Und noch weniger weiß man, wie und ob man es überhaupt anpflanzen kann, und wenn, ob es dann noch die Wirkstoffe besitzt, die es auszeichnen: als wild wachsende wunderwirksame Wüstenpflanze.

Zulchir-Samen sind sehr reich an verschiedenen lebenswichtigen Mineralien (60 Prozent mehr Eisen und Eiweiß als andere Getreidearten), die Mongolen vermahlen sie aus diesem Grund zu Mehl. *Zulchir* begünstigt den Stoffwechsel, ist reich an Omega-3-Fettsäuren und den Vitaminen A und E, gilt als die an Aminosäuren reichste Samenkornart und ist damit weitaus nahrhafter als Weizen und Roggen. Darum wird *Zulchir* hoch geschätzt und in der traditionellen mongolischen Medizin eingesetzt. Bei Leberverfettung verzögert *Zulchir* den Verfettungsprozess, begünstigt den Stoffwechsel in der Leber und entgiftet sie. Wer an Gelbsucht erkrankt ist oder an übermäßigem Harndrang leidet, sollte möglichst viel *Zulchir* zu sich nehmen. Eine Behandlung gegen Bluthochdruck besteht darin, *Zulchir*-Mehl mit gelbem Butterfett angerührt auf die Fußsohlen zu streichen und dort längere Zeit einwirken zu lassen.

Zulchir ist einjährig und als junge Pflanze sehr saftig, wird aber nach der Blüte schnell hart und dornig. Die Samen sind äußerst widerstandsfähig, können unversehrt jahrelang im Boden verbleiben und erst später austreiben. *Zulchir* wächst weitläufig und in Büschen, so fällt das Sammeln leicht. In regenreichen Jahren sprießt der *Zulchir* ab Mai und fängt im Juli an zu blühen. Die Samen reifen von August bis September. Dann, wenn die Ährenspitzen zwei bis drei Fingerbreit verblüht sind, kommt die Erntezeit. In regenarmen Jahren gedeiht der *Zulchir* nur spärlich und die Samen gelangen kaum zur Reife.

Bei der Ernte wird die Ähre, die bei reichlich Sonne und Regen bis zu zwei Handspannen lang werden kann, ganz abgeschnitten oder aber die Pflanze wird mitsamt der Wurzel mithilfe einer Kuhdunggabel ausgegraben.

Zum Reinigen der Samen braucht es ein Sieb. Dieses wird aus Leder gefertigt, das über einen Holzrahmen von 30 bis 50 cm Durchmesser gespannt wird. Die Löcher entstehen, indem man das gespannte nasse Leder durchsticht. Mit der Zeit wurden diese alten Siebe allerdings durch solche aus Eisen oder Kunststoff ersetzt.

Dann dient ein Holzmörser mit einem dazupassenden, möglichst schweren Holzstößel, der gut in der Hand liegt und etwa eineinhalb bis zwei Meter lang sein sollte, dazu, den *Zulchir* von seiner Schale zu befreien. Je kräftiger die Schläge sind, umso rascher bricht der Samen auf.

Statt den *Zulchir* in einem Mörser zu bearbeiten, kann man ihn aber auch auf einer Zeltplane oder einem glatten Lederstück mit zwei Holzstangen kräftig schlagen bzw. dreschen, so wie man auch die Wolle schlägt, ehe sie zum Filzen ausgelegt und vorbereitet wird.

Erst wenn man den *Zulchir* mit den Händen anfassen kann, ohne dabei Dornen zu spüren, ist er fertig gedroschen. Daraufhin muss er getrocknet werden. Das kann je nach Wetterlage 3 bis 7 Tage dauern.

Für größere Mengen *Zulchir* braucht man einen Dreschplatz – auf Mongolisch *Zan*, nach dem Schallbecken der Mönche im Kloster benannt. Dazu gräbt man einen kreisrunden Platz in den Lehmboden, der 8 bis 10 m Durchmesser umfassen und etwa 2 Handbreit tief sein sollte. Er wird mit Kieselsteinen dicht ausgelegt und festgestampft. Dann wird eine Schicht Lehm aufgebracht, die am besten von Pferden oder Kamelen festgetreten wird. Das Ergebnis ist ein ebenerdiger kreisrunder Platz. Unter Umständen muss mehrmals Wasser daraufgeschüttet und Lehm nachgelegt und erneut festgestampft werden. Zuletzt wird noch einmal Wasser darübergegossen. Am kommenden Morgen ist der *Zan* fertig.

Auf diesen Platz werden die *Zulchir*-Ähren mit den Spitzen nach innen gerichtet kreisförmig angeordnet. Dann treibt man 8 bis 10 miteinander verbundene Pferde oder Kamele im Kreis darüber.

Zuletzt werden die Stängel mit den Händen aussortiert und die geschälten Samen im Wind geworfelt oder gesiebt. Die auf diese Art von der

Schale befreiten Samen werden an einem trockenen, kühlen Ort in einem Beutel aufbewahrt.

Die Dreschrückstände einschließlich der Blätter und Stängel werden mit Wasser vermischt und als Tierfutter verwendet. Besonders Kamele lieben *Zulchir*. In der Wüste Gobi sagt man: Kamele, die *Zulchir* fressen, werden kräftig und setzen schön Fett an.

Ehe *Zulchir* gemahlen wird, muss man die Samen rösten. Dazu werden die geschälten *Zulchir*-Samen mehrere Male gut gewaschen und zuletzt getrocknet. Vor dem eigentlichen Rösten werden sie etwa eine Viertelstunde in Wasser gekocht, dann werden sie groß und rund und nehmen eine schöne braune Farbe an. Die gequollenen Samen werden geröstet, erst dann werden diese gerösteten Samen zu möglichst feinem Mehl vermahlen.

Das wohlriechende *Zulchir*-Mehl kann man wie geröstetes Gerstenmehl (*Dsambaa*) mit frischer Rahmhaut (*Öröm*), Zucker und Butter vermischt zu einem Brei verrühren. Oder es kann für *Hailmag* (süße Einbrenne) verwendet werden.

Heute wird *Zulchir* kaum mehr verwendet, dennoch haben sich einige Rezepte erhalten, auf die ich hier zumindest hinweisen möchte.

ZULCHIR-BREI MIT GOJO, ÖRÖM UND EEDSGII

Zerkleinertes *Gojo* (–> Glossar) wird mit reichlich *Zulchir*-Mehl vermengt. Dazu kommen *Öröm* (–> S. 46) und *Eedsgii* (–> S. 64). Zuletzt kann man noch Zucker beimengen, wenn man es süß mag.

ÖRÖM MIT ZULCHIR

Zulchir-Mehl in die aufkochende, aufschäumende Milch geben. Über Nacht bildet sich eine dicke Rahmhaut. Die Menschen aus der Wüste Gobi nennen diese Speise »eingedickten *Zulchir*«.

RAHMIGER ZULCHIR-MEHLBREI

Zulchir-Mehl mit Milch, Wasser und einer Prise Salz aufkochen. Zuletzt etwas *Öröm* hinzufügen. Das ergibt einen Brei.

MILCHTEE, MIT ZULCHIR ANGEREICHERT

Weißes Fett (–> S. 52) von der Stutenmilch-*Airag* oder von angesäuerter *Öröm* mit Zucker und *Zulchir*-Mehl vermischen. Dieses Gemisch gibt man dem fertigen Milchtee bei.

WEISSES FETT MIT ZULCHIR-MEHL – EINE ART ZULCHIR-HAILMAG

Wenn man *Öröm* erhitzt, trennt sich dabei das flüssige gelbe Butterfett von den weißen Bestandteilen. Diesen Rest nennt man weißes Fett. Dieses nun mit *Zulchir*-Mehl und *Eedsgii* oder *Aaruul* (–> S. 59) vermischen. Wer es süß mag, kann auch Zucker hinzugeben.

BREI AUS ZULCHIR-MEHL MIT ÖRÖM UND EEDSGII

Das geröstete *Zulchir*-Mehl mit *Öröm* und *Eedsgii* mischen und zu einem Brei rühren.

AARZ MIT ZULCHIR-MEHL

Aarz (–> S. 56) mit ein wenig Wasser aufkochen und *Zulchir*-Mehl einstreuen. Zuletzt mit gelbem Butterfett (–> S. 53) und *Öröm* abschmecken.

ZULCHIR-MEHLBREI MIT AARZ UND EEDSGII – EINE WEITERE ART VON HAILMAG

Aarz und *Eedsgii* mit *Öröm* und ein wenig Milch erhitzen, *Zulchir*-Mehl hinzugeben und alles gut umrühren. Man kann auch Zucker und Rosinen beifügen.

GEKOCHTE MILCH MIT ZULCHIR-MEHL

Zulchir-Mehl und gelbes Butterfett in die aufkochende Milch geben. Das ergibt ein sehr nahrhaftes Essen.

ÖRÖM MIT ZULCHIR-MEHL

Dies ist eine Herbstspeise: *Zulchir*-Mehl in die aufkochende Herbstziegenmilch einstreuen. Beim Erkalten setzt sich eine dicke Rahmschicht an der Oberfläche ab. Statt *Zulchir*- kann man auch *Suli*- oder Gerstenmehl verwenden.

TEE MIT ZULCHIR

Ein Rezept aus der Westmongolei, wo viel *Zulchir* wächst.

3 l Wasser
2 Tassen *Zulchir*-Mehl
1 EL gelbes Butterfett (–> S. 53)
½ l Milch
1 EL Salz
Schwarztee

Schwarztee kochen. Das *Zulchir*-Mehl in der gelben Butter hell anschwitzen. Schwarztee und Milch beifügen, alles aufkochen lassen.

BREI AUS GOJO UND ZULCHIR-MEHL

Zulchir-Mehl und *Gojo* (–> Glossar) in die erneut aufzukochende *Öröm* gegeben und alles so lange weiterkochen, bis ein sämiger Brei entsteht. Gegebenenfalls noch etwas Wasser beigeben.

BREI MIT ZULCHIR UND GELBEM BUTTERFETT

Zulchir und gelbes Butterfett in heißen Tee oder heiße Milch geben. Man kann auch Zucker beimengen.

MILCHIGES SALZWASSER MIT ZULCHIR

Milch und Wasser zu gleichen Teilen zum Kochen bringen, salzen und eine Tasse *Zulchir*-Samen hinzugeben. Das ist gut für Kinder, die Sonnenstich haben, und wirkt hervorragend gegen Durchfall.

SUPPE AUS INNEREIEN MIT ZULCHIR-MEHL

Zulchir-Mehl (die Menge richtet sich danach, wie dickflüssig die Suppe sein soll) in kaltes Wasser streuen. Erhitzen, salzen und gut umrühren. Die gehackten Innereien beimengen. Bei kleiner Flamme alles langsam gar kochen. Kurz vor dem Servieren die Suppe mit klein geschnittenem Wildlauch, Kümmel und anderen Gewürzen abschmecken.

HERZSUPPE MIT ZULCHIR-MEHL

Von einer fertigen Suppe etwas Brühe abschöpfen. Das geröstete *Zulchir*-Mehl in die Brühe streuen und aufkochen lassen. Das in feine Streifen geschnittene Herz in die eindickende Suppe geben und alles langsam aufkochen. Man kann auch Zwiebeln, Wildlauch, Kümmel und Pfeffer hinzugeben. Mit Salz abschmecken.

FÜNF ARTEN VON INNEREIEN MIT ZULCHIR-MEHL

Zulchir-Mehl in die Suppe aus fünf Innereien streuen auf kleinem Feuer gar kochen.

SUPPE MIT ZULCHIR-MEHL

Zulchir-Mehl in die Fleischbrühe aus Hammel- oder Rindfleisch geben und langsam kochen. Die Suppe wird zu gekochtem Fleisch gereicht.

MILCHSUPPE MIT ZULCHIR-MEHL

Zulchir-Mehl unter fertige *Hailmag* (–> S. 51) oder gelbes Butterfett (–> S. 53) mengen. Reichlich Milch dazugeben, sodass es eine Suppe ergibt. Langsam aufkochen lassen.

MILCH-ZULCHIR-BREI

Zulchir-Mehl in die gekochte Milch streuen und alles zu Brei rühren.

GERÖSTETES ZULCHIR-MEHL MIT DSÖÖCHII

Zulchir-Mehl mit *Dsööchii* (–> S. 51) vermischen. Je nach Geschmack Zucker beigeben.

ZULCHIR-BREI MIT ÖRÖM UND AARUUL

Das geröstete *Zulchir*-Mehl mit *Öröm* und *Aaruul* (–> S. 59) vermengen. Je nach Geschmack Zucker beigeben.

ZULCHIR-MEHL MIT EEDEM

Zulchir-Mehl mit frischem *Eedem* (–> S. 63) vermischen. Zum Verdünnen abgekochte Milch hineingeben. Je nach Geschmack Zucker beigeben.

HÖZ – DAS ZUM LEBEN ERWECKTE UND ERWECKENDE

Höz ist ein Lebensmittel mit uralter Tradition. Es handelt sich dabei um »zum Leben erwecktes«, also um durch Wässerung zur Keimung gebrachtes Korn. Seit Gedenken wird *Höz* sowohl aus Gerste als auch aus Weizen, aber auch aus dem wild in der Wüste wachsenden *Suli* und *Zulchir* bereitet. Die Mongolen nutzten die natürlichen Gegebenheiten ihres Umfeldes, Wasser, Wind und Sonne und bearbeiteten ihr wild wachsendes Korn aus der Wüste derart, dass sie daraus ein um ein Vielfaches gesteigertes »lebendiges« Lebensmittel erhielten. Im gekeimten Korn erhöht sich die Nährstoffzusammensetzung: Der Vitamin-Gehalt steigt, der Gehalt an essenziellen ungesättigten Fettsäuren, die biologische Wertigkeit erhöht sich und vieles mehr. Kurzum: Das gekeimte Korn ist »lebendig«, ist das wertvollere im Vergleich zum ungekeimten, das als »leblos« gilt. Bei der Herstellung von *Höz* wurde das Korn gewässert, es keimte, dann wurde es gedroschen und gequetscht und zuletzt getrocknet. So entstand ein sehr lange haltbares Nahrungsmittel.

Auf den ersten Blick scheint die Verarbeitung des Korns zu *Höz* einfach. Tatsächlich aber ist es ein langwieriger Vorgang, der Geduld und ausreichend Kenntnisse verlangt. Nehmen wir Gerste: Sie muss zuerst gut gewaschen und von der Spreu getrennt werden. Daraufhin wird sie mindestens eine halbe Stunde im Wind getrocknet. Dann gibt man sie in eine Schüssel, gießt frisches Wasser darüber, bis die Körner reichlich bedeckt sind. Binnen 2 bis 3 Stunden haben die Körner das Wasser vollständig aufgesaugt; sie quellen und die Schalen brechen auf.

Das gequollene Korn wird nun zum zweiten Mal eingeweicht, aber mit mehr Wasser als zuvor. Wieder lässt man die Gerste stehen, nun brechen alle Körner auf. Womöglich braucht es noch mehr Wasser, denn die Gerste soll so lange quellen, bis sie absolut kein Wasser mehr aufnehmen kann.

Die gequollene Gerste ist nun leicht von den Hülsen abzulösen. Dazu wird sie entweder leicht im Mörser gestampft oder auf einem Lederfleck mit zwei Holzstangen bearbeitet, ähnlich der Wolle vor dem Filzen. So wird das Korn aufgebrochen. Erst jetzt wird die vorbearbeitete Gerste durch ein Sieb gedrückt und gleichmäßig auf ein Brett gestrichen. Die Masse trocknet im Wind, dabei wird sie immer wieder gewendet. Zuletzt werden alle Körner erneut gesiebt und so von den restlichen Hülsen befreit.

Das *Höz* aus Gerste ist fertig und findet für die nun folgende Auswahl von Gerichten Verwendung:

SUPPE MIT HÖZ UND SCHAFINNEREIEN

Diese Speise wirkt etwas grob, aber ihr Nährwert ist unvergleichlich: 2 bis 3 Tassen Gersten-*Höz* in die Brühe des gekochten Fleisches geben und so lange kochen lassen, bis das *Höz* fast weich ist. Nun tiefgefrorene, fein gehackte Innereien beimengen und kochen, bis sie gar sind. Mit Kümmel, wildem Schnittlauch, evtl. auch mit Muskatnuss, getrockneter Brennnessel würzen, evtl. getrocknete Pilze beigeben. Wenn man diese Suppe isst, »werden sogar die Knochen heiß«, meinen die Mongolen.

Wenn man keine Suppe, sondern ein einfaches Gerstengericht machen möchte, dann fügt man weniger Flüssigkeit hinzu und lässt das Ganze nicht so heftig kochen. Beim Servieren gibt man einige *Aaruul*-Krümel (–> S. 59) und *Eedsgii* (–> S. 64) hinzu. Das gefällt dem Auge und schmeckt auch gut.

Dieses Gericht macht den Körper stark und wirkt bei Jod-, Eisen- und Blutmangel.

HÖZ-GERICHT MIT AARZ, EEDSGII UND BJASLAG

Von einer Fleischbrühe das Fett abschöpfen und *Höz* in der Brühe kochen. Ehe es gar wird, *Aarz* (–> S. 56) hinzugeben und gut umrühren. Dann weiterkochen, bis das *Höz* gar wird. Dann *Bjaslag* (–> S. 62) und *Eedsgii* hinzugeben. Gewürze wie im obigen Rezept verwenden.

MILCH-HÖZ

Milch und *Höz* im Verhältnis 1:3 vermischen und 2 Stunden stehen lassen. Statt Milch kann man auch Molke verwenden. Wenn das *Höz* frisch ist, dann nimmt man eine Mischung aus 1 Teil Milch und 2 Teilen Wasser. Das Ganze aufkochen und beim Garwerden noch einmal 1 Teil Milch hinzugeben. Und dann kommen *Eedsgii*, *Bjaslag* und *Aaruul*-Krümel hinzu. Wenn die Masse zu sehr eindickt, noch etwas Wasser und Milch beigeben. Diese Speise tut gut bei Müdigkeit und körperlicher Erschöpfung. Stoffwechsel und Blutkreislauf werden dadurch angeregt.

DSAMBAA

Wenn man Gerste röstet, ist sie leicht von der Schale zu lösen. Dann wird sie gesiebt. Die so von der Schale befreite Gerste wird zu Mehl vermahlen. Das geschieht in traditioneller Weise mit zwei Mühlsteinen, wovon der obere mit einem Stock von Hand zum Drehen gebracht wird. In der Westmongolei nennt man das *Dsambaa*, sonst wird es *Arwain Gurel* genannt.

Dsambaa hat ein schönes Aroma und einen hohen Nährwert. Mit *Öröm* (–> S. 46) und Butter schmeckt es wunderbar. Es ist leicht verdaulich, besonders für alte Menschen und kleine Kinder.

Im Winter isst man *Dsambaa* mit gelbem und weißem Butterfett (–> S. 52 f.). Der Nährwert ist entsprechend hoch, es wirkt nach dem Genuss von roten Speisen verdauungsfördernd. Mit gelbem Butterfett angerührtes *Dsambaa* eignet sich gut für unterwegs, es kann viele Monate lang aufbewahrt werden. Geröstete Gerste mit oder ohne Schale isst man auch mit *Öröm* und Butter oder aber einfach so aus der Hand. Geröstetes Gerstenmehl wird auch als Füllung für Gebäck benutzt.

TEE IST MEHR ALS NUR TEE

Tee wird umso schmackhafter, je mehr er umgerührt wird,
Zeit wird umso wertvoller, je mehr davon vergangen ist.
Volkstümliche Redensart

Mann und Frau heiraten. Die Frau entfacht in Gegenwart der Hochzeitsgäste ein Feuer in der Jurte, kocht Tee und reicht dem Mann die erste Schale. Das besiegelt den Bund der Ehe, der seit jeher geteilte Verantwortung für das gemeinsame Leben bedeutet. »Ich bereite dir den Tee«, spricht die Braut beim Ritual, worauf der Bräutigam zu entgegen hat: »Ich richte Dir eine Jurte ein.«

Dieses Versprechen wird allmorgendlich von Neuem gefestigt. In der Nomadenjurte steht die Frau immer als Erste auf, schlägt die Jurtendachklappe zurück, macht Feuer, setzt Wasser auf und während sie den Tee zubereitet, ordnet sie ihre Gedanken, denkt an das kommende Tagewerk, und alle ihre Sorgen, Wünsche und Hoffnungen köcheln mit. Sie streut Teeblätter ins Wasser, die sie vom Teeziegel abgeklopft hat, lässt es kochen, gießt Milch dazu, fügt Salz bei und zieht zuletzt den erneut aufkochenden Tee viele Male mit der Kelle hoch und lässt ihn in einem kräftigen Stahl zurück in den Kessel fließen. Es schäumt.

Tee ist das Bindeglied zwischen allen, die davon kosten. Er bringt Eintracht in die Jurte, festigt die Familienbande. Tee ist auch Bindeglied zwischen Mensch und ewigem Himmel, dem Allerhöchsten und Heiligsten. Nun tritt die Frau vor die Jurte, mit bedecktem Kopf und gegürtet, und verspritzt mit dem neunäugigen Opferlöffel etwas vom frisch gekochten Tee, noch ehe die Menschen davon trinken. Sie erbittet Segen, Schutz und Wohlergehen für Mensch und Vieh. Sie vergewissert sich der umliegenden Berg- und Hügelketten, der Wasser und Winde, der Geister und Ahnen, die immer mit bedacht werden.

Zurück in der Jurte steht dem Familienoberhaupt, dem Mann, die erste Schale zu. Ist er nicht da, dann dem ältesten Sohn. Hatten Mann und Frau Streit, wird er die Schale nicht anrühren. Er wird das erst später tun, wenn der Streit abgeklungen ist. Worte braucht es keine für die Versöhnung.

Unzählige und für Außenstehende oft kaum merkliche Regeln gilt es bei der Zubereitung und Darbringung von Essen und Trinken zu beachten. Das Feuer, die heilige Jurtenordnung, die Alten, die Ahnen und Geister, die Erinnerungen, welche die eigene Geschichte mitbestimmen, und insbesondere der Tee vereinen sich zu einem Ganzen, zur Ausgewogenheit. Disharmonie bringt Unglück, Unruhe des Herzens, führt zum Auseinanderbrechen der Gemeinschaft. Das Streben nach Harmonie ist ein Grundpfeiler der mongolischen Kultur und der Seele des Volkes. Und der Tee ist dafür Symbol und Wirkstoff in einem.

Tee und Suppe in einer am Rand abgeschlagenen Schale sollten nicht vorgesetzt werden: dem Jurtenherrn und einem Gast keinesfalls. Das kann in einer Familie mit vielen Kleinkindern allerdings schwierig sein, denn da bleiben angeschlagene Schalen nicht aus. Beim Einschenken des Tees soll auch nichts überfließen. Und dann gilt es, die Regeln beim Ausgeben von Tee und Essen einzuhalten: Beim Überreichen einer Schale nicht den Finger über den Schalenrand nach innen gleiten lassen und die Schale auch nicht mit spitzen Fingern am Rand anfassen, keinesfalls mit der Schale herumspielen, wenn man sie in Händen hält, die überreichte Schale nicht abstellen, ohne zuvor davon gekostet zu haben und niemals über am Boden abgestellte, leere Schalen steigen.

Grüner, unfermentierter Tee, wie er heute so beliebt ist, wächst nicht in der Mongolei. Er kommt in Ziegel gepresst ins Land. So war es früher, und so ist es bis auf den heutigen Tag.

Also schreibt der Teeziegel seine eigene Kulturgeschichte in der Mongolei. Teeziegel waren selten und kostbar, wurden angespart und galten wie Murmeltierfelle als Zahlungsmittel; ein Viertel, eine Hälfte gab man für die Miete von Kamelen für den Umzug aus.

Der Wert eines Teeziegels beruhte auf der Qualität des Tees, aber auch auf dem sozialen Stellenwert, den sein Besitz kennzeichnete. Seit dem Kontakt mit Tibet im 12. Jahrhundert könnte Tee mit den buddhistischen Mönchen in die Mongolei gekommen sein. Genaueres darüber erfahren wir weder aus der »Geheimen Geschichte der Mongolen« noch aus dem Bericht des Franziskaners Wilhelm von Rubruk. Zur Zeit der Yuan-Herrschaft war Tee bei den Höhergestellten bereits ein beliebtes Getränk und wurde bei den Chinesen gegen Pferde eingetauscht. Tee in Ziegelform aus China und Tibet gelangte bis zum Aufstand gegen die Mandschu-Herrschaft im Jahr 1911 meistens mit Kamelkarawanen über Kumbum in die Mongolei, ab 1924 kam er aus Russland, bis er im Zweiten Weltkrieg ausblieb und die Menschen wieder ausschließlich ihre wild wachsenden Teekräuter sammelten.

Tee ist und bleibt Kult und Kultur. Und Tee meint immer ein Mehr: »Komm zum Teetrinken«, lautet die Einladung der Nachbarjurte. Wie oft wird die Einladung meist kurz zuvor ausgesprochen, und ich habe mich immer gewundert, wie es sich fügt, dass alles gerichtet ist und die Suppe schon in den Schalen dampft, wenn man die Jurte betritt. Es ist also nie nur die Einladung zum Teetrinken gemeint. Manchmal wird sogar eigens für den »Tee-Gast« ein Schaf geschlachtet und die Innereien köcheln schon seit geraumer Zeit. Der Gast soll verwöhnt werden. Die Einladung zum Tee steht für Gastfreiheit, Gemeinsinn und ist Garant friedlichen Mit- und Beieinanderseins.

Kommt eine Karawane gezogen, ist sie vielleicht gerade erst am Horizont sichtbar, beginnen die Menschen in den Jurten bereits Feuer zu machen und Tee zu kochen. Bis die Karawane kommt, vergeht Zeit. Schließlich steht man bereit mit dem Tee und etwas zu Essen. Die Heranziehenden sehen schon, was sie erwartet, halten an, sitzen ab. Man ruht sich aus, trinkt und isst, während einer der Gast- und Teegeber sich unaufgefordert nützlich macht und nach den Lasten auf den Kamelen sieht, sie wieder zurechtrückt, hie und da etwas ins Gleichgewicht bringt und wieder festzurrt.

Tee ist Kulturträger und -bringer. Tee, in der eigenen Jurte getrunken, steht für Geborgenheit, Familienmitte, mütterliche Fürsorge, für das Zuhause. Liedzeilen sprechen bedeutungsschwer vom wohlschmeckenden Tee, gekocht von der Mutter, von der Lebensgefährtin. Denn Tee ist Liebe. Nicht umsonst lautet eine Redewendung der Mongolen: »Ein Mensch mit einer guten Seele kocht auch einen guten Tee.«

MONGOLISCHER MILCHTEE
MONGOL SÜÜTEI ZAI

Grundsätzlich wird der mit Milch gekochte mongolische Tee immer mit zerstoßenen Blättern vom Teeziegel, der aus Georgien stammt, zubereitet. Neuerdings verwenden einige Landfrauen auch Schwarztee dafür. Das Wasser zum Teekochen sollte beste Qualität haben, ja am besten frisch geschöpftes Quellwasser sein. Tee wird liebevoll auch »Zubereiteter aus fünf erlesenen Gaben« genannt. Gemeint sind: Wasser, Salz, Milch, Fett und Teeblätter. Auch wenn die Zutaten sich landesweit im Wesentlichen gleichen, wird der Tee doch auf so verschiedene Arten gekocht, dass er von Gegend zu Gegend und von Familie zu Familie unterschiedlich schmeckt: kräftig, fetthaltig oder buttrig, fast salzlos, salziger, schön angebrannt, nussig oder womöglich gar geräuchert.

Die gebräuchlichste Zubereitungsart ist folgende: erst das Wasser zum Kochen bringen, höchstens eine Handvoll Tee hineinstreuen, 2 bis 3 Minuten lang weiterkochen und zuletzt einige Kellen Milch und auch das Salz zugeben. So sagt man, wird der Tee am schmackhaftesten. Wenn man vor dem Aufkochen der Teeblätter Salz und Milch zugibt, dann wird der Tee nicht so kräftig. Wenn man den Tee zu lange kocht, verliert er sein Aroma und wird bitter. Am besten ist es, Salz und Milch fast gleichzeitig hinzuzugeben und dann mit der Schöpfkelle viele Male gut hochzuziehen und den Strahl wie beim Milchkochen in den Kessel zurückfließen zu lassen, damit es schön aufschäumt. Es heißt, der 108 Mal mit der Kelle auf diese Weise aufgeschäumte Tee ergibt den besten aller möglichen Tees.

Wenn man mit chinesischem Grüntee Milchtee kocht, färbt er sich rot. Um das zu vermeiden, sollte man ihn in einem eigenen Gefäß aufbrühen, etwas ziehen lassen und dann den durchgesiebten Teeaufguss ins kochende Wasser gießen. Dann erst die notwendige Menge von Salz und Milch beigeben, so wird der Tee nicht rot.

In der Westmongolei und auch dort, wo *Hudschir* – leicht bitter schmeckendes Salz von Salzböden – vorkommt, wurde Tee mit Milch meistens damit zubereitet, konnte aber auch noch zusätzlich mit Kochsalz abgeschmeckt werden. *Hudschir* findet heute kaum mehr Verwendung.

Zum Anreichern des Tees, wie in den nun folgenden Rezepten ausgeführt, werden meistens Hirse, Reis, Weizen- oder geröstetes Gerstenmehl, aber auch *Zulchir* (–> S. 172 f.) und *Suli* verwendet.

Die angegebenen Mengen in den Rezepten sind nur Richtwerte, sie lassen sich im Verhältnis zueinander je nach Geschmack und Vorliebe abändern.

TEE DER KASACHEN
KADSAK ZAI

Die Kasachen in der Westmongolei, vorrangig in Bajan Ölgi beheimatet, lieben einen sehr gehaltvollen und belebenden Tee.

3 l Wasser
1 gute Handvoll Blätter vom Teeziegel (oder 3 gehäufte TL Schwarztee)
½ Tasse weißes Fett von vergorener Milch (–> S. 52)
¼ Tasse *Zözgii* (–> S. 50) von nicht abgekochter Milch
1 EL *Hudschir* (Salz von Salzböden), ersatzweise Soda oder Salz

Das Wasser mit allen Zutaten gleichzeitig auf dem Feuer kochen und etwas ziehen lassen. Dann den so gekochten Tee in eine Teekanne abgießen und auf dem Ofen warm halten. So kann der Tee jederzeit getrunken werden.

BRAUNER TEE DER CHALCHA-MONGOLEN
CHALCHIN BOR ZAI

Die Chalcha-Mongolen sind die bevölkerungsstärkste Gruppe in der Mongolei. Sie leben vor allem in der Zentralmongolei.

3 l Milchtee
1 gehäufte Tasse Hirse oder Reis
3 TL gelbes Butterfett (–> S. 53)
150 g Fett vom Schafschwanz
100 g Trockenfleisch (*Borz)* und eine luftgetrocknete Rippe vom Schaf
1 TL Salz
2 Prisen *Hudschir* (Salz von Salzböden), ersatzweise Soda
pro Schale 1 TL weißes Butterfett (–> S. 52), von der *Airag* (–> S. 26) oder anderer vergorener Milch abgeschöpft

Mongolischen Milchtee kochen (–> S. 186), durch ein Sieb abgießen und beiseite stellen. Den Kessel, in dem man den Milchtee gekocht hat, säubern und erneut aufs Feuer stellen. Die Hälfte des in dünne Scheiben geschnittenen Schafschwanzfettes hineingeben, dieses etwas auslassen, Hirse oder Reis hinzugeben und alles so lange anschwitzen, bis die Körner goldbraun sind. Dann den zuvor gekochten Milchtee vorsichtig hinzugießen, die andere Hälfte der dünn geschnittenen Fettschwanzscheibchen dazugeben und auch die klein geschnittenen Stückchen *Borz* und eine an der Luft getrocknete Rippe, zuletzt *Hudschir* oder Soda und Salz. Das Ganze kochen, bis die Hirse oder der Reis gar ist.

Zum Servieren wird zuerst etwas Hirse oder Reis in eine Schale geschöpft, darüber kommen einige Scheibchen Hammelschwanzfett und auch *Borz* sowie etwas weißes Butterfett. Zuletzt den Milchtee darübergießen.

TEE DER DÖRWÖD
DÖRWÖD ZAI

Die westmongolischen Dörwöd leben in den Bezirken Uws, Bajan Ölgi und Howd.

3 l Wasser
2 l Milch
2 Tassen Hirse, trocken geröstet
1 gute Handvoll Blätter vom Teeziegel
3 gehäufte EL gelbes Butterfett (–> S. 53)
1 Prise *Hudschir* (Salz von Salzböden), ersatzweise Soda
Salz nach Geschmack

Das Wasser mit den grünen Teeblättern in einem gusseisernen Topf aufkochen, abseihen und den milchlosen Tee beiseitestellen. Die geröstete Hirse im Mörser zerstampfen oder mahlen, in gelbem Butterfett leicht anschwitzen und mit dem milchlosen Tee ablöschen. Kurz aufkochen. Die Milch hineingeben, mit *Hudschir* bzw. Soda und Salz abschmecken und aufkochen lassen. Diesem Tee sagt man nach, er vertreibe die Müdigkeit besonders gut.

VARIANTE

Man kann auch vom abgesengten Hammelschwanz einige Scheibchen hineinschneiden oder ein abgesengtes Schafbein im Tee mitkochen. Dieser Tee wird dann geräucherter Tee, *Hurgastai Zai*, genannt.

TEE DER DSACHTSCHIN
DSACHTSCHIN ZAI

Die Dsachtschin sind eine Volksgruppe, die im westmongolischen Howd in verschiedenen Kreisen siedelt.

2 l Wasser
1½ l Milch
1 gute Handvoll Blätter vom Teeziegel
½ Tasse weißes Fett von vergorener Milch (–> S. 52)
Salz nach Geschmack

Die gut zerstampften Teeblätter ins kochende Wasser werfen und lange kochen lassen. Dann den Tee durch ein Sieb in ein anderes Gefäß abgießen. Die Milch in einem sauberen Topf aufkochen und den zuvor gekochten milchlosen Tee dazugießen, salzen und das weiße Fett von der vergorenen Milch hinzufügen. Alles gut umrühren und schön aufschäumen. Den so gekochten Tee gießt man in eine kupferne Kanne und trinkt ihn warm.

TEE DER TORGUUD
TORGUUD ZAI

Die westmongolischen Torguud siedeln im Süden der Provinz Howd, nahe der Grenze zu China.

2 l Wasser
2 l Milch
1 gute Handvoll Blätter vom Teeziegel
½ Tasse gelbes Butterfett (–> S. 53)
2 Prisen *Hudschir* (Salz von Salzböden), ersatzweise Soda oder Salz nach Geschmack

Starken milchlosen Tee kochen, durch ein Sieb abgießen und beiseitestellen. Dann die Milch zusammen mit dem gelben Butterfett im Topf erhitzen, den Tee hinzugießen, noch einmal gut und lange aufkochen und dabei mit der Kelle aufschäumen. Zuletzt wird der Tee mit *Hudschir* und Salz abgeschmeckt. Dieser Tee kann sogar das Essen ersetzen.

TEE DER URIANCHAI
URIANCHAI ZAI

Die Urianchai sind eine im Laufe der Geschichte mongolisierte, ursprünglich aber turksprachige Volksgruppe, die vor allem in der Westmongolei im Altai, aber auch in Höwsgöl siedelt.

2 l Wasser
2 l Milch
1 gute Handvoll Blätter vom Teeziegel
½ Tasse weißes Fett von vergorener Milch (–> S. 52)
3 Prisen *Hudschir* (Salz von Salzböden), ersatzweise Soda
Salz nach Geschmack

Einen starken milchlosen Tee zubereiten und beiseitestellen. Die Milch im Topf aufkochen und den zuvor aufgekochten Tee hineingießen. Zuletzt das weiße Fett hinzufügen, auch *Hudschir* und Salz. Dann alles gut mit der Kelle aufschäumen, bis sich eine dicke Schaumschicht gebildet hat.

BRAUNER TEE AUS SELENGE
SELENGIIN BOR ZAI

Diesem Tee, dessen Rezept der Meisterkoch Daschzereg aufgezeichnet hat, sagt man nach, dass er wie keiner die Müdigkeit vertreibe.

3 l Wasser
½ Handvoll Blätter vom Teeziegel
1½ Tassen gelbes Butterfett (–> S. 53)
1 Tasse Mehl
Salz nach Geschmack
50 g rohes Schafschwanzfett

Tee kochen, durch ein Sieb abgießen und beiseitestellen. Das gelbe Butterfett in einen vorzugsweise gusseisernen Topf geben, darin das Mehl goldgelb anschwitzen und zuletzt mit dem Tee ablöschen. Den Tee aufkochen, Salz beifügen und umrühren. Je eine fein geschnittene rohe Scheibe vom Schafschwanzfett in eine Teeschale legen, von dem kochenden Tee darübergießen und die Schalen eine Weile zugedeckt stehen lassen. Nach frühestens drei Minuten ist der Tee trinkbereit.

TEE MIT REIS DER DARIGANG
ADARIGANGIN BUDAATAI ZAI

Die Dariganga sind ein Wüstenvolk der Gobi.

2 l Wasser
1 l Milch
1 Handvoll Blätter vom Teeziegel
3 Tassen Hirse
2 EL gelbes Butterfett (–> S. 53)
3 Prisen *Hudschir* (Salz von Salzböden), ersatzweise Soda
Salz nach Geschmack

Die Teeblätter in einen dünnen Baumwollfetzen einwickeln, verknoten, mit der Hirse zusammen im kalten Wasser aufsetzen und zum Kochen bringen. Wenn die Hirse gar ist, Milch, *Hudschir* bzw. Soda, Salz und gelbes Butterfett hinzugeben und noch einmal kurz aufkochen.

Bevor man den Tee serviert, das Beutelchen mit dem Tee und die Hirse entfernen. Die Dariganga essen gerne die zuvor im Tee gekochte Hirse separat, vermischt mit *Öröm* (–> S. 46), *Aaruul* (–> S. 59), *Huruud* (–> S. 60) oder *Eedsgii* (–> S. 64). Und dazu trinken sie den Tee.

TEE AUS MANDELGOBI
MANDELGOWIIN ZAI

Dieser Tee wird tagsüber getrunken und ist fast eine vollwertige Mahlzeit.

3 l Wasser
3 TL zerstoßene Blätter vom Teeziegel
1 gehäufte Tasse Hirse
3 TL gelbes Butterfett (–> S. 53)
100 g Fleisch vom Schaf oder Rind
1½ Tassen Milch
2 Prisen *Hudschir* (Salz von Salzböden), ersatzweise Soda
1 TL Salz

Von den 3 Litern Wasser einen kräftigen milchlosen Tee kochen: Wasser zum Sieden bringen und mit den eingestreuten Teeblättern noch 5 Minuten weiterkochen. Den Tee durch ein Sieb abgießen und beiseitestellen. Die gut gewaschene Hirse im Mörser zerstoßen und im gelben Butterfett im Topf auf mittlerem Feuer anschwitzen. Mit dem Tee ablöschen, das in dünne Scheibchen geschnittene Fleisch hinzufügen und so lange kochen, bis Fleisch und Hirse gar sind. Dann die Milch hinzugießen, mit *Hudschir* bzw. Soda und Salz abschmecken und noch einmal kurz aufkochen lassen.

TEE AUS DER WÜSTE GOBI
GOWIIN ZAI

Dieser wie auch die anderen stark angereicherten Tees sind recht fetthaltig, sättigen und löschen überdies ausgezeichnet den Durst. Hier eine Zubereitungsart mit *Zulchir*-Mehl.

3 l Wasser
1 l Milch
3 TL zerstoßene Blätter vom Teeziegel
2 Tassen Hirse
2 Tassen *Zulchir* (–> 172 f., ersatzweise geröstetes Gerstenmehl)
4 EL gelbes Butterfett (–> S. 53)
100 g Fleisch vom Schaf oder Rind
1 TL Salz

Tee kochen, abseihen und beiseitestellen. Die gut gewaschene und aufgeweichte Hirse trocknen und im Mörser zerkleinern. Diese in gelbem Butterfett zusammen mit dem Mehl anschwitzen, das klein geschnittene Fleisch hinzugeben und es goldbraun werden lassen. Mit dem bereits gekochten Tee ablöschen. Sobald das Fleisch und die Hirse gar sind, mit Salz abschmecken, Milch hinzugießen, das Ganze noch einmal aufkochen. Wenn der Tee fertig ist, serviert man ihn mit einem Stück gelbem Butterfett. Den Tee warm trinken.

TEE AUS DER WÜSTE GOBI VOM ORT NAMENS »DREI SCHÖNHEITEN«
GOWI GURWAN SAICHAN ZAI

Milchtee wie auf S. 186 f. beschrieben kochen. Dünne Scheibchen vom Schafschwanzfett und auch vom Schaffleisch hineingeben und alles noch einmal aufkochen. Der Tee wird zusammen mit dem Fleisch und dem Schwanzfett genossen.

Bei dieser Teezubereitung wie auch bei den anderen aus der Wüste Gobi kann Kamelmilch Verwendung finden.

MIT HEISSEN STEINEN GEKOCHTER TEE
HORHOG ZAI

Das Kochen mit Steinen ist eine uralte Garmethode. Dieser Tee wirkt gegen Skorbut und erhöht ganz allgemein die Widerstandskraft des Körpers.

3 l Wasser
1 l Milch
1 gute Handvoll Blätter vom Teeziegel
Schafmarkknochen mit Fleisch und Rippen mit Fleisch
6 oder 9 mittelgroße Kieselsteine
Hudschir (Salz von Salzböden), ersatzweise Soda

Zuerst die Kieselsteine im Feuer zum Glühen bringen. Eine metallene Milchkanne mit Deckel oder ein vergleichbares Gefäß, das wie ein Dampfkochtopf verschließbar ist, mit Wasser, Milch, *Hudschir*, Teeblättern, den Schafknochen und mit Fleisch füllen, dann behutsam nach und nach die rotglühenden Steine hineingeben. Die Kanne bzw. den Topf gut verschließen und etwa 20 Minuten warten. Dann die Kanne, die unter Druck steht, vorsichtig öffnen. Gelbes Butterfett hineingeben und gut umrühren. Den Tee heiß servieren.

TEE MIT BRENNNESSELSAMEN
HALGAIN URTEI ZAI

Dieser Tee kann sowohl mit Brennnessel- als auch mit Knöterichsamen zubereitet werden und wird dort getrunken, wo beides geerntet wird.

Brennnesselsamen in gelbem Butterfett anschwitzen. Wenn sie goldgelb sind, mit dem zuvor gekochten Tee ablöschen, Milch zugeben, aufkochen, salzen und mit einem Stück gelben Butterfett servieren.

Variante

Brennnessel- und Knöterichsamen, aber auch Knöterich-, Senf- und Rhabarberwurzeln werden zu Mehl vermahlen, das in gelbem Butterfett angeschwitzt und zuletzt mit vorbereitetem Tee und Milch abgelöscht wird. Ergibt einen aromatisch angereicherten Tee.

MILCHTEE MIT BANSCH
BANSCHTEI ZAI

Erlesen ist der *Banschtei Zai*, der Milchtee, der eigentlich mit sieben Stück *Bansch* (–> S. 134) als Einlage zubereitet werden sollte. Die Zahl Sieben ist notwendig, denn, so sagt man, diese Zahl wirke auf magische Art, vertreibe die Müdigkeit und diene der Gesundung. Die Zahl Sieben steht für die mythisch-kosmische Anbindung und erinnert an das Siebengestirn des Großen Bären.

Der *Banschtei Zai* kann mit durch Mehl oder Hirse angereicherten Milchtee, in dem auch Unterschenkelknochen vom Schaf mitgekocht wurden, serviert werden.

TEE AUS WILDPFLANZEN

Es gibt viele verschiedene von Gegend zu Gegend und dem heimischen Pflanzenvorkommen entsprechende Zubereitungsarten von Tee. Besonders wenn die Teeziegel ausbleiben, geht man hinaus und pflückt sich seine Teekräuter selbst. Dann gibt es »Bergtee«, wie die Landleute diesen Tee bezeichnen, ohne das Kraut beim eigentlichen Namen zu nennen. Weit über hundert Teekräuter gibt es in der Mongolei, doch ist das Wissen darum vielerorts verloren gegangen. Selbst alte Menschen tun sich schwer, Pflanzen zu bestimmen und Rezepturen zu erinnern. Manche Kräuter werden dem milchlosen Tee beigegeben, wobei die Menge beliebig ist: von ein paar Blättern bis zum Verhältnis eins zu eins. Oder aber der Tee wird, wie zu Zeiten, als es noch keine Teeziegel gab, ganz aus Wildkräutern, Rinde, Samen oder Wurzeln zubereitet.

Das Schmalblättrige Weidenröschen (*Epilobium angustifolium*) und seine Früchte, die Hagebutten, auf Mongolisch »Hundemaul«, werden gerne verwendet. Dazu werden die gesammelten Blätter und Früchte zerstoßen, dem milchlosen oder dem Milchtee beigemischt und mit aufgekocht. Den heißen Tee trinkt man bei Erkältung, bei Fieber und Schüttelfrost. Er wirkt stark entwässernd.

Wilder Thymian (*Thymus dahurucus Seng.*), wie er als Bodendecker in großen Polstern auf der sandig-steinigen Steppe, aber auch in Berg- und Waldgebieten wächst, ist eine weithin bekannte Heilpflanze, die vielfältig verwendet wird. Bei burjatischen Schamanen dient sie wie andernorts der Wacholder als Räucherstoff, oder man bereitet daraus einen Absud, der zur rituellen Waschung dient. Fügt man den Blättern vom Teeziegel Blätter und Blüten des Thymians bei, erhält man einen stark duftenden Tee mit einem leicht bitteren Anflug.

Vom Großen Wiesenknopf (*Sanguisorba officinalis L.*) nimmt man Blüten, Blätter und Wurzeln zum Tee, der magenstärkend und verdauungsanregend wirkt.

Eine Bergenienart (*Bergenia*) wird seit Langem von den Menschen im Altai als »mongolischer Bergtee« getrunken. Von der immergrünen Pflanze, die auf humusreichem Boden wächst, sammelt man die Blätter, und wenn die Samen gefallen sind, Anfang Oktober, gräbt man die Wurzeln aus. Blätter und Wurzeln zusammen werden als Tee zubereitet.

Der krautige Sibirische Storchenschnabel (*Geranium pseudosibiricum J. Mayer.*) mit seinem lang anhaltend bitteren Geschmack, der von Gerbstoffen und Flavonoiden stammt, wird, sobald er zu blühen beginnt, je nach Standort von Juni bis August gesammelt. Tee aus dieser Pflanze wirkt lindernd bei Herz- und Gefäßerkrankungen.

Eine andere, auch auf Kamtschatka und im eurosibirischen Vegetationsgürtel wachsende Pflanze, die aufgrund ihres Aussehens den Namen »Baumwollspitze« trägt, wird ebenfalls zu Tee verarbeitet. Die schmalen dunklen Blätter und lila-rosaroten Blüten werden in der Blütezeit von Juni bis August gesammelt und getrocknet. Mit seinem lang anhaltenden Geschmack wirkt der Tee kühlend und entgiftend auf den Körper. Besonders die Blütenstempel sind gut bei Bauchschmerzen und Gebärmutterfieber. Reich an Vitamin C sind vor allem die Blätter.

DIE JAGD IN DER MONGOLISCHEN STEPPE

Kommen wir in ein breites Tal
mit einem schönen langen Fluss,
teilen Sie mit uns Ihren Tierreichtum!
Schenken Sie uns einen Hirsch mit einem weißen Hals!
Schenken Sie uns eine Hirschkuh mit weißem Schwanz!
Schenken Sie uns einen Hirsch
mit einem Geweih von einer halben Spanne!
Schenken Sie uns eine Hirschkuh mit reichlich Milch!
Einen Wolf mit breitem Maul,
einen Fuchs mit langem Schwanz,
ein Murmeltier, ein fettes!
Schenken Sie uns von den Wildtieren der Taiga!
Aus einem Segensspruch beim Aufbruch zur Jagd

Ein Jäger aus dem Altai erzählte mir: »Jagd ist nicht nur reine Freude und Glück. Man jagt aus der Notwendigkeit heraus, sich zu ernähren. Mein Vater war ein vom Staat ausgezeichneter Jäger, aber er jagte nicht immer. Ich bin auch Jäger und bin wie er. Ich schieße ein, zwei Tiere. Mehr Tiere, als man zum eigenen Bedarf braucht, sollte man nicht töten. Das ist ein ungeschriebenes Gesetz. Wir sind die Nachfahren von Dschingis Khan, und so wie zu seiner Zeit gejagt wurde und auch schon zuvor, ersehen wir aus den Felszeichnungen: mit Pfeil und Bogen, aber auch mit einem Stein, der an einem Seil befestigt und mit einer Stange verbunden ist. Mancherorts stellt man auch Fallen auf.«

Die Mongolen sind eigentlich ein Jägervolk, waren immer gezwungen zu jagen, denn das Fleisch der Herdentiere reichte nicht aus. Und es ist das schicksalhaft sich vollziehende Glück bei der Jagd, das der Jäger braucht, um aufgrund anfänglich richtigen Handelns dann auch reiche Beute zu machen. Und so bricht er mit einem Stück Fett ausgerüstet auf. Sieht er unterwegs einen Hasen, muss er ihn töten und zusammen mit eben jenem Stück Fett braten und das Mahl mit allen teilen, denen er begegnet. Nur

dann wird ihm auf seinem Jagdzug Beute unterkommen. Die Jagd hat ihre eigenen Gesetze. Bei den Tuwa-Bergnomaden gilt: Sieht der Jäger gleichzeitig einen Hasen und einen Hirsch, darf er auf den Hirsch nicht schießen, ohne zumindest auf den Hasen angelegt zu haben. Dies verlangt die Achtung vor dem Hasen.

Grundsätzlich ging die Jagd früher mit strengen Geboten einher, die dem Tierschutz galten und Grausamkeiten und Quälereien gegenüber »Tierwesen« vorbeugen sollten. So galt es, keine schwachen, ausgemergelten oder kränkelnden Tiere zu töten, keine Muttertiere mit ihren Jungen und auch keine Jungtiere, die noch nicht ausgewachsen waren. Die Brunftzeit war Schonzeit, entsprechend eines Befehls von Khublai Khan. Auch durfte keiner mit dem Schwert Tiere erschlagen sowie die Eier von Vögeln weder berühren noch zerschlagen und, so will es eine Legende, nicht einmal seinen eigenen Schatten darauf fallen lassen. Auch sollte keiner ein totes Wild anrühren, ebenso wenig eines verfolgen, das erkennbar zu seinem Geburtsort flüchtete. Keines sollte an seinem Zufluchtsort, seinem Bau oder seiner Höhle erlegt werden. Und ein hilfloses, in eine Falle geratenes oder im Sumpf feststeckendes, aber auch durch eine Naturkatastrophe wie einen Steppenbrand oder eine Überflutung in Not geratenes Tier sollte nicht getötet werden. Wild mit besonderer Färbung und auffälligem Horn war tabu, galt als rein, vom Himmel geheiligt und unter seinem Schutz stehend. Als solches musste es unangetastet bleiben.

Die bejagten Tiere werden unterteilt in pflanzenfressende wie Antilope und Gazelle, Wildesel, Wildkamel, Steinbock, Wildschaf und in fleischfressende wie Bär, Wildschwein, Wildkatze, Fuchs und Wolf, und zuletzt in die Vögel, von denen nur wenige Arten bejagt werden, wie beispielsweise der Schwan, die Trappe, die Ente und die Gans. Fische gelten auch als Jagdwild. Das Fleisch der Fleischfresser wird als »Medizinfleisch« angesehen und meist als Diät verabreicht.

Lustvoll ist sie allemal, die Jagd, denn der plötzliche Anblick von Jagdwild – zeigt sich beispielsweise ein Wolf zwischen den Felsen – erweckt bei den meisten Männern sofort den Jagdinstinkt. Glück bei der Jagd hebt das Ansehen, ist Beweis von Männlichkeit, und einen Wolf zu erjagen, der als ein tapferes, überaus fähiges Tier von zäher Ausdauer gilt, hebt und kräftigt den Geist, beflügelt die Seele.

Früher stellte die Jagd natürlich auch eine Art der Ertüchtigung dar und ernährte nicht nur die eigene Familie, sondern auch die Verwandten, sicherte das Überleben in Notzeiten. Zur Garantie jeglichen zukünftigen Jagderfolges behält der Jäger traditionellerweise Kopf, Herz, Zunge, Lunge und die Speiseröhre des erledigten Tieres für sich und bringt sie in der männlichen Hälfte der Jurte dar. Dies gilt nur, wenn er mit seinem eigenen Gewehr geschossen hat, ansonsten gehört die gesamte Beute dem Besitzer des Gewehrs.

In alter Zeit diente die Jagd ausschließlich der Nahrungsbeschaffung. Der traditionelle Jäger hält sich auch heute noch an dieses ungeschriebene Gesetz. Weiters ist auch die Zeit entscheidend: Im Sommer darf man nur im Notfall jagen. Das Fleisch lässt sich nicht lange aufbewahren. Ohnehin sind die Felle im Sommer unbrauchbar. Der Herbst ist zum Jagen gemacht, der Winter kaum. Im Frühling ist die Jagd verpönt, denn die Tiere vermehren sich.

Für die zahlreichen Jagdsitten und -bräuche ist hier nicht ausreichend Platz, aber die Zubereitungsarten, das Braten und Rösten von Fleisch in einem Erdloch auf der Glut oder das Garen im eigenen Saft mittels glühender Steine, die zusammen mit dem Fleisch des erlegten Tieres (und möglicherweise auch zusammen mit Wildzwiebeln) in den ausgeweideten Tierkörper gesteckt werden, bestimmen bis heute die Küche und stammen von den Jägern und den Hirtennomaden, die auf Wanderschaft nur wenige Gerätschaften zur Verfügung hatten.

Am wichtigsten ist auch hier: Alles ist frisch, naturbelassen und nährstoffreich. Das Blut ist der Lebenssaft und macht das Essen lebendig, die Innereien der Tiere verleihen dem Menschen, der sie isst, Kraft: Das Herz steigert die Tapferkeit, die Hoden die Geschlechtskraft, die Leber kräftigt rundum, der Pansen ist vitaminreich, das Fett heilt, das vom Murmeltier allemal. Und das Fleisch der Tiere hat auch entsprechende Wirkung.

Besonders das Blut, höre ich, sei Medizin für den Menschen, denn das Blut enthalte alle wichtigen Nährstoffe. In alten Zeiten stellten die Ärzte aus Blut und Pflanzen Medikamente her. Bluttrocknung ist eine alte Praktik. Auf einem möglichst warmen Stein verteilt, lässt man das Blut im Schatten trocknen. Getrocknet streicht man es mit der Hand zusammen, knotet es in ein Tuch und bewahrt es so auf. Im erwärmten frischen Quellwasser aufgelöst, wurde/wird es getrunken. So kann man mit Blut von allen Tieren verfahren, wenn man es haltbar machen möchte. Besonders das Blut des Hirsches, dreimal eingenommen, soll Herzschmerzen vertreiben. Aber dazu dürfe man es nicht tierwarm, sondern müsse es abgekühlt zu sich nehmen oder, wie soeben beschrieben, getrocknet und in Wasser aufgelöst, höre ich von einem Jäger im mongolischen Altai. Das Blut des Milans soll gut bei Speiseröhren- oder Magenentzündung sein. So auch das frische Blut des Haubentauchers, das zusätzlich bei Entzündungen und Geschwüren aller Art und bei Dick- und Dünndarmbeschwerden hilfreich ist. Vergleichbare Wirkung soll auch das Wildschweinblut haben, wenn es frisch getrunken wird. Das Blut des Wildschafes – in der Mongolei *Argali* genannt – soll gegen Alkoholsucht wirksam sein.

So wie diese gibt es zahlreiche medizinische Anwendungen von Wildfleisch und -blut. Dem Europäer erschließen sie sich kaum, und das ist gut so. Noch vor wenigen Jahren hatte man behauptet, die Mongolei sei eines der wenigen, wenn nicht gar der letzten Länder auf der Welt, in dem es noch große Gebiete mit völlig intakten Steppen-Ökosystemen gäbe. Das ist heute nicht mehr der Fall. Die einmalige Vielfalt der Pflanzen und Tiere, die Natur und Wildnis ausmachen, ist bedroht.

Die Gewalt, die Wildtieren im Namen der Gesundheit und der damit verbundenen Geschäftemacherei angetan wird, der missbräuchliche Handel mit unterschiedlichen Tierorganen oder Teilen von Wildtieren unter der Vorgabe, es handle sich um Heilmittel, hat fatale Auswirkungen, ebenso die Trophäenjagd auf seltene und gefährdete Tierarten im Namen der Förderung des Tourismus. Die Wilderei, die trotz Wildschutzgesetzgebung nicht zu bekämpfen ist, trägt zur Gefährdung vieler Wildtierarten bei. Der Wildesel beispielsweise wird illegal in der Mongolei bejagt, sodass der Bestand schon bald vom Aussterben bedroht sein könnte. Das erinnert an die Ausrottung der Przewalski-Pferde Ende der 1960er Jahre, die inzwischen mit Mühen unter sehr hohen Kosten in der Mongolei wieder ausgewildert wurden.

Als im Altai-Gebirge so gut wie ausgestorben gilt das wilde Berghuhn, auch Königshuhn genannt. Eben weil es als Heilmittel für viele Krankheiten, auch für Magengeschwüre gilt, zuvor aber schon im Zweiten Weltkrieg als unvergleichliches Wundheilmittel bei den Russen beliebt war, die es sich an die Front liefern ließen, wurde das Altai-Königshuhn zu Tausenden abgeschossen und ist nun kurz vor seinem Ende.

Man erzählt sich, schon die verletzten Krieger Dschingis Khans hätten Königshuhnfleisch gegessen, mussten es aber verschweigen. Denn sonst wären die anderen Krieger womöglich über sie hergefallen, hätten sie getötet und verzehrt. Ihr Fleisch war ja nun »heilsam« wie das des Königshuhns geworden.

Das wilde Königshuhn ernährt sich von Wurzeln, lebt in großen Schwärmen auf Bergrücken und nistet in den Felswänden des Altai. Es hat zwei Mägen. Der erste, der Sackmagen, nimmt alle Nahrung auf. Der zweite heißt Steinmagen, ist ein Gebilde aus harten Muskeln, in dem unzählige kleine weiße Steinchen, alle kleiner als ein Reiskorn, manche so klein wie Sandkörner, die Wurzelnahrung zermalmen. Andere Vögel wie der Adler, der Falke, der Geier und der Uhu haben auch zwei Mägen. Der Steinmagen hat große Heilkraft. Er wird aufgeschnitten, ausgebreitet und getrocknet. In kaum einer Nomadentruhe im Altai fehlt ein solcher Steinmagen. Und er scheint unbegrenzt haltbar. Bei einer schweren offenen Wunde wird ein wenig vom Steinmagen abgerieben oder im Mörser zerstoßen, über die Wunde gestreut und fest verbunden. Schon nach einem Tag ist die Wunde zu. Die Narbe ist dunkel gefärbt und bleibt auch so. Große Wunden werden erst nach drei bis vier Tagen vom Verband befreit. Wenn man vor einer Operation Königshuhnfleisch isst, so heißt es, dann schließt sich die Schnittwunde rasch von innen heraus. Ein Kaiserschnitt, der innen immer lange offen bleibt, heilt so binnen kurzer Zeit aus. Auch Knochenbrüche heilen erstaunlich schnell. Der getrocknete und pulverisierte Sackmagen hat auch Heilwirkung, beispielsweise gilt er als verdauungsfördernd. Bei entsprechenden Beschwerden soll man dieses Sackmagenpulver mit Wasser aufkochen und trinken.

Unlängst verstörte mich eine Nachricht aus dem russischen Altai-Gebirge: Alljährlich im Sommer wird Maral-Hirschen auf qualvolle Weise im Nacken das Blut abgelassen und ihr Geweih so abgesägt, dass aus der Geweihwunde Blut spritzt. Das Trinken von Hirschblut und das Baden darin, so lassen die Veranstalter von Heilkuren verlauten, heile Leiden und vielerlei Gebrechen, erhöhe die Widerstandskraft und steigere die Manneskraft. Das Geschäft mit derartigen Heilkuren ist einträglich und wächst.

Auch das Geschäft mit dem Wolfsfleisch blüht: Es wärme stark, erzählt ein Jäger aus dem Altai. Während solche, die kein Wolfsfleisch gegessen haben, mit Kopfbedeckung und Schal umherlaufen würden, sei der Kopf desjenigen, der Wolfsfleisch gegessen hat, frei und er friere auch nicht. Wolfsfleisch, so meint er, sei kein Nahrungsmittel, sondern man esse es, um gesund zu bleiben. Auch Tiere könne man mit Wolfsfleisch heilen.

Heute ist das Geschäft mit dem Wolf, der eigentlich als verehrungswürdiger Urahne der Mongolen gilt, zu einem fragwürdigen Gelderwerb verkommen. Die größte mongolische Tageszeitung berichtete im vergangenen Winter, dass ein Zollbeamter einen Mann festnahm, der in Lastwagenreifen über 60 tiefgefrorene Wölfe über die mongolische Grenze nach China schmuggeln wollte. Nicht selten werden insbesondere in der Nähe von Krankenhäusern oder in der dunklen Ecke eines Containers auf einem Markt verschiedene Teile vom Wolf, aber auch von anderen Wildtieren zum Verkauf angeboten.

Doch habe die Anzahl der Wölfe in der Grenznähe zu Russland in jüngster Zeit stark zugenommen, weil sie aus Sibirien zugewandert sind, so höre ich. Sie würden bereits im Wettstreit zueinander um Beute ringen und nicht selten tagsüber mitten aus der weidenden Schafherde am Berghang sich ein Tier holen oder gar einsame Reiter angreifen. Die in der Mongolei geltende Vorstellung, einen Wolf zu sehen, hebe die eigene Geisteskraft, gelte daher nur noch bedingt, sagte mir ein Nomade. »Heutzutage sehen wir viel zu oft Wölfe. Und es gibt eine Voraussage: Wenn die Zeit gekommen ist, dass die Menschen Wolfsfleisch essen, dann werden die Wölfe auch Menschenfleisch fressen.«

SIE LIEBEN IHN, DEN RAUSCH

Wenn ein Mensch, der sich dem Schnaps oder Wein hingibt, getrunken hat, wird er blind – er kann nicht mehr sehen; wird er taub – er hört nicht, wenn man ihn ruft; er wird stumm – er ist nicht imstande zu antworten, wenn man mit ihm spricht. Hat er getrunken, gleicht er einem Sterbenden – will er sich aufrecht hinsetzen, so ist er nicht dazu in der Lage, und er torkelt wie ein Mensch, den man auf den Kopf geschlagen hat. Im Wein und Schnaps liegen weder Nutzen noch Verstand, weder Mannhaftigkeit noch sonst gute Neigungen und geziemendes Verhalten. Im betrunkenen Zustand tun die Leute nur Schlechtes – sie streiten miteinander und schlagen sich tot. Der Wein zerstört im Menschen das, was er weiß, zerstört seine Fähigkeit und ist für ihn ein Hindernis auf seinem Wege und bei seinen Vorhaben …

Ein Herrscher, den Schnaps und Wein locken, kann keine ernsthaften Probleme lösen und keine vernünftigen Urteile fällen … Die einfachen Leute, die es zu alkoholischen Getränken zieht, vertrinken alle ihre Pferde, ihre Herden und ihren ganzen Besitz und werden bettelarm …

Der Alkohol macht die Guten wie die Schlechten gleichermaßen dumm. Er macht die Hände dumm, die nicht mehr greifen können und damit ihre Fähigkeiten verlieren. Er macht die Füße dumm, die sich nicht mehr bewegen können und aufhören zu gehen. Er macht das Herz dumm, das nicht mehr normal fühlen kann. Er stumpft alle Gefühle und die Organe des Denkens ab. Wenn es gegen die Trinkerei kein Mittel mehr gibt, dann soll man sich dreimal im Monat betrinken. Wer immer diese drei Mal überschreitet, begeht eine strafwürdige Tat. Betrinkt sich jemand im Laufe des Monats zur zweimal – umso besser! Und geschieht es nur einmal, dann ist es noch lobenswerter. Kann es aber etwas Besseres geben, als überhaupt nicht zu trinken? Wo aber könnte man jemanden finden, der überhaupt nicht trinkt?

Aus einer Rede von Dschingis Khan über die Gefahren der Trinkerei, überliefert von Raschid ad-Din, dem persischen Wesir und Geschichtsschreiber von Täbris

FISCHSUPPE
DSAGASNII SCHÖL

Diese Fischsuppe habe ich oft mit allen Gräten und der Fischhaut, oft auch mit Kopf und Flossen, vorgesetzt bekommen. Geschmeckt hat sie immer außergewöhnlich gut. Ich möchte vorschlagen, den Fisch zu häuten und zu entgräten. Oder aber man verwendet Fischfilet.

Fisch, vorzugsweise Forelle, Hecht, Barsch oder Äsche, ausgenommen und geschuppt, Menge je nach Belieben
Wildlauch, ersatzweise Frühlingszwiebeln
2 Karotten
Gemüse, wenn zur Hand, oder Suppengrün nach Belieben
4 Lorbeerblätter
1 Bund Petersilie und 1 Bund Dille, wenn vorhanden
Pfeffer
Salz

Den ganzen ausgenommenen und geschuppten Fisch kurz in kochendes Wasser tauchen oder noch besser dämpfen, damit sich die Haut leicht abziehen und die Gräten besser lösen lassen. Dazu vom Kopf bis zum Schwanz des Fisches zu beiden Seiten des Rückgrats einen Einschnitt machen, mit einem scharfen und spitzen Messer nahe beim Kopf durch die Bauchhöhle auf den Einschnitt zu fahren, am Rückgrat entlang bis zum Schwanz schneiden und derart das Fleisch von den Gräten lösen. Auf der anderen Seite geht man ebenso vor. Dann die Bauchgräten, ohne das Fleisch zu verletzen, sauber abheben, und zuletzt, während die beiden Hälften mit der Haut nach unten zu liegen kommen, das Fleisch von der Fischhaut lösen. Dann den zerteilten Fisch in kaltem Wasser aufsetzen. Klein geschnittenes Suppengrün und Gemüse, Wildlauch oder Zwiebeln, Lorbeerblätter, Petersilie, Dille, Salz und Pfeffer nach Geschmack beifügen. So lange auf kleiner Flamme garen, bis die Suppe duftet.

SERVIERVORSCHLAG

Zuletzt frisch gehackten Wildlauch, Petersilie und Dille in die Suppe streuen und auftragen. Dazu Brot, *Mantuu* (–> S. 137) oder *Gambir* (–> S. 83) reichen.

AUSGEBACKENER FISCH MIT KARTOFFELN
HAIRSAN DSAGAS TÖMSTEI

Obwohl Fisch für die Ernährung nicht eine derart große Rolle spielt wie Fleisch und die Milchspeisen, essen die Anwohner der Seen und Flüsse gerne Fisch, der oft sehr einfach zubereitet wird. Gefangen werden die Lenok-Forelle, verschiedene Äschenarten, Barsch, Hecht, Hasel, Renke, Rotauge, Aalrutte, Taimen, eine sibirische Lachsart, und andere seltene Fischarten. Ehe es Angeln gab, jagte man Fische auch mit Pfeil und Bogen. Die heutigen Angeln der Landleute bestehen oft aus einem mit einfachem Blinker versehenen Perlonfaden, der an einem länglichen geschnitzten Holzstück befestigt ist. Dieses passt – wie übrigens auch die Tabakspfeife – bequem in einen Stiefelschaft und wird so mitgeführt.

Auch Eisangeln ist üblich. Auf einem zugefrorenen See oder Fluss wird dazu das Eis etwa vier auf vier Handspannen groß aufgehackt, was, sollte die Eisdecke dick sein, mit den einfachen zur Verfügung stehenden Werkzeugen Schwerstarbeit sein kann. Dem ersten Loch folgt ein weiteres in gewissem Abstand und so weiter, bis eine Reihe von gleich großen Löchern auf einer Linie entstanden ist. Dann wird, beim ersten angefangen, ein an einer Stange befestigtes Netz ins Eiswasser gebracht und den einzelnen Löchern entlang unter der Eisdecke durchgezogen, um schließlich beim letzten Loch wieder herausgezogen zu werden. Wenn man Glück hat, zappeln die Fische im Netz.

Seit der Durchsetzung des Buddhismus in der Mongolei heißt es zwar, Fische seien den Wasser- und Flussgeistern nahe und sollten deshalb nicht gegessen werden, nur führte dies nicht wirklich zu einem Verbot, Fisch zu essen. Fischen ist Jagd, und Fische selbst sind begehrte, lebensnotwendige Beute.

Die folgende Zubereitung habe ich in der Westmongolei oft erlebt.

frische Fische mit festem Fleisch, ausgenommen und geschuppt
2 Tassen Mehl
1½–2 Tassen Milch
evtl. 1 Ei (in der Mongolei auf dem Land nicht erhältlich)
Wasser
Salz
Schar Tos (–> S. 53) oder Öl zum Ausbacken
evtl. einige Kartoffeln (in der Mongolei auf dem Land selten erhältlich)

Geschuppte und ausgenommene Fische einsalzen und bis zum Ausbraten an einem kühlen Ort hängend aufbewahren. Dabei mittels zwei kurzen Holzstäbchen die Bauchhöhle möglichst offen halten. So halten sich die Fische 1 bis 3 Tage.

Mehl, Milch, Wasser, Salz und, wenn vorhanden, das Ei miteinander zu einem flüssigen Teig verrühren. Kurze Zeit ruhen lassen. Die Fische als Ganzes auseinander – und flach drücken. Im Teig wälzen und in heißer Butter oder Öl auf mittlerer Flamme nach und nach ausbacken, bis sie goldgelb sind, und auf einer Platte warm halten.

Kartoffeln schälen und in feine Scheiben schneiden. Mit ausbacken und zum Fisch servieren. Leicht nachsalzen.

Serviervorschlag

Fisch und Kartoffeln werden von Hand gegessen. Die Gräten sind, wenn die Fische vorher eingesalzen wurden und Zeit zum Trocknen hatten, was in der Mongolei aufgrund der geringen Luftfeuchtigkeit schnell geschieht, oft so knusprig, dass sie teilweise mitgegessen werden können. In der Mongolei reicht man dazu klein geschnittene rohe Wildzwiebeln.

WESTMONGOLISCHE FISCHPASTETE
MONGOL SCHIPROTI

Dieses Gericht stammt aus der Westmongolei und soll vom Volk der Myangad kommen, das im Norden des Schwarzwassersees lebt. Da in dieser Gegend etliche Gemüsesorten, vor allem auch köstliche Tomaten, angebaut werden, die hier verwendet werden, kann ich es als verhältnismäßig authentisch vorstellen. Der Name *Mongol Schiproti* ist offensichtlich in Anlehnung an russische Konserven von in Öl eingelegten Fischen, die Sprotten heißen, aufgekommen.
Ich empfehle das Gericht als Vorspeise.

Für 10 Personen

1 kg Fische nach Wahl (vorzugsweise Süßwasserfische, aber auch Filet von Meeresfischen)
1 große Zwiebel oder Frühlingszwiebeln, auch Schnittlauch, je nach Saison
Salz und Pfeffer nach Geschmack
Fischkräuter wie Estragon, Salbei, Thymian und Petersilie
1 Teelöffel Tomatenpüree oder 1 klein gehackte Tomate
gelbe Butter (–> S. 53) oder Öl

Den Fisch säubern und von den Innereien befreien. Im Ganzen im Dampf garen. Dann lassen sich die Gräten und die Haut (was aber nicht unbedingt sein muss) gut ablösen (bei Fischfilet nicht nötig), Fischfleisch klein schneiden. Mit klein gehackten Zwiebeln in Butter oder Öl goldgelb anbraten, würzen, die gehackten Tomaten beigeben und kurze Zeit braten. Dann das Ganze in eine Form geben und stehen lassen, vorzugsweise 1 bis 2 Tage. Im mongolischen Winter lässt sich dieses Gericht gut aus tief gefrorenem Fisch zubereiten. Kalt gestellt hält sich die Pastete lange.

Serviervorschlag

Als Vorspeise aufgeschnitten zu Brot servieren. Als Hauptspeise dazu Salat oder sauer Eingelegtes, aber auch Bratkartoffeln reichen.

FISCHPASTETE
DSAGASNI NUHASCH

Für 4–6 Personen

900 g Süßwasserfische, vorzugsweise je ein Drittel Wels, Hecht und Aalquappe (oder nur eine der drei Fischsorten, auch Filet)
1 trockenes Brötchen oder die entsprechende Menge Paniermehl
½ Tasse Milch
1 Ei
2 EL Rahm
Salz und Pfeffer nach Geschmack
frische Petersilie

Die Fische werden ausgenommen und gesäubert und von den Gräten befreit (–> voriges Rezept). Sollte Fischfilet erhältlich sein, kann man sich diese Arbeit sparen. Den Fisch durch den Fleischwolf drehen. Ein Drittel davon in wenig Wasser dämpfen. Das Brot einweichen und ausdrücken. Dann Brot- und gedämpfte Fischmasse miteinander anrühren und die Rohfischmasse dazugeben. Zuletzt die fein gehackte Petersilie und die Gewürze beigeben. Das Eigelb unterrühren. Das Eiweiß zu Schnee schlagen und unterheben. Die fertige Masse in eine feuerfeste Schale füllen und über Dampf garen.

Serviervorschlag

Die Pastete wird aufgeschnitten in Scheiben oder großen Würfeln serviert. Für eine Hauptmahlzeit kann dazu Reis oder gedämpftes Gemüse in Tomatensauce gereicht werden.

GEBRATENER FISCH IN BIRKENRINDE
HUSNII HALISAND SCHARSAN DSAGAS

Wer geangelt hat und nichts weiter zum Kochen dabei hat, greift auf das zurück, was er in Flussnähe, wo er lagert, findet. Das ist in unserem Fall ein Stück Birkenrinde.

frischer Fisch, vorzugsweise Forelle oder Felchen, ausgenommen, geschuppt und gewaschen Wildzwiebeln, ersatzweise Frühlingszwiebeln
Wildlauch, ersatzweise Schnittlauch
Salz nach Geschmack
Birkenrinde

Den Fisch innen und außen mit Salz einreiben und die Bauchhöhle mit klein geschnittenen Wildzwiebeln und Wildlauch füllen. Die Birkenrinde in Wasser einweichen und dann den Fisch darin einwickeln. Aus Kuhdung ein Feuer machen. Wenn es richtig heruntergebrannt ist und mehr Glut als Feuer hat, wird der Fisch mit der Rinde in die Glut gelegt und mehrmals gewendet, bis er gar ist. Statt der Birkenrinde lässt sich in Wasser eingeweichtes Zeitungspapier verwenden.

GERÄUCHERTER FISCH
UTSAN DSAGAS

Geräucherten Fisch habe ich an unterschiedlichen Orten der Mongolei gekostet. Geräuchert wird im Freien. Ausschlaggebend für das Ergebnis ist die Holzart, deren Aroma mit dem Rauch aufsteigt und dem Räucherfisch den besonderen Rauchgeschmack verleiht.

In Europa eignet sich Buche gut zum Räuchern, Apfel- und Kirschbaumholz auch. Wenig wohlriechende Hölzer wie die Espe, die in der Mongolei an manchen Orten wächst, verleihen dem Räuchergut einen außergewöhnlichen Goût. Gerne wird dort Lärche verwendet. Nadelhölzer eigenen sich weniger, da sie spritzen und springen und starken Funkenflug erzeugen. Andere Zweige, wie die vom Holunder und von der Weide, rauchen leicht und eignen sich als Beigabe.

In der Mongolei kann dort, wo keine Bäume wachsen, Dung verwendet werden. Und da heißt es wiederum, der drei Jahre lang gelagerte sei der gesündeste. Dung ergibt einen solch unnachahmlichen Geruch, dass Mongolen das Leben auf der Steppe immer mit Dungfeuer und seinem Geruch in Verbindung bringen: Es ist das Symbol freien, ursprünglichen Nomadenlebens.

Fische mit festem Fleisch, Anzahl nach Belieben
Salz
Zweige vom Wacholder, eine Handvoll Süßholz, etliche Thymianzweiglein, Salbeiblätter, alles nach Vorhandensein und Geschmack

Fische ausnehmen, schuppen und waschen. Wer die Haut, die aber sehr nahrhaft ist, später nicht mitessen möchte, kann auf das Schuppen verzichten. Außen nicht notwendigerweise, innen aber jedenfalls mit Salz einreiben und trocknen. An einem kühlen Ort aufgehängt, trocknen die Fische in 1 bis höchstens 2 Tagen. Die einfachste Art ist es, einen Weidenzweig von der Rinde zu befreien und ihn durch Maul und Kiemen zu stoßen. So lassen sich mehrere Fische auf einem Zweig aufspießen. Wichtig: Die Bauchhöhle mit einem kurzen Hölzchen offen halten.

Im Freien einen bis zu 1 m hohen Kamin aus Steinen aufbauen, der sich nach oben hin verjüngt. Die Zwischenräume mit Moos, Flechten oder Grasbüscheln ausstopfen. Unten eine Öffnung lassen, über die das Feuer geführt wird. Im Kamin Feuer entfachen, nachlegen und es herunterbrennen lassen, dann mit wenigen frischen Zweigen oder wohlriechenden Kräutern abdecken, um die Rauchentwicklung zu fördern. Die Fische am Weidenzweig aufgespießt über die Kaminöffnung hängen oder auf ein Gitter oben im Kamin legen. Den Abzug mit einem Kessel oder einer bauchigen Metallschüssel halbwegs abdecken, sodass der Rauch nicht ungehindert entweichen kann, sondern vor allem in die Fische geht. Der Räuchervorgang braucht höchstens einen Tag und eine Nacht, Geduld und einen behutsamen Umgang mit dem Feuer, das über viele Stunden hinweg nur schwelen darf. Möglicherweise außerhalb des Kamins ein Feuer in Gang halten, um durch die Kaminöffnung unten Glut nachzuschieben. Langsamkeit und Bedächtigkeit sind hier die wahren Küchenmeister.

DER JÄGER UND DER SCHAMANE

Setzen wir uns, … ich (will) noch eine letzte Geschichte erzählen. Hier ist gut erzählen, hier sind wir menschenfern, keiner, der uns beargwöhnt, der uns etwas nachsagen könnte. Es ist eine Jäger- und Schamanengeschichte.

Man jagt den Hirsch, aber sein Fleisch gilt nicht als das beste Wild, eher als das niedrigste unter allen Wildarten. Die Jäger sagen, Hirschfleisch ist von geringem Wert und kann auch heimtückisch, ja lebensgefährlich sein. Wenn man als Jäger Hirschfleisch isst, bekommt man sehr viel Durst. Viel Fleisch hat das Tier, und auch viel Knochenmark, das wir ja essen. Danach darf man nur Heißes trinken. Wenn man danach Kaltes trinkt, wie es ein unerfahrener Jäger versehentlich tun kann, also Quellwasser oder Flusswasser, das ja überall im Altai zu finden ist, dann setzt sich das Hirschfett im Dünndarm ab und wird wie ein Steinklumpen. Dann hilft nichts mehr, so viel Heißes du auch trinkst, nichts hilft, du musst sterben.

Da gibt es nur eine einzige Rettung, und die ist eben dieses Gras hier, das Flammengras heißt. Es wächst hier im Tal, wird ausgekocht und der Sud davon wird getrunken. Es allein hilft.

Nun die Legende dazu. Ein Jäger und ein Schamane kamen zusammen. Der Jäger war so hoch berühmt, dass er sich gegenüber dem einfachen Schamanen groß brüstete. Der jedoch sagte bescheiden: Ich weiß, ich bin ein armer Schamane, ich kann es natürlich nicht mit dir aufnehmen. Und der Jäger darauf: Haben Sie einen Wunsch? Der Schamane erwiderte: Ja, ich möchte, dass du im Handumdrehen einen Hirsch erlegst, mir ist nach Hirschfleisch. Und es geschah rasch. Großartig, lobte ihn der Schamane. Wenn ein Hirsch erlegt ist, muss auch das Fleisch gegessen werden. Da ließ der Jäger seinen einzigen Sohn kommen, der half das Tier zu zerlegen, worauf es gekocht wurde. Dann schlugen sich alle den Bauch voll, so viel Fleisch gab es.

Es dauerte nicht lange, der Sohn bekam Durst und trank zwei Schälchen Quellwasser. Doch schon bald darauf begann der Sohn zu jammern: Oh, weh, was für Schmerzen habe ich im Bauch! Da wurde der Jäger zum ersten Mal klein und fragte den Schamanen: Können Sie bitte helfen? Der Schamane meinte: Ich bin doch ein armseliger Mensch, ich kann nicht helfen. Also stirbt der Sohn. Darauf der Schamane aber schadenfroh: Hättest Du das Flammengras gekannt, würde dir dein einziger Sohn nicht gestorben sein. Ja, solch eine Geschichte gibt es.

Aus: Amélie Schenk: Gesang des Himmels, Galbe – Schamanin des Altai

KOSTBARES WASSER

Wer am Leben bleibt,
trinkt irgendwann Wasser aus einer goldenen Schale.
Volkstümliche Redensart

Wasser ist mehr als das Wasser, das man trinkt und mit dem man sich wäscht, es ist immer und vor allem Lebenswasser, also Wasser für das Leben. Und als solches ist es die reinste und beste aller Speisen, ernährt und erhält den Körper des Menschen, ist das hochheiligste Mittel im Leben, das seit alters in der Mongolei geehrt, geschützt und gehegt wird.

Die zahlreichen überlieferten, wenn auch zusehends missachteten Gebote und Verbote im Umgang mit Wasser bezeugen das. Wer Wasser verschmutzt, vergeht sich, denn Wasser gilt als Anfang allen Lebens. Der Erde, dem Feuer darf man opfern: Blut, Fleisch oder Milch – dem Wasser jedoch nie. Es hat allein bei sich zu bleiben, zu sprudeln, zu fließen, zu strömen, zu fluten. Denn höchst empfänglich speichere es jegliche Art von Energie in sich, so heißt es. Deshalb ist es auch verpönt, sich am fließenden Wasser zu streiten oder schlecht über jemanden zu reden.

Die Nomaden schöpfen noch heute vielerorts ihr Trinkwasser aus dem Fluss, trinken es, kochen damit, waschen damit, aber nie im Fluss selbst, sondern abseits in einer Schüssel. Aber Flusswasser ist inzwischen merklich weniger brauchbar, ist es doch vielerorts bereits durch Industrieanlagen, die sorglos ihr Abwasser hineinleiten, wie im Norden der Mongolei oder durch den unkontrollierten Bergbau, stark verschmutzt und als Trinkwasser bedenklich, wenn nicht gar verseucht.

Umso wichtiger ist das Quellwasser, das auch »lebendiges Wasser« genannt wird, mit seinem unvergleichlichen Geschmack je nach Vorkommen. Vom Tee sagt man: »Koche ihn möglichst mit frischem Wasser von der Quelle. Dann ist er Medizin.«

Reich sind die Kenntnisse im Umgang mit Quellwasser, und das Wissen um die Heilwirkung, die Anwendungen und Verwendungsarten zu Heilzwecken zeugen vom lebendigen Volkswissen. Als Erstes gilt es immer zu erkunden, wo und wie die Quelle hervortritt. Kommt sie aus einem Felsgestein, an einem Abhang, am Fuß eines Berges, unter einem Baum hervor?

Und: Tritt sie sommers wie winters hervor, dann heißt sie »lebendige Quelle«, quillt sie nur sommers hervor, heißt sie »sich zurückziehende Quelle«. Und dann die Frage: Ist sie kalt, lauwarm oder heiß? Wie schmeckt das Wasser? Und weiter: Wie ist die Bodenbeschaffenheit, welche Mineralien kommen dort vor? Springt die Quelle unter einem großen Stein hervor? Ist sie eher ruhig wie ein stehendes Wasser? Oder ist sie dunkelgrün und quillt aus dem Grund kaum merklich hervor? All das betrachtete man früher ausgiebig, zog daraus seinen Schluss für Gebrauch und Nutzen. Nehmen wir nur eine Quelle, die in der Mitte des Gebietes von Dariganga liegt. Sie heißt Maani, nach dem Maani in der Gebetsformel Om Maani Padme Hum. Ihr Klang ist so geheimnisvoll und wohltuend wie eine Gebetsformel.

Bedächtig und maßvoll getrunkenes Quellwasser, von dem nie und nimmer übermütig übermäßig viel getrunken werden sollte, ist heilsam: Es wirkt entgiftend und reinigend. So verordnet man sich selbst bestimmte Quellwasserkuren. Nehmen wir die eine, die für den Winter gilt mit seinen neun mal neun Tagen, die er anhält.

Um zu verstehen, was es damit auf sich hat – denn entsprechend wird auch Diät gehalten –, seien hier die neun Perioden genannt. Die ersten neun Tage warnen dich: Wer dünne Kleider trägt, wird erfrieren. Die nächsten sagen: *Hords* – der drittstärkste gebrannte Milchbranntwein – wird gefrieren. Während der kommenden neun wird das Horn des dreijährigen Stiers abbrechen. In den folgenden wird gar der Schwanz des vierjährigen Rinds abfallen. In der fünften Periode wird der aufgestellte Reis schon nicht mehr gefrieren. In der darauffolgenden wird der Schnee schmelzen und die Wege werden deutlicher zu erkennen sein. In den nun kommenden neun Tagen werden die Bodenwellen brauner aussehen. Und in den vorletzten neun Tagen wird alles matschig und aufgeweicht sein, bis in den letzten neun Tagen wieder normales Wetter herrschen wird.

Mit dem ersten der 81 Wintertage beginnt man allmorgendlich, nüchtern eine Schale frisch geschöpftes lebendiges Quellwasser zu trinken. Das entgiftet den Körper und reinigt Magen und Darm vom Gelben und Braunen, wissen die Alten.

Auch kann man seinen Körper für die kalte Jahreszeit im Herbst rüsten und seine Widerstandskräfte stärken. Dazu wäscht man sich, wenn im Herbst der erste Reif kommt, zwei Wochen lang morgens mit Quellwasser.

Für die Sommerzeit gibt es die Empfehlung: Geh jeden Morgen zur Quelle und benetze deine Stirne mit Quellwasser! Das ist gut gegen Blutandrang im Kopf und dauerhafte Gehirnentzündung. Fang kurz nach der Sommersonnenwende damit an und höre erst im Herbst, wenn bei uns der kalendarische Herbstbeginn ist, damit auf.

Zusätzlich zu Fluss- und Quellwasser sichert Brunnenwasser selbst in wasserarmen Gebieten der Mongolei die Wasserversorgung. Statistiken sagen, der Trinkwasserreichtum im Land ist pro Kopf gerechnet so hoch, dass die Mongolei unter die zehn der trinkwasserreichsten Länder der Welt fällt. Aber wird das so bleiben? Denn das sich ausweitende Bergbauwesen, zuvor aber auch schon die zahlreichen über das Land verteilten Probebohrungen der Minengesellschaften haben die Grundwasserreserven erheblich angegriffen und geschmälert, und das könnte bald, zusätzlich begünstigt durch die anwachsende Zahl von Brunnen auf Privatgrundstücken, zu einer bedrohlichen Trinkwasserknappheit führen.

Das Brunnenbauwesen ist alt in der Mongolei und geht auf Kublai Khan zurück, der, um das Grundwasser zu nutzen, die ersten Brunnen graben ließ und damit den Lebensraum der Mongolei erweiterte. Je nach Lage und Bodenbeschaffenheit wird manches Brunnenwasser wie Heilwasser gewertet: Bei zu viel Schleim und Galle im Körper soll das Wasser eines Brunnens, der auf halber Höhe an einem Berghang gebaut wurde, wirksam sein, bei zu viel Wind das eines Brunnens, der am Fuß eines Berges liegt. Früher unterschied man tiefe und nicht so tiefe Brunnen, solche mit oder ohne *Hudschir*, die mit Süßwasser oder die mit leicht salzhaltigem Wasser. Heute werden nach anderen Maßgaben mit modernen Bohrvorkehrungen sehr tiefe Brunnen angelegt. Früher dienten bestimmte Steinplatten aus Feldspat oder Marmor oder auch Kieselsteine dazu, den Brunnengrund auszulegen, und wasserbeständiges Holz wie Zirbelkiefern oder Zedern dazu, den Brunnenschacht zu verschalen, wobei es wichtig war, den Schacht nach oben hin zu verjüngen. Wasser aus solch bauwerklich vorbildlich angelegten Brunnen wurde wie Heilwasser geschützt und geehrt.

Zusätzlich finden in der Mongolei Regen und geschmolzener Schnee als Trinkwasser Verwendung. In manchen hochgelegenen Winterlagern, wo es kein Quell- oder sonstiges Wasser gibt, sind die Nomaden auf den Schnee angewiesen. Der wird dann in Säcken eingebracht und im Kessel auf dem Feuer geschmolzen und so lange gekocht, bis zwei Drittel verdunstet sind. Dann erst ist er bekömmlich und sehr wirksam bei schleimbedingten Krankheiten und zu viel Luft im Bauch.

Regenwasser wird als großzügig-schicksalhaftes Geschenk des Vaters Himmel angesehen. Ich erinnere mich an die Erzählungen eines Kriegsveteranen, der 1939 an der Schlacht am Chalchlin Gol gegen die Japaner teilnahm: Weil den Soldaten das Wasser ausging, tranken sie das Regenwasser aus den Pfützen am Weg. Regenwasser kann besonders im Herbst, wenn der Himmel klar, das Wetter stabil und die Luft wenig staubig ist, verwendet werden. Regenwasser vom Dauerregen ist ebenfalls sehr gut, wohingegen Gewitterregenwasser zu meiden ist.

Schnee und Regen werden wie Tau als von oben Herabkommendes, als ein Geschenk des »Ewig Blauen Himmels« geachtet. Darum sagen die Mongolen auch zu reinen Dingen, sie seien so rein wie mit vom Himmel niedergekommenem Wasser gewaschen.

Tau kommt in unzähligen Märchen, Legenden und Sprichwörtern vor. Da heißt es: Im Morgendämmer sammle den Tau von den Blumen und den Gräsern. Und wenn du hundert Morgen lang daraus der Mutter, die dich geboren und aufgezogen hat, einen Tee kochst, dann tust du ihr wohl und wiegst das mit einer Nacht auf, in welcher sie dich gestillt hat. Denn die Seele deiner Mutter ist so unermesslich groß, dass sie schwerlich mit etwas aufzuwiegen ist, und wenn überhaupt, dann höchstens mit dem so eingesammelten Tau, der allein rein und heilig ist.

Man spricht dem Tau acht verschiedene Vollkommenheiten zu: Er heilt, schenkt Seelenfrieden, stillt die Lust, gibt ein erhabenes Gefühl, macht vollkommen klar, ist geruch- und geschmacklos, kühlt, ist und macht leicht.

Und wie sammelt man Tau? Am besten mit einem reinen weißen Baumwolltuch, das den Tau aufsaugt und zuletzt ausgewrungen wird.

Die Nomaden sagen auch, Tiere, die frühmorgens, solange die Weide noch Tau hat, grasen, werden dadurch entschlackt und entgiftet und gedeihen besonders gut. In diesem Sinne handeln auch die Pferdetrainer der Rennpferde, die sommers im Morgengrauen ihre Tiere zu Tau und Gras führen. Das kräftigt sie und verleiht ihnen klare, und auch feurige Augen.

Heilwasser, wie es seit Gedenken in der Mongolei benutzt wird, verwendet man dagegen nie zum Kochen, sondern kurt damit, badet darin, trinkt es in bestimmten Mengen zur richtigen Zeit nach Maßgabe. Manche Heilquellen sind legendär – es sind kalte, warme und heiße Heilquellen, und auch solche, die erst reifen müssen, wie es im Volksmund heißt, die also erst im Spätsommer richtig sprudeln und dann aufgesucht werden können. Heilquellen sind Pilgerorte, sie ziehen einen stark an und erhöhen das Lebensgefühl. Und schon lange vorher, ehe man wirklich aufbricht, fängt die Reise dorthin an. Denn kaum ist der Entschluss gefasst, sich dorthin zu begeben, stimmt sich auch der Mensch ein, geht alles behutsam und bedächtig und nicht ohne stille Heiterkeit an: Er denkt an seine Gesundheit, die immer den ganzen Menschen umfasst und Geist und Seele nie dem Körperlichen hintenanstellt. Bei der Heilquelle eingetroffen, beehrt man sie mit Opfern. Und wenn die Zeit gekommen ist, geschehen dort – wie immer und überall – kleinere oder größere Wunder. Aber davon zu erzählen, ist hier nicht der Platz.

VON DAUERFLEISCH, MUNDVORRAT UND INSTANTBRÜHE

Vorratshaltung und der Gedanke an Vorsorge für ein mögliches ungünstig verlaufendes Morgen sind den Nomaden nur bedingte Größen. Leichten Sinnes lebt man. Gehortet wird kaum. Lebenswichtig ist nur, den strengen Winter zu überstehen, und schon kündigt sich der Frühling an, auf den bald der lang ersehnte Umzug zur Sommerweide folgt. Dann dürfen, wenn es bergwärts, »altaiwärts« geht, Sack und Pack und die Jurte den Kamelen nicht zu schwer sein. Dies haben die Bergbewohner der Westmongolei gut vorausgedacht: Ihr Jurtendachkranz ist leicht, die Jurte selbst ist kleiner als in den weiten Steppen und Ebenen. Ohne unnötigen Ballast, ohne wuchtige Lasten, ohne viele Besitztümer, die es nur zu hüten gilt, zieht die Familie um. Überhaupt geht man landauf, landab mit Vorliebe leichten Gepäcks auf die Reise. Und leicht, ohne beschwerliche Ausrüstung, ging man mit dem durchschlagkräftigen Kompositbogen auf kleinen, wendigen Pferden auf die Jagd und zog in den Krieg. So vollzog sich eine womöglich einzigartige Machtentfaltung unter Menschen, wertet der Schriftsteller Elias Canetti, »denen Geld nichts bedeuten konnte. Sie war sichtbar an den Bewegungen von Pferden und Pfeilen.«

Hat sich etwas von dieser eigensinnigen Leichtigkeit – oder gar Sorg- und Arglosigkeit – bis auf den heutigen Tag erhalten? Da man weiß, dass durch immer wiederkehrende Naturkatastrophen in gewissen Abständen Millionen von Tiere in Eiseskälte und Schnee verenden und die Nomaden dadurch in ihrer Existenz bedroht sind, legt man Heuvorräte an. Aber wie oft genügen sie nicht, Not und Tod sind die Folge. Versicherungen bei Agenturen können schlichtweg auch nicht gedacht, geschweige denn verstanden werden. Sie sind nicht einmal ein Fremdkörper, sie gehören nicht ins Weltbild. Nur eines ist wirklich sicher: die Herdentiere sind die leibhaftige und handhabbare Versicherung. Und dann gibt es noch die ewige Versicherung, die des immerwährenden blauen Himmels, der immer alles richtet und lenkt. Geldscheine, die man zur Bank trägt, damit sie sich vermehren – obzwar als Zahlungsmittel auch unter Nomaden ausreichend im Verkehr – stellen unter den Landleuten noch immer keinen ernst zu nehmenden Wert dar.

Das Nomadenkind wächst anderes auf: Es erlebt jahraus, jahrein, wie die Schafe, Ziegen und andere Herdentiere winters erfrieren, sich der Tierbestand aber im laufenden Jahr immer wieder erholt und vermehrt. Das ist das natürliche, vor aller Augen sich vollziehende Gesetz der Steppe: Vieh ist nachhaltig, wächst nach. Und das Vieh, das wandert und umherstreunt, bleibt gesund. Es versorgt sich eigenständig auf der Steppe, denn es kennt keine Stallhaltung und wird höchstens in Notlagen gefüttert. Die Steppe ist eine endlos freigiebige Vorratskammer, den Sommer über voll guten Krauts und aberhundert würziger Kräutlein, auch mit dem notwendigen Wasser, und im Winter, wenn das Gras über Nacht aufgrund plötzlichen Frosts schockgefriert, gewährleistet der Weidegang der Tiere mit der Nahrungsaufnahme gleichzeitig immer auch ihre Wasserversorgung. Das über Nacht vertrocknete Gras der Winterweide büßt nichts an Nährkraft ein.

Und spätestens jetzt – und fast am Ende unserer Reise durch die Kochtöpfe der nomadischen Mongolei – erkennen wir: Das nomadische Leben bedingt eine ureigene Form des Wirtschaftens. Und damit einher geht ein die Seele beflügelndes Lebensgefühl, das den Menschen selbst Freiheit bedeutet, die wir so nicht kennen. Denn ohne eigenes absichtsvolles Streben vollzieht sich das Leben auf der Steppe. Und der Mensch lebt mit. Er erntet, ohne dass er sät. Gras ist zwar nicht gleich Gras, aber es wächst immer ausreichend, nur die bestimmte Weide gilt es auszumachen und aufzusuchen, und die Wasserstellen kennt man von klein auf. Wildtiere sind da, um gejagt, und die Wildfrüchte sind da, um geerntet zu werden. »Ich bin der Herr, die Herrin über all das«, – wie oft höre ich das! Selbst Stadtmongolen überkommt urplötzlich eine eigentümliche Anwandlung und stolz bringen sie sich auf einer Anhöhe mit ausgestreckten Armen in Stellung und jubilieren inbrünstig. Landbesitz im westlichen Sinne gab es bis vor nicht allzu langer Zeit in der Mongolei nicht; seit Kurzem erst ist er im Gesetz festgeschrieben. Die Tiere waren ehemals der einzig gültige Reichtum. Die Worte »Reichtum« und »Schatz« sind bei vielen Steppennomadenvölkern immer gleichbedeutend mit Viehbestand. Und so wird Reichtum bemessen: in Vieheinheiten. Denn die Herdentiere waren und sind Garanten für das Überleben in den unwirtlichen Weiten: sind Fleischversorger, Milchspender, Haar-, Woll- und Lederlieferanten, Pferde dienen als Reittiere, seltener auch als Zugtiere, Kamele als Lastenträger und Zugtiere, wie übrigens auch Rinder und Yaks.

Die Beschaffenheit des Landes macht die Leute und bestimmt deren Leben, also formt sie Haltungen und Werte auf der Steppe und den Umgang mit den Lebensmitteln. Hervorragend den Lebensumständen der Nomaden auf der Steppe angepasst ist das traditionelle Verfahren der Konservierung, wobei die Natur scheinbar spielerisch mitwirkt, sprich der Wind, der immer weht und die Sache würzt, so wie auch die Sonne, die meistens scheint, die geringe Luftfeuchtigkeit, die Fäulnis und Schimmel verhindert, und die Eiseskälte, die im Winter alles tiefgefrieren lässt. Jede Familie besitzt ein ihr eigenes langes Erfahrungswissen und verarbeitet in der Jurte die Lebensmittel so, wie es ihrem Bedarf entspricht. Die sich daraus ergebenden natürlichen Methoden stehen ganz im Gegensatz zu der heutigen modernen Lebensmitteltechnologie. Und das Ergebnis: Die Milchspeisen und vor allem das Fleisch verlieren auch über einen langen Zeitraum hinweg weder Güte noch Nährwert. Und das besticht.

Trockenfleisch unterschiedlichster Art und Zubereitung kennt man vielerorts, und auffallend oft bei Nomadenvölkern. In den Schweizer Alpen gibt es das luftgetrocknete Bündner Fleisch, das einst wesentliches Nahrungsmittel war, im südlichen Afrika das vor der Trocknung mit Salz eingeriebene Biltong. Ohne einzusalzen, ähnlich dem indianischen Pemmikan und dem südamerikanischen Charqui, das zusätzlich noch gänzlich im Ofen ausgetrocknet und zuletzt auch noch geräuchert werden kann, bereitet man *Borz* – das mongolische Trockenfleisch – zu. Zerstoßen in einem Säckchen mitgeführt ergibt es unterwegs die Kraftbrühe schlechthin: eine Prise davon mit Wasser aufgebrüht – und fertig ist die Fleischbrühe, die Urform der sofort löslichen Suppe.

Lange haltbares Trockenfleisch und getrocknete Milcherzeugnisse sind Ausdruck der angepassten Lebensweise der Steppennomadenkultur Zentralasiens. Getrocknetes Fleisch und Trockenquark sind für die Nomaden zweckmäßig. Wenn sie lange unterwegs waren, benutzten sie beides mit Vorliebe. In der Blase eines Ochsen konnte man das zerstampfte mit Salz und Wildzwiebeln vermengte *Borz* eines ganzen Ochsen am Sattel befestigt als Wegzehrung mit sich führen.

Noch von mongolischen Reitersoldaten Anfang des 20. Jahrhunderts wissen wir, wie sie sich ernährten, wenn sie keine Zeit zum Absitzen hatten: Sie versorgten sich mit frostgetrockneten Fleischstreifen aus ihren Satteltaschen. Das könnte uns Hinweise geben für die schnellen Stellungswechsel der leichten Reiterei, von denen mittelalterliche Zeugen der einfallenden Mongolenheere verwundert berichteten.

Borz – Trockenfleisch – stellt man außer aus Pferdefleisch aus allen Fleischsorten her, und zwar sommers wie winters. *Borz* bester Güte erreicht man im Winter. Wenn die durchschnittliche Lufttemperatur mehr als 10 °C minus erreicht hat, was meistens in der ersten Dezemberhälfte der Fall ist, beginnt man mit der Zubereitung. Nach der Winterschlachtung löst man die Knochen aus dem Fleisch und schneidet es in 2 bis 4 cm dicke und etwa 15 bis 30 cm lange Streifen, wobei sie in der Mitte erneut einen Einschnitt bekommen. Wer will, kann das Fleisch kurze Zeit in Rauch hängen, was ihm einen besonderen Goût verleiht. In der Regel geschieht dies aber nur im Sommer. So oder so werden die Fleischstreifen auf einer gespannten Schnur aufgehängt. Dies sollte an einem dunklen Ort mit ausreichender Lüftung geschehen, wobei die Lufttemperatur den Gefrierpunkt unterschritten haben sollte, um ein bestmögliches Ergebnis zu erzielen. Die frostige trockene Luft entzieht dem Fleisch die Feuchtigkeit, und je langsamer dies geschieht, umso saftiger und deftig-würziger und umso heller bleibt es. Fertig ist das im Dezember aufgehängte Fleisch im Februar, und kühl und trocken gelagert – vorteilhaft in einem Baumwoll- oder Ledersack – lässt es sich ohne Güte- und Geschmacksverlust bis zu drei Jahre aufbewahren.

Der Vorteil von *Borz* ist: Es ist viermal leichter als Frischfleisch mit Knochen und kann pulverisiert denkbar einfach transportiert werden. Und was seine Güte und Bestandteile anbelangt, ist es nicht minderwertiger als Frischfleisch: denn 80 Prozent von *Borz* bestehen aus Eiweiß. Auch heutzutage gibt es kaum eine Jurte, die nicht einen Vorrat an *Borz* hat. »Entschuldigung«, kann es dann an den Gast gewandt heißen, »das Fleisch ist uns ausgegangen, wir kochen heute die Suppe mit *Borz.*« In der warmen Jahreszeit ist das gang und gäbe; es erspart die Arbeit des Schlachtens und verringert nicht den Viehbestand in einer Zeit, da sich das Vieh vermehren und sich Fettreserven für die kommenden entbehrungsreichen Wintermonate zulegen soll.

Zum Vergleich: Im Sommer getrocknetes Fleisch sieht schwärzlich aus, wird fast knochenhart und hat weniger Eigengeschmack. Über Rauch dörrt es in knapp zwei Tagen. Zusätzlich kann es vor dem Räuchern eingesalzen werden. So handhaben es die südlichen Torgut-Mongolen.

Schuuz – eingekochtes gesalzenes Fleisch – ist eine andere Variante der Fleischkonservierung. Es wird aus allen Fleischsorten, auch vom Wildfleisch, außer vom Pferd zubereitet. Heutzutage ist es im Sommer beliebt bei Reisen über Land.

Die Zubereitung ist einfach: Das Fleisch vom Knochen lösen und in kleine Stücke schneiden oder würfeln. In einen großen gusseisernen Topf geben, Salz hinzugeben (bei einem ganzen Schaf zwei Handvoll) und auf kleinem Feuer so lange köcheln lassen, bis die Fleischstücke braun werden und sich Flüssigkeit bildet. Das wird bei einem ganzen Schaf ungefähr 1 Liter sein. Das Ganze weiter schmoren lassen, bis aller Saft verdunstet ist und kein Dampf mehr aufsteigt. Zuletzt tritt das Fett aus, und die Fleischstücke fangen an zu glänzen.

Jetzt wird das Fleisch fest und möglichst ohne Lufteinschlüsse in ein Behältnis – beispielsweise ein Saure-Gurken-Einweckglas mit Schraubdeckel oder ein aufgeschnittener, sauber ausgewaschener Tetrapak – gepresst und dann gut verschlossen. An einem kühlen Ort aufbewahrt hält sich das

Schuuz wirklich gut, auch wenn oben mit einem sauberen Löffel immer wieder etwas davon abgenommen wird. Ohne weitere Maßnahmen bleibt es je nach Aufbewahrungsort bis zu drei Monate lang haltbar.

Nachteil von *Schuuz* ist: Das Salz entzieht dem Fleisch alle wertvollen Mineralien und lebenswichtigen Substanzen. Also ist weniger Salz bei der Zubereitung sicher sinnvoll.

Eine andere typisch mongolische, da klimagerechte Fleischaufbewahrungsart ist die, das Fleisch draußen oder in einer Vorratshütte tiefgefroren bis in den Frühling hinein zu lagern. Die meisten Städter hatten ihren Wintervorrat an Fleisch – ein ganzes zerlegtes Rind und mehrere Schafe – früher fast ausnahmslos auf dem Balkon der Plattenbauwohnung gelagert. Den hatte die liebe Verwandtschaft vom Land geschickt oder man war eigens dorthin gefahren, um sich rechtzeitig einzudecken. Jetzt gibt es stattdessen vermehrt Tiefkühltruhen, die allerdings kaum für den Fleischvorrat einer Familie ausreichen. Und so besorgt man sich die jeweils benötigte Menge vom Markt, wo auch aus dem Kofferraum mancher Autos heraus ganze tief gefrorene Schafe angeboten werden.

Wie praktisch mutet dagegen die althergebrachte Fleischaufbewahrung an, *Üüz* genannt – im eigenen Fell eingewickeltes gefrorenes Fleisch.

Üüz wird meistens aus großen Stücken vom Pferd-, Rind oder Schaf zubereitet. Dazu muss es Winter werden. Nehmen wir ein Schaf. Nach dem Schlachten und dem Ausnehmen der Innereien – die beiseitegelegt werden – wird das Tier als Ganzes wenige Tage bis eine Woche, je nach Tiefsttemperatur, dem Frost ausgesetzt. Ist der Zeitpunkt gekommen, wird ihm zuerst das Brustteil herausgetrennt. Dann bekommen die beiden hinteren Keulen an den Hachsen neben der Sehne jeweils einen Einschnitt. Darauf wird der Beckenknochen durchtrennt und oben auf dem Rücken des Tieres wird in Sattelhöhe zusätzlich ein Schnitt getan, um den Rumpf beweglich zu machen. In die nun geöffnete Brusthöhle werden der Schafkopf, das Bruststück und die ins Fettgewebe eingewickelten Innereien wie Herz, Leber, Nieren gestopft. Zuletzt wird der aufgefüllte Schafkörper so weit zusammengekrümmt, dass die Vorderbeine durch die Einschnitte in den hinteren Hachsen gesteckt werden und alles zusammenhalten. Die entstandene Schafkörperrolle wird in das Fell des Tieres verpackt und an einem kühlen, schattigen Ort gelagert.

Mit Rindfleisch verfährt man anders. Das restliche, nicht zum Gefriertrocknen verwendete Fleisch wird zerlegt in den eigenen Pansen des Tieres gepresst und kommt in eine kalte Höhle oder ein Erdloch, wird zuletzt mit Filz bedeckt oder unter reichlich Schnee begraben. So kann es Winter werden.

NOCH EIN PAAR ABSCHLIESSENDE WORTE

Nun, liebe Freunde und Genießer fremder Gerüche und Gerichte, unsere Reise durch die Kochtöpfe der Mongolei geht zu Ende. Abschließend lade ich in meine Jurte ein, denn ich habe noch etwas zu erzählen – etwas, das mir bis heute nachgeht.

Erst kürzlich besuchte ich eine wundersame alte Frau vom Stamm der westmongolischen Dörwöd in ihrer kleinen windschiefen Filzjurte, ganz ohne Baumwollüberzug und mit einer Filzklappe statt einer Holztür, wie zu alten Zeiten. Wir saßen am offenen Feuer. Sie deutete auf das Feuer und meinte: »Die meisten Menschen haben vergessen, wie viel Gutes von so einem offenen Feuer ausgeht, wenn es rein gehalten wird. Es nimmt alles Schlechte mit sich: in der Jurte und bei den Menschen. Wenn du hier in der Gegend die Landleute fragen würdest, was das offene Feuer bedeutet, wird niemand etwas sagen können. Höchstens: Na ja, da gibt es viel Qualm, es ergibt Asche, die man wegfegen muss. Schau auf das Feuer«, sagte sie weiter, »auf den Dachkranz, durch den der Rauch abzieht, den Jurtenfilz, das Weidenholzgerüst der Jurte, die Schaffelle, auf denen wir sitzen. Alles ist lebendig, kommt aus der Natur.« Ich sitze da, hänge diesen Gedanken nach, schaue in das flackernde Feuer. Die Filzklappe am Eingang geht hoch und ein großer bauchiger Kupferkessel kommt von zwei Armen getragen herein, denen ein rundes, offen lachendes Gesicht folgt. Eine junge Frau bringt erhitzte vergorene Kamelstutenmilch – *Hoormog*. Die ist bei einziehender Kälte gut, beugt Unterkühlung und Erkältung vor, macht den Hals frei. Ich trinke eine Schale, noch eine und eine letzte. »Auch die Erde lebt«, hebt die Alte wieder an. »Hier, sieh dieses Holzgefäß mit der Schildkröte unten. Die Welt liegt auf dem Rücken dieser Schildkröte. Irgendwann rührt sich die Schildkröte. Wenn die Leute die Erde anbohren, dann zittert ihr Körper, oder sie zieht, da es schmerzt, vielleicht einen Fuß ein. Inzwischen droht die Welt sich selbst zu zerstören. Die Mongolei liegt auf dem Herzen der Welt. Für die anderen Länder mag es möglicherweise nicht so schlimme Folgen haben, wenn die Erde zerstört wird. Wenn aber das Herz der Welt angebohrt und verletzt wird, bricht der Krieg von Shambhala aus. Dann nimmt alles seinen Lauf. Keiner wird ein Gewehr haben, keiner wird Bomben werfen, sondern eine merkwürdige Macht wird sich kundtun und von einer Wolke umhüllt herniederkommen; und es wird einen Magnetregen geben. Daraufhin sterben fast alle Lebewesen. Und die, die bleiben, töten sich selbst oder gegenseitig, ja sogar die Tiere werden gegeneinander kämpfen und sich töten.«

Gut, dass die Alte jetzt etwas zum Kosten vorsetzt: In einer flachen Holzschale gibt sie auf ein wenig ausgelassenes gelbes Butterfett und ein paar Löffel Milchtee zwei Handvoll *Zulchir-Höz*, reibt ein paar Krümel *Aaruul* darüber und rührt so lange, bis ein fester, grobkörniger rötlicher Brei entstanden ist. Davon gibt sie mir mit dem Löffel auf die rechte hohle Hand. Ich schleckte den Brei auf. Es schmeckt. Ich lasse mir noch einen Löffel voll geben. Und schon höre ich sie weiter ausführen: »Es gibt möglicherweise solch ein unterirdisches Reich. Wir sind ja dem Herzen der Welt so nahe. Mehr aber sage ich jetzt nicht. Auch wenn ich manches weiß, rede ich nicht darüber. Es muss geheim bleiben. Nur so bleibt die Mongolei die Mongolei!«

Irgendwann ist das Feuer niedergebrannt, es zieht vom Jurtenrand herein, der filzbedeckte Erdboden strahlt Kälte ab, ich fröstle, stehe auf und gehe in die sternenklare Nacht hinaus. Es gibt sie also doch noch, die alte Mongolei, denke ich. Und der mich seit Jahren quälende Gedanke, ich als Spätgeborene komme immer und überallhin zu spät, verfliegt.

Mit Beginn des Jahres 2010 gehen von der mongolischen Regierung verschiedene Maßnahmen aus, das Kulturgut der Mongolei zu erfassen und zu schützen. In den Verlautbarungen darüber wird es als »geistige Wertsache« bezeichnet, die vom Volkstalent, einem bestimmten Wissen und Erfahrungsschatz und zudem von außergewöhnlichen Fertigkeiten geprägt ist. Diese geistigen Wertsachen werden von Generation zu Generation, ohne irgendwo in Schrift oder Ton festgehalten zu werden, weitervererbt.

Dieses Kulturgut – wie ich den offiziellen Schreiben weiter entnehme – besteht aus der Muttersprache und allen ihren sprachlichen Ausdrucksformen, der Folklore, den langen und kurzen Volksliedern und ihrer Vortragsweise, den Appellen und Anrufungen, wie sie im Leben der Hirtennomaden vorkommen, dem Oberton- oder Kehlkopfgesang, dem Pfeifen, den Mund- und Gaumentönen, dem Spielen der traditionellen Musikinstrumente, dem Tanz, der Kontorsionskunst, dem Volkshandwerk, ja der Gesamtheit der Sitten und Gebräuche, dem Volkswissen, womit sicherlich auch die Lebensphilosophie gemeint ist, den volkstümlichen Traditionen und dem Schamanischen, obwohl nicht so benannt, sondern umschrieben als Vorhersagen und Prophezeiungen mit tiefgreifender Symbolik.

Erst jetzt aber, am Ende unserer kulinarischen Erkundungsreise angelangt, merke ich: Die traditionellen Speisen und ihre Zubereitungsarten, die Erfindung der vergorenen Stutenmilch, die weißen Speisen, alles, was in den Kochtöpfen der Jurten und über offenem Feuer in der Wildnis gekocht wird, fehlt in diesem Panoptikum der erhaltenswerten Kulturgüter. So wie die oben angeführten immateriellen Kulturgüter gehört auch die traditionelle Küche zur alten Mongolei. Sie ist eine volkseigene »Wertsache«, hat sich bewiesen über Jahrhunderte und ist eine Folge von Versuchen und Irrtümern, eine aus den hirtennomadischen Gegebenheiten erwachsene Küche. Nur scheint das bislang noch niemand bemerkt zu haben, auch in der Mongolei nicht.

Wenn dieses Buch mit seinen »Seitentrieben« zur Kulturgeschichte und seiner Sammlung von Rezepten die Küche der Hirtennomaden und Jäger der Mongolei in ein neues Licht stellt, wäre das nur wünschenswert.

Ich bin der festen Überzeugung: Die weitestgehend naturbelassenen Zutaten, die aus einer gesunden und natürlichen Umwelt kommen, wenig Gewürze, das Haltbarmachen ohne Zusatzstoffe und vieles mehr, was die mongolische Küche ausmacht, bergen den Keim für eine neue Esskultur. Und die besagt: Das Essen möge schlicht und gesund sein, lebensförderlich und lebenserweckend wirken. Essen eben, das nicht nur den Magen füllt, sondern auch die Seele berührt und erfreut.

GLOSSAR

Aaruul: getrockneter mongolischer Quark, aus –> Aarz gewonnen
Aarz: mongolischer Quark
Ail: Ansammlung von Jurten; Gruppe nicht nur blutsverwandter Familien, die gemeinsam wirtschaften und ein gemeinsames Lager haben; Familie
Airag: vergorene Stutenmilch; umgangssprachlich auch sauer gewordener Joghurt aller Milcharten
Bin: Teigfladen, in Fett ausgebacken
Bjaslag: mongolischer Käse, ohne Lab hergestellt
Boorzog: in Fett Ausgebackenes, heutzutage ausschließlich aus Weizenmehl
Boow: frittiertes Gebäck; umgangssprachlich auch für Kekse
Borz: Trockenfleisch
Burjaten: mongolischsprachige Volksgruppe, in der Republik Burjatien, als Bestandteil der GUS, um den Baikalsee herum lebend und in der nördlichen Mongolei
Buuds: in einem Sieb über Wasserdampf gegarte Teigtaschen, mit Gehacktem gefüllt
Charmyk: –> Salpeterstrauch
Dal: Schulterblatt; das vom Schaf wird seit alters zum Orakeln benutzt
Dickete: eigentlich: mit Lab oder Milchsäure dickgelegte Milch, auch Gallerte genannt; die Mongolen verwenden aber kein Lab
Dsambaa: geröstetes Gerstenmehl, auch in Tibet bekannt
Dsööchii: Sauerrahm
Eedem: ungepresster mongolischer Käse
Eedsgii: gekochter Krümelkäse
Faulbeere: *Padus asiatica Kom.*, eine Vogelbeeren-Art
Feuerlilie: *Lilium pumilum Delile*, die Zwiebeln werden sowohl gekocht als auch roh gegessen und gedörrt zu Mehl verarbeitet
Gambir: Teigfladen, in wenig Fett gebacken
Giersch: *Aegopodium podagraria*, weit verbreitete krautige Pflanze, in ganz Europa und im eurasischen Laubwaldgürtel vorkommend, beliebt als Wildgemüse und in der Volksmedizin als Mittel gegen Rheuma und Gicht

Gojo: *Cynomorium songaricum Rupr.*, wasserhaltige Wüstenfrucht, roh gegessen leicht adstringierend, durstlöschend in der Wüstenhitze; wird zu Schnaps verarbeitet und in der traditionellen mongolischen Medizin verwendet

Guunii Airag: andere Bezeichnung für Airag, vergorene Stutenmilch

Hailmag: süße Einbrenne, früher ausschließlich aus geröstetem Gerstenmehl zubereitet; traditionelle Milch-Mehlspeise, die reichhaltig und nahrhaft ist

Hjaram: heißes, leicht salziges Getränk aus Wasser und Milch

Hoipag: (auf Tuwa) vergorene Milch von Kühen oder Yakkühen

Hömöl: Wildlauch (*Allium mongolicum*); Laucharten gibt es in der Monglei mehrere, etwa den vielzwiebeligen Lauch (*Allium polyrrhizum*) und den Wilden Schnittlauch (*Allium schoenoprasum*)

Hoormog (oder Ingenii Airag): vergorene Milch von Kamelstuten, auch Bezeichnung für mit Milch verdünnten Joghurt

Höz: durch mehrmaliges Quellen, Keimen und Trocknen besonders behandeltes Korn, meistens aus Gerste, aber auch aus Weizen, –> Suli und –> Zulchir herstellbar; seit alters ein hochwertiges »grünes Lebensmittel« in der Mongolei

Hudschir: leicht bitteres Salz von Salzböden, das früher in eigenen Hudschir-Anlagen gewonnen wurde; vielerorts unabkömmlich für den Tee, Natron kann Hudschir ersetzen

Huruud: gekochter, gepresster Joghurt, der noch einmal mit Milch vermischt und erneut gepresst und getrocknet wird, fetthaltiger als –> Aaruul

Huuschuur: frittierte Teigtaschen mit Gehacktem, Kartoffelbrei, Kimchi, sehr beliebtes monglisches Fast Food

Ingenii Airag (oder Hoormog): vergorene Milch von Kamelstuten

Knöterich: in der Mongolei gibt es mehrere Knöterich-Arten, die als Wildgemüse gegessen werden; etwa Japanischer Flügelknöterich, auch Japanischer Staudenknöterich (*Fallopia japonica*), Schlangen-Knöterich, auch Wiesen-Knöterich (*Bistorta officinalis*), Acker-Vogelknöterich (*Polygonum aviculare*)

Knöterichwurzelmehl: pulverisierte Knöterichwurzel

Nermel: kurze Bezeichnung für Milchbranntwein (Nermel Archi), der in der Jurte unter einfachsten Bedingungen destilliert wird

Öröm: aufgeschäumte Rahmhaut

Rhabarber: *Rheum tataricum L. suppl.*, *Rheum leucorrhizon Pall.*, *Rheum palmatum*, ursprünglich in China, der Mongolei, Sibirien und Tibet beheimatet

Saxaul: *Haloxylon ammodendron*, charakteristische niedrige Baumart der Wüstendünen

Salpeterstrauch: *Nitraria sibirica Pall.*, zur Gattung der Jochblattgewächse gehörend und charakteristisch für Wüsten und Halbwüsten; sonnenreife Früchte, schwarzen Johannisbeeren ähnlich, werden frisch und gedörrt gegessen; Nahrung für viele Tiere, besonders beliebt beim seltenen Gobi-Bären

Sanddorn: *Hippophaë rhamnoides*, Strauch mit grellorangen Beeren, die außergewöhnlich Vitamin-C-haltig sind

Schale: als Maßeinheit ca. 250 ml/g

Schar Tos: gelbes Milchfett im Gegensatz zum weißen Milchfett

Schimiin Archi: Milchbranntwein

Steinbeere: *Rubus saxatilis*, Scheinstrauch mit kriechenden Trieben, findet auch in der klassischen russischen Küche Verwendung (etwa als Tortengelee)

Suli: Wildgras, *Psammochloa villosa*, wächst in Wüstenstrichen; die Samenkörner gelten gleich wie –> Zulchir als eines der hochwertigsten »grünen Lebensmittel« in der Mongolei und werden auch zu Mehl und –> Höz verarbeitet

Tarag: Joghurt

Tasse: als Maßeinheit ca. 250 ml/g

Tos: Bezeichnung für jegliche Art von Fett

Uneenii Airag: vergorene Milch von Kühen oder Yakkühen, bei den westlichen Bergbewohnern getrunken

Weißdorn: *Crataegus sanguinea Pall.*, Strauch oder kleiner Baum mit fleischigen dunkelroten Früchten (Kernobst)

Wildlauch –> Hömöl

Zagaan Sar: mongolisches Fest des Weißen Mondes zu Neujahr, das nach dem Mondkalender meist im Februar gefeiert wird

Ziidem: vergorene Stutenmilch mit frischem Quellwasser, erfrischendes Sommergetränk

Zöröm: –> Dickete, gewonnen durch Gerinnung aus roher nicht-entrahmter Milch

Zöw: weißes Milchfett im Gegensatz zum gelben Milchfett

Zözgii: Sahne, mit einer Handschleuder gewonnen

Zulchir: *Agriophyllum gobicum*, gehört zur Pflanzenfamilie der Gänsefußgewächse; aus den Samen der Pflanze wird Mehl hergestellt

Zurückgekrümmter Fuchsschwanz: auch Zurückgebogener Amarant (*Amaranthus retroflexus*), ursprünglich aus Nordamerika stammende, mittlerweile auf alle Kontinente verschleppte und als Unkraut geltende Pflanze

STIFTUNG

Die Mongolei macht einen Großteil meines Lebens aus. Ich habe jeden Tag auf vielfältigste Weise mit der Mongolei zu tun. Seit ich dort lebe, und zwar meistens unter den Nomaden der Westmongolei, bin ich erst recht ganz nahe gekommen, teile Freud und Leid, höre und sehe Dinge, die mir oft ans Herz gehen. Gerne lasse ich mich anstecken, bin immer wieder aufs Neue begeistert von der tief verwurzelten Achtung vor der Schöpfung und dem Wissen um die Art und Weise, wie die menschlichen Bedürfnisse mit dem Wohl der großen Natur in Einklang gehalten werden können. Das ist die alte nomadische Mongolei. Und diese Welt ist auch meine geworden.

Dann kommen die drei aufeinanderfolgenden Kältewinter (1999–2002) mit schwerem *Dsud* – so nennen die Mongolen verheerende Naturkatastrophen –, unter denen Mensch und Tier in der klirrenden Kälte gegen Eis und Schnee ums Überleben kämpfen. Es verenden Millionen von Tieren, die Nomaden sind in ihrer Existenz bedroht. Der Wechsel von der Planwirtschaft zur freien Marktwirtschaft hat zudem im letzten Jahrzehnt zu einem abrupten Wandel geführt. Der Niedergang der alten Lebensweise und der traditionellen Strukturen zeichnet sich ab.

In dieser ernsten Lage habe ich mit einer Gruppe von Persönlichkeiten den Verein »Freunde des Altai e.V.« ins Leben gerufen. Vorerst geht es darum, den Nomaden, die um die Rettung ihrer im Eispanzer steckenden Herden kämpfen, tatkräftig beizustehen. Der nächste Schritt ist, sich gemeinsam gegen die immer wiederkehrenden Naturkatastrophen zu rüsten. Und schließlich geht es um den Erhalt eines großen Lebensraums und der Nomadenkultur mit ihren geistigen Kulturgütern – um eine lebendige Brücke zwischen Ost und West, die von der Begeisterung und Ideen, Begegnungen und Austausch lebt. Eine Begegnungsstätte ist im Aufbau. Das traditionelle Nomadenhandwerk, Musik, Gesang, Tanz werden gefördert, aber auch die alten Heilweisen und Kulturtechniken, die eigentlich Weltkulturerbe sind.

Partnerschaftlich arbeiten wir auch mit der Anfang 2010 ins Leben gerufenen Stiftung »Mongol Altain Ger Urguu« zusammen, die es sich zum Ziel gesetzt hat, das lebendige Wissen der nomadischen Welt, das allein in den Menschen und nicht in Büchern und Schulen weiterlebt, zu fördern und zu schützen. Dabei ist das Leben in der Natur und mit den Tieren die beste Schule. Spielend und forschend lernen die Kinder von klein auf, und die Stiftung hegt auch die Fortsetzung dieser Praxis.

Wer bei uns mitwirken und uns kennenlernen möchte: Wir sind für jegliche Unterstützung dankbar und wünschen uns noch mehr begeisterungsfähige Mitstreiter und Mitdenker.

Verein Freunde des Altai e. V.
www.freunde-des-altai.org
info@freunde-des-altai.org; freundedesaltai@web.de
Vereinssitz: Postfach 10 18 09, D-28018 Bremen
Vereinsbüro: Hirzbacher Weg 26, D-12249 Berlin
Tel.+49 (0)30 39 87 97 46
Deutsche Bank, Konto 534040, BLZ 690 700 24
BIC DEUTDEDB690, IBAN DE05 6907 0024 0053 4040 00
Der Verein ist als gemeinnützig anerkannt und stellt Spendenbescheinigungen aus.

Informationen über die Stiftung »Mongol Altain Ger Urguu« findet man unter: www.mongolia-altai.org

AMÉLIE SCHENK

promovierte Ethnologin, Literaturwissenschaftlerin und Schamanenforscherin, Kennerin verschiedener Naturvölker, die sich selber auch als »wissenschaftliche Nomadin« bezeichnet, ist vor über 20 Jahren über Indien und Tibet das erste Mal in die Mongolei gekommen. Veröffentlichungen u. a.: »Schamanen auf dem Dach der Welt«, (Graz 1994), »Herr des schwarzen Himmels« (München 2000), »Gesang des Himmels« (Frankfurt 2006), »Das Meckern der Pferdekopfgeige« (Frauenfeld 2010).

DANK

Essen ist etwas Heiliges. Meine Großmutter Anna-Louise Amelie lebte mir das vor. Sie ist mein Schutzengel, sie wachte auch über diese Reise durch die Kochtöpfe der Mongolei.

Dankbar bin ich auch meiner Mutter, der ich schon von klein auf am Rockzipfel hing, wenn sie in der Küche hantierte. Sie hat mich nie gemaßregelt oder fortgeschickt, im Gegenteil, sie hat mich mitwerkeln und -kochen lassen. Ihr verdanke ich mit die Freude beim Kochen und den Mut, es einfach anzugehen.

Mein nächster Dank gilt der weiten Mongolei und ihren herzlich-gastfreien Menschen. Dort ist meine Quelle. Unerschöpflich und geheimnisvoll, wie das Leben dort zuweilen ist, bin ich oft überreich beschenkt worden. Wenn ich die Speisen, die ich hier gar nicht alle wiedergeben kann, nicht vielerorts gekostet hätte, die Zubereitungsarten nicht miterlebt und dazu nützliche Hinweise bekommen hätte, nicht selbst auf der Suche nach Kräutern, Altaizwiebeln und wilden Johannisbeeren in die hohen Felsen gestiegen wäre, hätte ich mir nie ein Herz gefasst, dieses Buch zu beginnen. Unterwegs zu den Kochtöpfen der Mongolei gab es viele kulinarische Überraschungen. Und die wirkten selbst bei mir Wunder gegen das Vorurteil, die Mongolei hätte doch keine nennenswerte Küche.

So groß die Vielfalt der Landschaften ist, so zahlreich sind auch die Lebensmittel, die aus dem unmittelbaren Umfeld der Nomaden kommen. Was gibt es da nicht alles unerwartet Leckeres, Kräftigendes aus der Natur selbst! Da sickerte eine Heilquelle mit unvergleichlichem Wasser am Weg hervor, unerwartet stießen wir in der Wüste auf eine Oase, wo gerade halbwilde herb-süße Äpfelchen geerntet wurden, und am nächsten Rastplatz streckte mir ein lächelndes Kindergesicht eine Handvoll noch sonnenwarmer wilder Erdbeeren entgegen. Im Altai brachte mir ein Jägerfreund ein Königshuhn, das mir, zur Suppe gekocht, die Müdigkeit vertreiben sollte. Und der Sänger im Dorf brachte, auf der Rute einer Weide aufgespießt, frische Äschen, jene wohlschmeckenden Fische aus dem Howd-Fluss. Alles schmeckte rein und fein, unbestechlich natürlich. Und wie würzig war erst das gekochte Schaffleisch der Nomaden. Allen, die mich je bei sich in der Jurte bewirtet haben, danke ich für ihre Freigiebigkeit und gute Laune.

Und nie war ich ohne Weggefährten, Pfadfinder, Spurenleser, Pferdeführer, Fahrer und Helfer in allen, wenn auch noch so verqueren Lebenslagen. Dank euch allen! Besonders Z. Gandschiguur, der mich in den letzten Jahren überallhin begleitet hat und der selbst gerne Neuartiges isst, was nicht immer unbedingt rein Nomadisches bedeutet. P. Munchdsaja, die mir bei der Recherche zu diesem Kochbuch unermüdlich geholfen und seltene Rezepte aufgespürt hat. Dem verstorbenen Ernährungswissenschaftler G. Gombo, der mir in weiser Voraussicht 2003 sein Buch über die traditionelle Ernährungsweise und die Küche der Mongolen geschenkt hat, und dies zu einer Zeit, da ich das Thema für mich noch nicht entdeckt hatte, und dem Vorsitzenden der Köche-Vereinigung der Mongolei J. Oktjabr, der mich mit seiner Begeisterung für die Verbindung von alten Rezepten und neuen Ideen angesteckt hat. Dsch. Batdschargal, der Offizier, der nur zu gerne isst und selbst kocht und mir dadurch gezeigt hat, wie leidenschaftlich auch Männer in der Mongolei kochen können. Zuletzt auch T. Erdenetsetseg, die mir als gute Köchin Feinheiten der alten wie auch neuen mongolischen Küche vorgeführt hat und die selbst – nomen est omen – den womöglich schicksalhaften mongolischen Vatersnamen/Familiennamen »Koch« trägt. Wenn wir nach langen Monaten von der Steppe in die Stadt kommen, fallen wir immer noch regelmäßig bei ihr ein und essen mit Lust alles, was sie zubereitet – denn es schmeckt einfach so anders – nicht mehr eindeutig nomadisch, aber auch nicht wirklich städtisch.

Ein besonderer Dank an Inge Fasan, die das Buch bis in die tiefsten Tiefen hinein so einfühlsam und behutsam lektoriert hat, dass Sie zuletzt meinte, jetzt sogar Mongolisches riechen zu können. Und zuletzt meinem Verleger Michael Baiculescu ein herzliches Dankeschön. Er hat, als ich seine einladenden Kochbücher auf der Leipziger Buchmesse entdeckte, auf meine sprudelnde Frage: »Würden Sie auch ein mongolisches Kochbuch machen wollen?«, flink geantwortet: »Warum nicht?«

WEITERFÜHRENDE LITERATUR

Barkmann, Udo B.: Geschichte der Mongolei oder die »Mongolische Frage«. Die Mongolen auf ihrem Weg zum eigenen Nationalstaat, Bonn 1999

Bosshard, Walther: Kühles Grasland Mongolei, Berlin 1938

Consten, Hermann: Weideplätze der Mongolen. Im Reiche der Chalcha, 2 Bde., Berlin 1919/1920

Die Mongolen. Begegnungen mit einem Volk und seiner Geschichte, hg. vom Museum zu Allerheiligen, Schaffhausen 1990

Haslund-Christensen, H.: Zajagan. Menschen und Götter in der Mongolei, Stuttgart 1939

Heissig, Walther: Die Mongolen. Ein Volk sucht seine Geschichte, Wien/Düsseldorf 1964

Ders.: Die Geheime Geschichte der Mongolen, Dschingis Khan, Geser Khan und König Finster. Epen, die Geschichte schrieben, Düsseldorf/Köln 1981

Latsch, Marie-Luise/Forster-Latsch, Helmut (Hg.): Das Fuchsmädchen. Nomaden erzählen Märchen und Sagen aus dem Norden Chinas, Frauenfeld 1992

Mühlenweg, Fritz: Großer Tiger und Christian, München 1983

Ders.: Kleine mongolische Heimlichkeiten, Bottighofen 1992

Müller, Claudius (Hg.): Dschingis Khan und seine Erben. Das Weltreich der Mongolen. Kunst- und Ausstellungshalle der Bundesrepublik Deutschland, Bonn, München 2005

Müller, Claudius/Heissig, Walther (Hg.): Die Mongolen. Katalog zur Ausstellung »Die Mongolen« in München vom 22. März – 28. Mai 1989, Innsbruck/Frankfurt 1989

Ottinger, Ulrike: Taiga. Eine Reise ins nördliche Land der Mongolen, Berlin 1992

Rubruk, Wilhelm von: Reisen zum Großkhan der Mongolen. Von Konstantinopel nach Karakorum 1253–1255, hg. von Hans D. Leicht, Stuttgart 1984

Schenk, Amélie: Mongolei. Weite Heimat der Nomaden, Dortmund 1994

Dies.: Herr des schwarzen Himmels. Zeren Baawai – Schamane der Mongolei, Bern, München, Wien 2000

Dies.: Mongolei, München 2003

Dies.: Onon. Wem der Fluß singt, Frauenfeld 2003

Dies.: Im deckellosen Land. Nomadische Geschichten aus der Mongolei, Frauenfeld 2005

Dies.: Gesang des Himmels. Galbe – Schamanin des Altai, München, Frankfurt 2006

Dies.: Das Meckern der Pferdekopfgeige. Geschichten von Schamanen, Bären und anderen Nomaden, Frauenfeld 2010

Schenk, Amélie/Tschinag, Galsan: Im Land der zornigen Winde. Geschichte und Geschichten der Tuwa-Nomaden in der Mongolei, Frauenfeld 1997

Weiers, Michael (Hg.): Die Mongolen. Beiträge zu ihrer Geschichte und Kultur, Darmstadt 1986

Taube, Erika (Hg.): Volksmärchen der Mongolen, München 2004

Taube, Manfred/Taube, Erika: Schamanen und Rhapsoden. Die geistige Kultur der alten Mongolei, Leipzig 1983

Tschinag, Galsan: Zwanzig und ein Tag, Frankfurt 1997

Tucci, Guiseppe/Heissig, Walther: Die Religion Tibets und der Mongolei. Religionen der Menschheit, Bd. 20, Stuttgart/Berlin/Köln/Mainz 1970

REZEPTVERZEICHNIS

Aaruul, 59
Aarz mit Zulchir-Mehl, 175
Aarz, 56
Aarztai Hömöl, 167
Airagnii Höös, 30
Airagnii Tos, 55
Alirastai Süü, 73
Amtaldsch Scharsan Nariin Mach, 113
Amtalsan Aarztai Örömnii Nuhasch, 57
Arwaitai Archi, 37
Baizaa, Mandschin, Luuwan, Gischuunii Schanzai, 169
Bansch, 134
Banschtei Zai, 195
Bantan, 153
Bituu Schöl, 152
Bjaslag, 62
Bögschsön Uurag, 65
Boodog, 109
Bööröldsgönötei Süü, 73
Boorzog, 82
Boownii Dsuurmag, 81
Brand vom Vorjahr, 37
Brei aus Gojo und Zulchir-Mehl, 176
Brei aus Zulchir-Mehl mit Öröm und Eedsgii, 175
Brei mit Zulchir und gelbem Butterfett, 176
Brot, burjatisches, 87
Buriad Talch, 87
Butter, 48
Butterfett, gelbes, 53
Butterfett, gemischtes, als Wintervorrat, 65
Butterfett, weißes, 52
Buuds, 131
Buzalgasan Aarz, 69
Chalchin Bor Zai, 188
Chonin Bantan, 155
Churgan Bantan, 154
Dalan Dawchar Bin, 84
Darigangin Budaatai Zai, 191
Dickete, 61
Dickmilch, 69
Doloogonotoi Süü, 72
Dörwöd Zai, 189
Dsachtschin Zai, 189

Dsagasni Nuhasch, 209
Dsagasnii Schöl, 206
Dsalchuu Buuds, 135
Dsambaa, 181
Dschundstai Schöl, 156
Dsööchii, 51
Eedem, 63
Eedsgii, 64
Einbrenne, Süße, 51
Elgen Tarag, 54
Fett von vergorener Milch, 55
Fett, weißes, mit Zulchir-Mehl, 175
Fettgebackenes, 82
Feuerlilienknollenmilch, 72
Fisch, ausgebackener, mit Kartoffeln, 207
Fisch, gebratener, in Birkenrinde, 210
Fisch, geräucherter, 210
Fischpastete, 209
Fischpastete, westmongolische, 208
Fischsuppe, 206
Fladen, 83
Fleisch zwischen heißen Steinen, 112
Fleisch, gekochtes, 98
Gambir, 83
Gedes, 96
Gemüsesalat mit Rhabarber, 169
Gerstenmilchbrand, 37
Gischuune Aaruul, 170
Gischuunii Badsuur, 171
Gitschgenetei Süü, 72
Gond, 168
Gowi Gurwan Saichan Zai, 193
Gowiin Zai, 193
Gudseen Üdmeg, 100
Guriltai Öröm, 47
Guriltai Schöl, 149
Guriltai Schölnii Dsuurmag, 130
Guunii Airag, 26
Hailmag, 51
Hairsan Dsagas Tömstei, 207
Halgain Urtei Zai, 194
Har Schöl, 148
Harmagiin Sarhad, 36
Hataasan Dschimstei Süü, 73
Hatschirtai Scharsan Havirga, 104
Hawtschaahai, 112
Hefeklöße, gedämpfte, 137
Hefeteigtaschen, gebratene, 138
Hefeteigtaschen, gedämpfte, 138
Herzsuppe mit Zulchir-Mehl, 177
Hiamnii Oroomog, 140
Hjaram, 69
Hoden vom Lamm oder Zicklein, 101
Hölison Tos, 65
Hoormog, 68
Horhog Zai, 194
Horhog, 106
Horhog, Einatmen von, 107
Höz-Gericht mit Aarz, Eedsgii und Bjaslag, 180
Hur Bujuun Darmal Archi, 37
Hurgan Dsasaatai Schöl, 101
Huruud, 60
Husam, 50
Husnii Halisand Scharsan Dsagas, 210
Huuschuur, 133
Ingenii Airag, 32
Ingenii Boz, 31
Innereien, 96
Innereien, fünf Arten von, mit Zulchir-Mehl, 177
Isgelen Tarag, 55
Jambanii Bor Dars, 36
Jasnii Schöl, 152
Joghurt, frischer, 54
Joghurt, gekochter, 56
Joghurt, saurer, 55
Joghurttrunk, milchiger, 68
Johannisbeermilch, 73
Kadsak Zai, 187
Kamelstutenmilch, vergorene, 32
Kamelstutenmilch, vergorene, mit Frischmilch, 31
Kartoffelklößchen in Milch, 66
Käse, mongolischer, 62
Käse, ungepresster mongolischer, 63
Kimchi, 168
Knochensuppe, 152
Kraftbrühe mit Mehlkrümeln, 155
Krümelkäse, süßer, 64
Kümmel, mongolischer, 168
Lammkeule, gefüllte, 103
Lammklümpchen-Mehlsuppe mit Fleisch, 154
Lammkopf und -füße im Pansen, 108
Lammrippenbraten, gefüllter, 104

Leber über dem Feuer, 112
Leber, gebratene, 102
Mandelgowiin Zai, 192
Mantuu, 137
Mantuun Buuds, 138
Mecheertei Schöl, 158
Mehlsuppe mit Fleisch, 153
Mehlsuppe mit Milch, 156
Mehlsuppe, flüssige, mit Hackfleisch, 154
Milch, gekochte, mit Zulchir-Mehl, 175
Milch, sahnige, 68
Milchansatz, geschabter, 50
Milchbranntwein, 34
Milchcocktail, vergorener, 31
Milch-Höz, 180
Milchsuppe mit Zulchir-Mehl, 177
Milchtee mit Bansch, 195
Milchtee, mit Zulchir angereichert, 175
Milchtee, mongolischer, 186
Milchwasser, aufgekochtes, 69
Milch-Zulchir-Brei, 178
Molke, 70
Molke, flaumige, 171
Molke-Gelee, 66
Mongol Schiproti, 208
Mongol Süütei Zai, 186
Möögtei Schöl, 157
Murmeltier oder Ziege, im eigenen
Balg gegart, 109
Nermel Archi, 34
Nudelpfanne, 139
Nudelsuppe, 149
Nudelteig, 130
Öröm mit Zulchir, 174
Öröm mit Zulchir-Mehl, 176
Öröm, 46
Örömnii Nuhasch, 48
Örömtei Süü, 68
Oroomog, 136
Pansen, gebundener, 100
Piroschki, 138
Plinse, siebzigschichtige, 84
Preiselbeermilch, 73
Pudding aus feuriger Erstmilch, 65
Quark mit Wildlauch, 167
Quark, gekochter, 69
Quark, getrockneter, mit Rhabarber, 170
Quark, mongolischer getrockneter, 59
Quark, mongolischer, 56
Rahm mit Feuerlilienzwiebeln, 49
Rahmhaut, angerührte aufgeschäumte, 48
Rahmhaut, aufgeschäumte angedickte, 47
Rahmhaut, aufgeschäumte, 46
Rahmhaut, geschmückte aufgeschäumte, 47
Rahmquark, frischer, 61
Rahmquark, mongolischer getrockneter, 60
Rahmquarkaufstrich, gewürzter, 57
Rhabarber, in Molke eingedickter, 171
Rindersülze, 105
Rindfleischstreifen, marinierte, 113
Rücken vom Schaf mit Fettschwanz, 99
Sahne, 50
Salpeterstrauchbeeren-Milchbrand, 36
Salzwasser, milchiges, mit Zulchir, 176
Samartai Süü, 70
Sauerrahm, 51
Schafklümpchen-Mehlsuppe mit
Geschnetzeltem, 155
Schandstai Honini Guja, 103
Schar Süünii Hand, 66
Schar Suutei Sewleg, 171
Schar Tos, 53
Schar Uus, 70
Scharsan Sors, 112
Schaum von vergorener Stutenmilch, 30
Schinge, 69
Schingen Bantan, 154
Schölnii Bantan, 155
Selengiin Bor Zai, 191
Senfmilch, 72
Sohlengebäck, 85
Steinbeerenmilch, 73
Stutenmilch, vergorene, 26
Stutenmilch, vergorene, mit
Quellwasser, 32
Stutenmilch, vergorene, mit Sanddorn, 31
Suppe aus Innereien mit Zulchir-Mehl, 177
Suppe mit gedämpften Nudeln, 156
Suppe mit Höz und Schafinnereien, 180
Suppe mit Knöterichsamen, 158
Suppe mit Pilzen, 157
Suppe mit Zulchir, 157
Suppe mit Zulchir-Mehl, 177
Suppe, mit Teig überdeckte, 152
Suppe, Schwarze, 148
Süün Huruud, 61

Tee aus der Wüste Gobi vom Ort namens »Drei Schönheiten«, 193
Tee aus der Wüste Gobi, 193
Tee aus Mandelgobi, 192
Tee aus Wildpflanzen, 195
Tee der Dörwöd, 189
Tee der Dsachtschin, 189
Tee der Kasachen, 187
Tee der Torguud, 190
Tee der Urianchai, 190
Tee mit Brennnesselsamen, 194
Tee mit Reis der Darigang, 191
Tee mit Zulchir, 176
Tee, brauner, aus Selenge, 191
Tee, brauner, der Chalcha-Mongolen, 188
Tee, mit heißen Steinen gekochter, 194
Teig für Gebäck, 81
Teigtaschen für Faule, 135
Teigtaschen, frittierte, 133
Teigtaschen, gedämpfte, 131
Teigtaschen, kleine gekochte, 134
Teigwickel, 136
Tolgoi Schiirnii Horhog, 108
Tömsnii Bööntei Süü, 66
Torguud Zai, 190
Trockenfruchtmilch, 73
Tschanasan Mach, 98
Tscharsan Eleg, 102
Tschazarganatai Airag, 31
Tschigee, 31
Tschimegt Öröm, 47
Üchriin Nudtei Süü, 73
Ul Boow, 85
Urianchai Zai, 190
Utsan Dsagas, 210
Uuz, 99
Wein, Edler Brauner, 36
Weißdornmilch, 72
Wurstwickel, gedämpfte, 140
Zagaa, 56
Zagaan Tömstei Öröm, 49
Zagaan Tömstei Süü, 72
Zarzaamag, 105
Zedernnussmilch, 70
Ziege in der Milchkanne, 106
Ziidem, 32
Zöröm, 61
Zöw, 52
Zözgii, 50
Zözgiin Tos, 48
Zuiwan, 139
Zulchir-Brei mit Gojo, Öröm und Eedsgii, 174
Zulchir-Brei mit Öröm und Aaruul, 178
Zulchir-Hailmag, 175
Zulchir-Mehl mit Eedem, 178
Zulchir-Mehl, geröstetes, mit Dsööchii, 178
Zulchir-Mehlbrei mit Aarz und Eedsgii, 175
Zulchir-Mehlbrei, Rahmiger, 174
Zulchirtai Schöl, 157
Zutan, 156